Direito Regulatório e Concorrencial no Poder Judiciário

Direito Regulatório e Concorrencial no Poder Judiciário

Coordenadores da pesquisa

Juliano Souza de Albuquerque Maranhão
Paulo Furquim de Azevedo
Tercio Sampaio Ferraz Junior

Colaboradores

Alberto do Amaral Júnior
Carla Osmo
Julia Cadaval Martins
Luciana Yeung
Luís Fernando Matricardi Rodrigues
Mariana Mota Prado
Patricia Rodrigues Pessôa Valente
Vanessa Boarati
Veronica Ines Fernandez Orellano

EDITORA SINGULAR

São Paulo
2014

| D598 | Direito regulatório e concorrencial no poder judiciário. / Coordenadores da pesquisa: Juliano Souza de Albuquerque Maranhão, Paulo Furquim de Azevedo, e Tercio Sampaio Ferraz Junior. São Paulo: Singular, 2014.
290 p.

ISBN: 978-85-86626-69-2

Colaboradores: Alberto do Amaral Júnior, Carla Osmo, Julia Cadaval Martins, Luciana Yeung, Luís Fernando Matricardi Rodrigues, Mariana Mota Prado, Patricia Rodrigues Pessôa Valente, Vanessa Boarati e Veronica Ines Fernandez Orellano.

Conteúdo: Relatório final da pesquisa *Inter-relações entre o processo administrativo e o judicial sob a perspectiva da segurança jurídica no plano da concorrência econômica e da eficácia da regulação pública*, desenvolvida durante o ano de 2010 por professores e pesquisadores ligados a Faculdade de Direito da Universidade de São Paulo, e financiada pelo Conselho Nacional de Justiça (CNJ), com o objetivo de avaliar a eficiência e segurança jurídica proporcionadas pela revisão judicial de decisões do CADE e das agências reguladoras aos agentes econômicos.

1. Agência reguladora, poder normativo, Brasil. 2. Ato administrativo, controle judicial, Brasil. 3. Administração pública, controle judicial, Brasil. 4. Ato normativo, Brasil. 5. Regulação jurídica, Brasil. 6. Poder discricionário, Brasil. 7. Poder regulamentar, Brasil. 8. Discricionariedade, Brasil. 9. Eficiência (serviço público), Brasil. I. Maranhão, Juliano Souza de Albuquerque (coord.). II. Azevedo, Paulo Furquim de (coord.). III. Ferraz Junior, Tercio Sampaio (coord.). IV. Amaral Júnior, Alberto do. V. Boarati, Vanessa. VI. Martins, Julia Cadaval. VII. Orellano, Veronica Ines Fernandez. VIII. Osmo, Carla. IX. Prado, Mariana Mota. X. Rodrigues, Luís Fernando Matricardi. XI. Valente, Patricia Rodrigues Pessôa. XII. Yeung, Luciana.

CDU: 35.078.2(81) |

Revisão: Paola Morsello
Diagramação: Microart
Capa: Aeroestudio

© desta edição [2014]
Editora Singular

Tel/Fax: (11) 3862-1242
www.editorasingular.com.br
singular@editorasingular.com.br

Apresentação e agradecimentos

O presente livro é baseado no relatório final da pesquisa *Inter-relações entre o processo administrativo e o judicial sob a perspectiva da segurança jurídica no plano da concorrência econômica e da eficácia da regulação pública*, desenvolvida durante o ano de 2010 por professores e pesquisadores ligados à Faculdade de Direito da Universidade de São Paulo, e financiada pelo Conselho Nacional de Justiça (CNJ), com o objetivo de avaliar a eficiência e segurança jurídica proporcionadas pela revisão judicial de decisões do CADE e das agências reguladoras aos agentes econômicos[*]. A pesquisa não só foi financiada pelo CNJ como é resultado de sua própria iniciativa, em esforço de autocrítica, o que mostra louvável preocupação e desejo de mudanças. Na elaboração do livro, procuramos conservar ao máximo a estrutura de "Relatório", de modo a preservar o tom informativo e deixando ao leitor espaço para reflexão sobre as principais causas dos vícios e virtudes dessa atividade desenvolvida pelo Judiciário, bem como sobre possíveis propostas de mudança no sistema de administração de justiça para os setores regulados e para a defesa da concorrência.

A pesquisa foi coordenada pelos Professores Tercio Sampaio Ferraz Junior e Juliano Souza de Albuquerque Maranhão, da Faculdade de Direito da USP, e pelo professor Paulo Furquim de Azevedo, da Faculdade de Economia da Fundação Getulio Vargas de São Paulo. A elaboração do estudo contou com a colaboração de diversos pesquisadores, desde a seleção e análise crítica de casos, o estudo do direito comparado e da organização institucional do Poder Judiciário, da Advocacia Geral da União e das agências reguladoras, até a discussão da metodologia de classificação dos julgados para a formação da base de dados que subsidiou a análise empírica quantitativa.

Foram pesquisadores do processo, e não só processaram os dados como participaram da redação do relatório de pesquisa do qual boa parte do conteúdo foi aproveitada para composição deste livro:

---

[*] A iniciativa da pesquisa e a escolha do tema partiram do próprio CNJ, que, por meio do Edital 01/2009, selecionou os melhores projetos para execução das cinco pesquisas então propostas, as quais comungavam o objetivo de aferir aspectos relevantes do funcionamento do Poder Judiciário no Brasil.

Alberto do Amaral Júnior
   Professor Associado na Faculdade de Direito da Universidade de São Paulo.
Carla Osmo
   Mestre em Direito pela Pontifícia Universidade Católica de São Paulo.
Julia Cadaval Martins
   Mestre em Direito pela Pontifícia Universidade Católica do Rio de Janeiro.
Luciana Yeung
   Professora do Instituto de Ensino e Pesquisa (Insper).
Luís Fernando Matricardi Rodrigues
   Doutorando em Direito na Universidade de São Paulo.
Mariana Mota Prado
   Professora Doutora na Faculdade de Direito da Universidade de Toronto.
Patricia Rodrigues Pessôa Valente
   Mestre em Direito pela Universidade de São Paulo e pela London School of Economics.
Vanessa Boarati
   Professora na Faculdade de Economia da Fundação Armando Álvares Penteado.
Veronica Ines Fernandez Orellano
   Professora Adjunta na Escola de Economia de São Paulo da Fundação Getulio Vargas.

Os professores Celso Campilongo e Ronaldo Porto Macedo Junior, titulares da Faculdade de Direito da Universidade de São Paulo, além de Arthur Barrionuevo, professor da Fundação Getulio Vargas, foram revisores do relatório encaminhado ao CNJ, com comentários e sugestões de grande relevo para o desenvolvimento e formatação final do estudo.

Para o levantamento e processamento do amplo volume de julgados utilizados na pesquisa, agradecemos à colaboração de Bruna de Bem, Carolina Almeida, Danilo Bernardes, Fernanda Schmidt, Gabriel Mattioli, Luísa Panico, Maria Isabela Meloncini, Nicole Hirata, Renata Praxedes, Rodrigo Raso, Thalles Klukevicz, Victor Gadelha e Vinícius Anauê.

Agradecemos, por fim, o suporte dado pelo Conselho Nacional de Justiça para a realização desta pesquisa, não só pelo financiamento e pelas oportunidades de discussão com os magistrados, cuja experiência e visão dos problemas de administração da justiça enriqueceram em muito o conteúdo final do estudo, mas também pelas críticas aos resultados e à metodologia, sempre argutas, e pelas sugestões de desenvolvimento apontando caminhos que resultaram em excelentes frutos.

Os Coordenadores

Sumário

Apresentação e agradecimentos 5

Lista de siglas e abreviaturas 13

1. Introdução 15

    1.1. Jurisdição una? A revisão judicial das decisões do CADE e das agências reguladoras 15

    1.2. Diagnóstico geral da revisão judicial das agências e do CADE 16

    1.3. Virtude da revisão 19

    1.4. Vícios da revisão 21

        1.4.1. Tempo 21

        1.4.2. Insegurança jurídica 24

        1.4.3. Qualidade 26

    1.5. Estrutura do livro 28

2. O Poder Judiciário brasileiro 33

    2.1. Introdução 33

    2.2. Avaliação macroscópica: o diagnóstico geral do Judiciário 33

        2.2.1. O problema da morosidade 34

        2.2.2. Deficiência de recursos materiais e humanos 37

        2.2.3. Má qualidade do direito processual e alguns princípios do direito brasileiro 40

        2.2.4. A relação entre os Poderes Executivo, Legislativo e Judiciário 44

    2.3. Avaliação microscópica: fatores pouco discutidos, mas que podem impactar o funcionamento do Judiciário brasileiro 45

        2.3.1. O excesso de demanda judicial por parte do Estado 45

        2.3.2. Os magistrados "cavalheiros" 47

        2.3.3. Problemas na gestão administrativa 48

3. Experiência internacional: arranjos institucionais para revisão judicial de atos de autoridades reguladoras e concorrenciais 51

    3.1. Introdução 51

    3.2. Controle judicial das agências reguladoras 52

        3.2.1. Controle judicial das atividades regulatórias 52

    3.3. Revisão judicial de decisões da autoridade de defesa da concorrência.. 64

        3.3.1. Prevalência da revisão judicial das decisões da autoridade antitruste 64

        3.3.2. Arranjos institucionais para revisão judicial 66

        3.3.3. Conteúdo sujeito a revisão 75

        3.3.4. Eficácia da revisão judicial 77

        3.3.5. Motivações para a revisão 84

        3.3.6. Uso de perícia técnica pelos tribunais 85

        3.3.7. Revisão judicial formal *versus* substantiva 88

4. Sistema de representação do CADE e das agências reguladoras no Judiciário 93

    4.1. O arranjo institucional para a revisão judicial de decisões das agências e do CADE 93

    4.2. A estrutura de representação judicial 102

    4.3. A percepção dos representantes legais 105

5. Um estudo empírico sobre a revisão judicial no Brasil 107

    5.1. Introdução 107

    5.2. Indicadores de custo de revisão judicial e de incerteza jurídica 110

        5.2.1. Indicadores de custos da revisão judicial 111

        5.2.2. Indicadores de incerteza jurídica 133

        5.2.3. Distribuição dos processos no tempo 135

    5.3. Determinantes da probabilidade de judicialização 136

    5.4. Síntese das implicações dos resultados 147

6. Análise qualitativa de casos selecionados 151

    6.1. Introdução 151

    6.2. Análise dos casos 156

6.2.1. Inação da Administração como fator de insegurança jurídica e recurso ao Judiciário...... 156

6.2.2. Suspensão da atividade da agência como fator de ineficácia da decisão administrativa e estímulo a recursos judiciais...... 166

6.2.3. Suspensão liminar da eficácia de decisões e atos normativos das agências...... 170

6.2.4. Uso do sistema processual como forma de mitigar e protelar efeitos de atos pelas agências...... 190

6.2.5. Qualidade das decisões judiciais...... 197

6.2.6. A importância do controle judicial...... 228

7. Diagnóstico...... 241

7.1. O papel do Judiciário no Estado regulador da economia...... 241

7.2. Inadequação do Judiciário como árbitro das relações entre concessionárias e consumidores...... 243

7.3. A revisão judicial das decisões das agências e do CADE...... 247

Bibliografia...... 251

Anexo...... 259

Figuras

Figura 5.1. Transitados em Julgado por Tipo de Desfecho...... 115

Figura 5.2. Taxa de Confirmação de Transitados em Julgado com Julgamento de Mérito...... 116

Figura 5.3. Proporção de Transitados em Julgado por Autarquia...... 117

Figura 5.4. Taxa de Confirmação de Transitados em Julgado por Autarquia...... 118

Figura 5.5. Taxa de Modificação (Anulação e Reforma Parcial) de Transitados em Julgado por Autarquia...... 119

Figura 5.6. Taxa de Confirmação de Modificação em Processos Transitados em Julgado...... 121

Figura 5.7. Tempo Médio de Trâmite de Transitados em Julgado por Autarquia...... 122

Figura 5.8. Duração Média em Casos com Decisão de Mérito...... 123

Figura 5.9. Duração Média por Tipo de Desfecho...... 124

Figura 5.10. Taxa de Anulação da Decisão Administrativa em Primeira Instância e em Transitados em Julgado 128

Figura 5.11. Decisões sem Julgamento de Mérito em Primeira Instância e em Transitados em Julgado 128

Figura 5.12. Taxa de Confirmação da Decisão Administrativa em Primeira Instância e em Transitados em Julgado: apenas decisões de mérito 129

Figura 5.13. Viés de Seleção em Transitados em Julgado 132

Figura 5.14. Distribuição de Processos Judiciais por Ano 136

Figura 5.15. Evolução da Judicialização do CADE 137

Figura 5.16. Acordo de Judicialização 139

Figura 5.17. Multa por Intempestividade 141

Tabelas

Tabela 1.1. Proporção de Transitados em Julgado por Autarquia 17

Tabela 1.2. Índice de Confirmação dos Transitados em Julgado 18

Tabela 1.3. Indicadores de Incerteza Jurídica 18

Tabela 2.1. Gastos com o Poder Judiciário 39

Tabela 3.2. Opções Recursais contra Adjudicação por Agências 57

Tabela 3.3. Tempo Máximo para as Revisões Judiciais dos Órgãos de Defesa da Concorrência 81

Tabela 5.1. Transitados em Julgado: tempo médio de tramitação por tipo de desfecho da decisão judicial 112

Tabela 5.2. Decisões em Primeira Instância: número de casos, tempo médio de tramitação e proporção de casos por tipo de desfecho da decisão judicial 125

Tabela 5.3. Estimativa de Tempo Mínimo de Trâmite 130

Tabela 5.4. Indicadores de Incerteza Jurídica 134

Tabela 5.5. Modelo Probit Estimado para a Probabilidade de Judicialização 144

Tabela 6.1. Cruzamento entre os Casos e as Hipóteses Confirmadas e Exemplificadas 156

Lista de siglas e abreviaturas

AC	ato de concentração
AI	agravo de instrumento
AIR	Análise de Impacto Regulatório
ANA	Agência Nacional de Águas
ANAC	Agência Nacional de Aviação Civil
ANATEL	Agência Nacional de Telecomunicações
ANCINE	Agência Nacional do Cinema
ANEEL	Agência Nacional de Energia Elétrica
ANP	Agência Nacional do Petróleo
ANS	Agência Nacional de Saúde Suplementar
ANTAQ	Agência Nacional de Transportes Aquaviários
ANTT	Agência Nacional dos Transportes Terrestres
ANVISA	Agência Nacional de Vigilância Sanitária
AO	ação ordinária
AP	averiguação preliminar
CADE	Conselho Administrativo de Defesa Econômica
CEJ	Corte Europeia de Justiça
CF	Constituição Federal
CNJ	Conselho Nacional de Justiça
CVM	Comissão de Valores Mobiliários
DNAEE	Departamento Nacional de Energia Elétrica
EEF	embargos de execução fiscal
ICN	International Competition Network
INQJ	Instituto Nacional de Qualidade Judiciária
JEF	Juizado Especial Federal
MP	medida provisória
MPF	Ministério Público Federal
MS	mandado de segurança
PA	processo administrativo
PREVIC	Superintendência Nacional de Previdência Complementar

Pro-Reg	Programa de Fortalecimento da Capacidade Institucional para Gestão em Regulação
PST	Postos de Serviços de Telecomunicações
Rcl	Reclamação
RE	recurso extraordinário
REsp	recurso especial
SBDC	Sistema Brasileiro de Defesa da Concorrência
SJ	Seção Judiciária
SS	suspensão de segurança
STA	suspensão da tutela antecipada
STF	Supremo Tribunal Federal
STFC	Serviço Telefônico Fixo Comutado
STJ	Superior Tribunal de Justiça
TEPI	Tribunal Europeu de Primeira Instância
TRF	Tribunal Regional Federal
TRF1	Tribunal Regional Federal da 1.ª Região
TRF2	Tribunal Regional Federal da 2.ª Região
TRF3	Tribunal Regional Federal da 3.ª Região
TRF4	Tribunal Regional Federal da 4.ª Região
TUP	Telefones de Uso Público
UPI	Unidade Produtiva Isolada

Capítulo 1

Introdução

1.1. Jurisdição una? A revisão judicial das decisões do CADE e das agências reguladoras

A pergunta provocativa "jurisdição una?" no título desta introdução tem duplo sentido: um fático e outro normativo. Observa-se que o Judiciário brasileiro confirma grande parte dos atos impugnados em percentual que ultrapassa 80% nas decisões de instâncias superiores com exame de mérito. A esse dado estatístico, soma-se a consideração qualitativa de que tais decisões, sobretudo em Cortes superiores, não raro mistificam a "complexidade" ou o "caráter estritamente técnico" das autarquias, inclinando o Judiciário a certa deferência e hesitação no controle de conteúdo dessas decisões. Tendo em vista a frequente deferência das Cortes superiores ao caráter técnico e complexo do conteúdo das decisões das agências, com resistência dos juízes em reavaliar o mérito da política pública envolvida nessas decisões, sugere-se que, apesar da unicidade da jurisdição prescrita pela Constituição Federal de 1988 (art. 5.º, XXXV), as autarquias, em seu papel judicante, atuariam *de facto* como jurisdição paralela.

Mas esse padrão de revisão esconde ainda dado determinante: a frequente confirmação das decisões das agências e do CADE não se faz sem antes submeter as partes – o Estado e os agentes econômicos – a uma litigância penosa e demorada. Os processos findos apresentam, em média, tempo de tramitação de 36 meses, contra um mínimo de 50 meses estimado para os processos pendentes, período no qual as decisões administrativas vacilam entre suspensões (geralmente cautelares) e reestabelecimento de seus efeitos em diferentes graus recursais. Aqui entra em jogo o aspecto normativo da questão: em tal cenário em que o Judiciário entrega insegurança e incerteza para após longo período confirmar a grande maioria das impugnações a atos das agências, *deveria* haver uma jurisdição administrativa paralela?

1.2. Diagnóstico geral da revisão judicial das agências e do CADE

Não só os dados quantitativos da pesquisa realizada a pedido do Conselho Nacional de Justiça tornam a questão sedutora, como os elementos qualitativos e a análise da estrutura do Judiciário mostram uma série de dificuldades na atuação judicial e mesmo uma indefinição entre os juízes sobre qual deve ser seu papel nessa atividade de revisão. Mais do que isso, a percepção dos pesquisadores, nas reuniões com a cúpula do Poder Judiciário, é a de que há até mesmo um "desejo" dos juízes em verem-se desincumbidos dessa atividade, tida como "complexa", mormente diante da conhecida saturação dos tribunais. Alguns "pedidos" ou "expectativas" dos juízes acerca da pesquisa foram sintomáticos, entre eles a indicação nas conclusões de que conflitos entre concessionárias de serviços públicos e consumidores deveriam ser de competência das agências reguladoras, ou, na entrega de propostas pelos pesquisadores para aperfeiçoamento dos tribunais na atividade de revisão, a abertura para que os pesquisadores fizessem propostas, inclusive de "emendas constitucionais". Ou seja, aparentemente o serviço de revisão judicial é um serviço que o Judiciário presta com muitas dificuldades e preferiria não prestar.

Os elementos quantitativos a seguir, retirados da pesquisa, na qual são expostos os resultados da análise quantitativa de decisões administrativas e judiciais, expõem as bases para o diagnóstico acima indicado.

Foram coletados cerca de 1.400 processos judiciais cujo objeto era a impugnação de decisões das agências reguladoras e do CADE, concentrando-se nitidamente em primeira e segunda instância. A base de dados quantitativa contemplou dois conjuntos: um voltado a mensurar as variáveis de custo (aqui só transitados em julgado, para os quais a duração do processo é conhecida) e a incerteza jurídica da revisão judicial de decisões de agências reguladoras; e o outro voltado à estimação da probabilidade de judicialização das decisões administrativas.

O custo da revisão judicial considerado não se resume ao tempo de espera, compreendendo também, no âmbito público, os custos de movimentação do Judiciário, a alocação de custos indiretos do próprio Judiciário e, no âmbito privado, de contratação de advogados, de dedicação de recursos internos da empresa na representação judicial e de perda social por pendência de decisão. Em sua maior parte, esses custos são de difícil mensuração direta, mas estão fortemente correlacionados com o tempo de tramitação do caso.

A primeira informação que chama atenção é a pequena proporção de casos transitados em julgado para todas as autarquias. Esse resultado é consistente com a criação relativamente recente das agências reguladoras no Brasil – em meados da década de 1990 – e também com o recrudescimento institucional do CADE, que, constituído em 1962, ganhou condições efetivas de atuação apenas após 1994, com a promulgação da Lei Federal 8.884.

Tabela 1.1. Proporção de Transitados em Julgado por Autarquia[1]

ANAC	ANATEL	ANCINE	ANEEL	ANP	ANS	ANTAQ	ANTT	ANVISA	CADE	CVM
32,3%	10,8%	44,4%	34,3%	5,5%	6,5%	37,8%	9,3%	22,4%	15,6%	13,6%

Os processos transitados em julgado possuem 36 meses de *tempo médio de tramitação*[2]. Quando se consideram apenas os casos em que houve decisão de mérito, constata-se que o tempo de análise é sensivelmente superior, cerca de 5 anos (58 meses), tempo este que aumenta para 69 meses nos casos em que o Judiciário *não* confirma a decisão administrativa (a anula ou reforma parcialmente). Em estimativa de *tempo de trâmite mínimo*, considerando a hipótese extrema de que todos os casos em andamento fossem concluídos instantaneamente no momento da pesquisa, observa-se que o tempo de duração supera os 4 anos (50 meses). A estimativa nesse segundo cenário justifica-se porque *o tempo médio de trâmite para os casos ainda em andamento é superior ao dos transitados em julgado, regularidade observada em todas as autarquias, com exceção da ANS. Essa anomalia, que ocorre porque as agências são relativamente novas, indica que os casos já conclusos tendem a ser aqueles mais simples*, demandando menor tempo de análise.

Essa hipótese se confirma quando se estratifica a amostra por tipo de desfecho do processo judicial. Há grande variação no tempo total, a depender da decisão final do caso. Naqueles casos em que há anulação ou reforma parcial da decisão administrativa, o processo é bem mais demorado, respectivamente 78 meses (117% acima da média) e 60 meses (67% acima da média). Em outros termos, nos casos em que houve efetiva intervenção do Judiciário, o tempo para análise foi de aproximadamente 69 meses (5,7 anos), tempo 90% superior à média total.

Em relação ao produto entregue pelo Judiciário, sob uma perspectiva quantitativa, verifica-se ser elevado o grau de confirmação de decisões. Ademais, nos casos em que o Judiciário manifestou-se sobre o mérito, a taxa de confirmação em decisão final é bastante superior à das decisões em primeira

1. Excluídas a ANA e a PREVIC, por contarem com número insuficiente de transitados em julgado.
2. Há, entretanto, grande dispersão na amostra. As decisões do CADE, por exemplo, demoraram cerca de 50% a mais do que a média das demais autarquias, totalizando 54 meses.

instância. Destaque-se, no entanto, que a análise dos resultados por autarquia revela grande variação entre a proporção de decisões anuladas e confirmadas no Judiciário.

Tabela 1.2. Índice de Confirmação dos Transitados em Julgado

ANA	ANAC	ANATEL	ANCINE	ANEEL	ANP	ANS	ANTAQ	ANTT	ANVISA	CADE	CVM
100%	10%	92%	75%	62%	71%	60%	71%	90%	33%	74%	50%

A esse indicador de confirmação deve-se contrastar o indicador de incerteza. O indicador versa sobre uma amostragem do universo de casos (transitados em julgado ou não) e mede o número de vezes em que o processo judicial muda de *status* (de confirmação para revisão ou suspensão da decisão, ou vice-versa). Vê-se que é elevado o índice de mudança de *status* por processo. Em alguns casos, como os do CADE e da ANEEL, o número de mudança de *status* é inclusive maior do que o número de casos analisados, o que é surpreendente em face da evidência de que 80% das decisões são, ao final, confirmadas.

Tabela 1.3. Indicadores de Incerteza Jurídica

Autarquia	Número de observações	Numero médio de mudanças de *status* da decisão administrativa	Indicador de incerteza jurídica
ANA	16	0,81	1,49
ANAC	61	0,56	2,69
ANATEL	111	0,25	0,38
ANCINE	18	0,61	0,57
ANEEL	108	1,19	0,98
ANP	128	0,20	0,23
ANS	155	0,43	0,55
ANTAQ	37	0,89	1,16
ANTT	108	0,67	0,59
ANVISA	107	0,88	2,53
CADE	183	1,45	0,80
CVM	176	0,25	0,14
PREVIC	3	0,33	0,08
Total	1211	0,67	0,83

Fonte: Pesquisa de campo.

Ou seja, não só o tempo é demasiado, como as partes (administração e agentes privados) submetem-se a alterações acerca dos efeitos das decisões administrativas, para ao final ver a decisão da agência, na grande maioria dos casos, ser confirmada. À medida que as manifestações do Judiciário modificam o seu próprio entendimento, até então prevalecente, sobre a decisão administrativa, diminui-se a previsibilidade sobre o modo de aplicação da norma regulatória ou concorrencial, o que implica aumento da incerteza jurídica.

Em síntese, o Judiciário se pronuncia em primeira instância de modo mais restritivo às agências regulatórias e ao CADE do que o faz em suas decisões finais. A consequência desse fato é deletéria à adequada aplicação da norma, uma vez que transmite, ao longo do curso do processo, sinais conflitantes à sociedade. Como agravante, a forte tendência de confirmação da decisão administrativa ao final indica que não há benefícios relevantes do estado de incerteza a que empresas, concorrentes e a própria autoridade regulatória são submetidos. A consequência perversa desse quadro é a sinalização adversa para as partes, tornando atraente a judicialização de questões regulatórias por aqueles litigantes que, embora não acreditem nas razões de mérito para reversão da decisão administrativa, podem ter benefícios com o atraso da intervenção das agências.

A seguir, indicamos elementos qualitativos, colhidos da análise do universo de casos e das entrevistas com procuradores das agências e advogados atuantes no setor, que ilustram e permitem compreender os problemas relativos à lentidão, à insegurança jurídica e às dificuldades no conteúdo das decisões judiciais. Antes, cabe destacar a virtude da ação revisora pelo Judiciário.

1.3. Virtude da revisão

Não se discutem, em abstrato, os benefícios e o papel da revisão judicial em assegurar direitos e maior qualidade do *enforcement* das normas regulatórias e concorrenciais. Em convergência com a percepção comum acerca do controle jurisdicional, a pesquisa alinhou-se à ideia de que um controle eficiente das decisões ou atos normativos das agências pelo Judiciário, em tempo adequado e com qualidade no exame das razões de decidir, tende a: estimular as agências a ter maior cautela e rigor em seus procedimentos e fundamentação técnica, jurídica e econômica de seus atos. Além disso, parece seguro apontar a redução do escopo de "captura" das agências, quer econômica – diante dos agentes regulados –, quer política – com o controle de conteúdo e mesmo das motivações eventualmente governamentais no âmbito da Administração direta e indireta.

São ilustrativos dois exemplos de controle bem-sucedido analisados na parte qualitativa do estudo, um decorrente da ação (*Caso Backhaul*), e o outro, da omissão (*Caso do VU-M*) da Agência Nacional de Telecomunicações (ANATEL).

No primeiro caso, questionou-se no Judiciário a alteração dos contratos de concessão do serviço telefônico fixo comutado (STFC) para substituir a meta de universalização prevista no Decreto 4.769/2003, de implantação de Postos de Serviços de Telecomunicações (PST), por aquela prevista no Decreto 6.424/2008, de implantação de rede de suporte para banda larga (*backhaul*) em todos os municípios brasileiros[3]. O ponto sensível às concessionárias, a quem se impunha o investimento em infraestrutura, estava na supressão da cláusula de reversibilidade do ativo de *backhaul* nos contratos de concessão[4]. De um lado, a requerente provou ter sido a cláusula sobre a reversibilidade suprimida, com referência a parecer da Procuradoria da ANATEL recomendando sua exclusão sob a justificativa de a mesma ser desnecessária, já que seria óbvia e inquestionável a reversibilidade dos ativos. Porém, no processo de consulta pública, a própria ANATEL fez referência a contribuições de diversas concessionárias que questionavam e negavam a reversibilidade dos ativos, o que mostrava ser a questão controversa e merecedora de regramento. O pedido de tutela judicial foi concedido em análise preliminar, suspendendo os efeitos dos aditamentos aos contratos de concessão sem a cláusula. Diante disso, a agência celebrou novo aditivo contratual estipulando que o *backhaul* é reversível.

O caso mostra a importância do controle de fundamentação dos atos das agências reguladoras, sejam os atos normativos, sejam os atos de adjudicação. Mesmo sem entrar na discussão sobre a conveniência ou não da reversibilidade em relação ao objetivo de atração de investimentos, o Judiciário simplesmente fez valer no contrato final aquele conteúdo de mérito reconhecido no processo deliberativo, mas que não se refletia no documento final.

O *Caso do VU-M*, por sua vez, trata da inércia da diretoria da ANATEL em reduzir as tarifas de interconexão da rede móvel para aproximá-las dos custos de operação de terminação de chamada, conforme previsto na Lei Geral de Telecomunicações. Provocado por empresa de telefonia fixa, prejudicada pelos altos custos, determinou o Judiciário em sede de tutela antecipada a redução preventiva do valor de VU-M devido pela pleiteante, pautando sua decisão em pareceres da área técnica da própria agência, que desde 2005 apontavam para os valores excessivos de interconexão com a rede móvel, não incorporadas pela

---

3. Ação Civil Pública (Autos 2008.34.00.011445-3).
4. Pela regra de reversibilidade, os ativos resultantes do investimento passam a ser de propriedade do Estado após o término da concessão.

sua diretoria, que homologava elevações do VU-M. A decisão, após sucessivos recursos, foi confirmada pelo Superior Tribunal de Justiça o que estimulou tanto a ANATEL a baixar resolução prevendo a redução gradativa do VU-M quanto as empresas a celebrarem acordos revendo seus contratos de interconexão.

Em ambos os casos é perceptível o controle de mérito sem que o Judiciário se imiscuísse em matéria discricionária da agência. Estes são exemplos claros de controle de racionalidade e coerência da fundamentação apresentada pela própria agência, seja para determinada ação, seja para sua inação. Atuações dessa natureza tendem a valorizar institucionalmente a agência e a incentivar que apelem ao Judiciário efetivamente os agentes que acreditam nas razões de seu caso.

Observam-se, porém, em boa parte dos casos, atuações que podem levar a uma seleção adversa: tempo excessivo e má qualidade do controle tendem a atrair apelações pelos agentes que desejam tão-somente retardar a produção de efeitos da decisão das agências e do CADE.

1.4. Vícios da revisão

A análise quantitativa apontou, a partir da base de dados, duas sérias deficiências da revisão judicial das decisões das agências: a demora do processo e a insegurança jurídica. Estes são vícios que confirmam problemas apontados pela literatura que trata da administração da justiça no Brasil e podem ser explicados pela sobrecarga de trabalho, pela complexidade do sistema recursal e pela presença de hipóteses de conflitos de competência. Nesta seção serão indicadas limitações e dificuldades específicas dos processos de revisão judicial de decisões das agências reguladoras e do CADE que podem explicar os problemas de tempo e insegurança que sobressaíram dos dados quantitativos. Além disso, serão feitas algumas considerações acerca do conteúdo das decisões, a partir de alguns casos ilustrativos selecionados a partir da Pesquisa CNJ.

1.4.1. Tempo

Em relação ao problema de demora dos processos, algumas razões – colhidas dos casos analisados, bem como das entrevistas com magistrados e advogados – despontam como explicações plausíveis: (i) complexidade dos casos e incentivo para priorização dos mais simples, (ii) realização de perícia, (iii) dúvida sobre o escopo da revisão judicial e (iv) conflitos de competência.

i. Complexidade dos casos e incentivo para priorização dos mais simples

Os casos advindos das agências e do CADE ainda são mistificados pelo Judiciário como referentes a temas de elevada complexidade e caráter técnico setorial. De fato, não raro as impugnações têm por objeto decisões em processos administrativos com numerosos volumes e diversos pareceres técnicos – reflexo da estrutura burocratizada de algumas agências, com emissões e revisões internas – envolvendo matérias estranhas a seu treinamento como jurista e sua experiência jurisprudencial. Considerando que não há na Justiça brasileira Vara especializada em demandas contra agências ou o CADE, tais demandas exigem dispêndio de energia desproporcionalmente maior do que aquele investido em demandas mais canônicas ou multiplicáveis – como, *e.g.*, uma questão tributária que, resolvida, se replica a dezenas de casos semelhantes. Tendo em vista suas metas de julgamento, o juiz tem poucos incentivos para concentrar seus esforços em processos que envolvem as agências e o CADE.

ii. A realização de perícia

As demandas que contestam as análises do CADE e das agências sobre questões de fato são interpretadas pelo Judiciário como matéria de perícia e, portanto, sujeitas à burocracia de sua realização, e posterior validação pela audiência da parte contrária (contraditório). Em caso de inação da agência, precisa o juiz de análise técnica para embasar sua convicção. Em parte dos casos, parece-nos, bastaria uma assessoria técnica junto ao tribunal para explicitar as razões e permitir controle de fundamentação. Em outros, sequer haveria necessidade de perícia, que acaba deferida apenas pelo preconceito geral dos juízes em relação ao caráter técnico das questões tratadas pelas agências.

Nesse sentido, é emblemático o caso do *Cartel dos Genéricos*, condenado pelo CADE em 2005, no qual o Judiciário levou um ano para decidir se havia necessidade de perícia, enquanto o questionamento central no Judiciário referia-se exclusivamente a questão de direito, nomeadamente a existência de vícios processuais, como a data de publicação do acórdão e a regularidade ritual do processo administrativo[5].

iii. Dúvidas sobre o escopo da revisão judicial

Os juízes discrepam sobre a orientação que devem tomar na revisão judicial das decisões de agências reguladoras em função de dúvidas sobre os limites da revisão diante do espaço de discricionariedade da Administração: alguns entendem que o poder judicial limita-se à anulação da decisão administrativa ou à determinação de que a agência delibere sobre determinado tema (em casos de omissão), devendo a questão ser decidida em definitivo naquela esfera; outros entendem que o Judiciário pode determinar obrigações de fazer ou não fazer aos

---

5. Processo Administrativo 08012.009088/1999-48 cuja decisão foi impugnada judicialmente em diferentes demandas por cada um dos condenados.

agentes regulados. Essa indefinição contribui para atrasos e a insegurança jurídica, com diferentes decisões marcadas por diferenças de posicionamento entre as instâncias, turmas ou magistrados acerca dessa controvérsia.

O *Caso Nestlé/Garoto* é bastante ilustrativo a esse respeito. Em fevereiro de 2004 o CADE determinou a desconstituição da aquisição da Garoto pela Nestlé, duas empresas líderes no mercado de chocolates. Em maio de 2005 foi determinada antecipação de tutela para suspender os efeitos da decisão do CADE, de modo que as empresas puderam executar a integração de seus ativos. A sentença de primeira instância foi proferida em março de 2007, concluindo que a operação teria sido aprovada por decurso de prazo dada a nulidade das diligências instrutórias efetuadas pelo CADE, que não continham motivação. Houve apelação pelo CADE ao Tribunal, que emitiu sua decisão apenas em 2009, determinando que o processo fosse novamente julgado pelo CADE, por entender que não caberia ao Judiciário uma decisão que comportasse ato positivo, como seria a consequência da anulação das diligências com a aprovação da operação por decurso de prazo. Até hoje o CADE não deliberou sobre a operação, que já se encontra de fato consumada de modo irreversível.

Outro caso bastante ilustrativo foi dado pelo questionamento judicial de autuações pela ANATEL a rádios comunitárias que não possuíam licença de funcionamento, muito embora já tivesse sido requerida. Em uma das ações o juiz de primeira instância autorizou o funcionamento da rádio, mas em sede de apelação o tribunal federal considerou o Judiciário incompetente para conferir a outorga no lugar da agência. Em outra, o juiz de primeira instância disse ser o Judiciário incompetente para conceder a autorização, ao passo que o mesmo tribunal federal autorizou seu funcionamento. Em um terceiro caso, o juízo de primeira instância considerou o Judiciário incompetente e o tribunal, dessa vez, fixou prazo para que a agência se manifestasse sobre a concessão de autorização para funcionamento. Levada ao tribunal de uniformização de jurisprudência, o Superior Tribunal de Justiça concordou com a orientação em tese do tribunal – sobre a fixação de prazo –, porém ponderou que o pedido inicial da rádio não contemplava a fixação de prazo, mas apenas requeria a autorização para funcionamento, o que foi indeferido: após todo o tempo de análise a rádio comunitária conseguiu no máximo o esclarecimento sobre o que deveria ter pedido na ação (sendo plausível acreditar que, uma vez reformulado, o pedido sugerido poderia ser repelido, dada a indefinição e constante mudança de posicionamento entre os juízes).

iv. *Conflitos de competência*

A ausência de delimitação de Varas ou Turmas especializadas, além de falta de critérios claros para definição de competência territorial, é responsável no Brasil por uma série de incidentes processuais que postergam sobremaneira os julgamentos, sem qualquer proveito processual.

De um lado, os conflitos de competência são recorrentes da deficiência na distribuição por matérias nos regimentos internos dos tribunais[6]. O referido *Cartel dos Genéricos*, além de aguardar um ano para definição sobre a necessidade de perícia, aguardou também um ano para definição sobre qual seria o juízo competente, discutindo-se se a decisão do CADE deveria ser interpretada como "ato administrativo" ou "imposição de multa administrativa".

De outro lado, mesmo em relação à competência territorial, persiste dúvida entre os tribunais. O Superior Tribunal de Justiça, por exemplo, em ações contra agências, entende ser competente o foro da pessoa jurídica demandada, ou de sua sucursal ou agência. Já na jurisprudência do Supremo Tribunal Federal, há decisões entendendo ser possível a propositura de ação em face de autarquia federal na Seção Judiciária em que for domiciliado o autor, naquela onde houver ocorrido o ato ou fato que deu origem à demanda ou onde esteja situada a coisa, ou, ainda, no Distrito Federal. Vale ainda lembrar que algumas ações têm regras específicas para a definição da competência territorial. É o caso da ação civil pública, que, de acordo com o art. 2.º da Lei 7.347/1985, deve ser ajuizada no foro do local onde ocorrer o dano. Em outro caso envolvendo questionamento de decisão do CADE que condenou terminais do porto de Santos (o principal do País) por cobrarem pelo serviço de segregação e entrega de mercadorias, enquanto alguns terminais obtiveram liminar suspendendo os efeitos da decisão, um grande terminal teve seu processo preso por dois anos no emaranhado da discussão sobre competência territorial, o que significou importante desvantagem competitiva em relação a seus rivais.

1.4.2. Insegurança jurídica

Em relação à insegurança jurídica, medida pelo expressivo índice de alteração do *status* das decisões administrativas ao longo do processo judicial (suspensa, anulada, confirmada), quer por decisões finais, quer por decisões interlocutórias, os principais fatores que contribuem para esse quadro são: (i) a ausência de diretrizes para a concessão de medidas liminares, (ii) o sistema recursal complexo que possibilita a rediscussão da mesma questão sucessivas

---

6. No TRF a separação é dada pelas seguintes categorias: "feitos de natureza administrativa", "aqueles relativos a nulidade a anulabilidade de ato administrativo" e "multa administrativa". No STJ, a separação se dá por "nulidade ou anulabilidade de atos administrativos" (art. 9.º, § 1.º, II, do Regimento Interno), "multas de qualquer natureza" (art. 9.º, § 1.º, X, do Regimento Interno) e "direito público em geral" (art. 9.º, § 1.º, XIII, do Regimento Interno).

vezes no mesmo processo, (iii) a multiplicidade de ações com o mesmo objeto e, novamente, (iv) as dúvidas sobre o escopo da revisão.

i. Concessão de liminares

Questão reiterada na pesquisa, e também francamente criticada pelos procuradores entrevistados, é a concessão de liminares, muitas vezes *inaudita altera parte*, contra as decisões administrativas. Isso é preocupante não apenas pela frequência com que os juízes o fazem, mas pela percepção de que utilizam critérios distintos ao fazê-lo. Os tribunais e juízes discrepam sobre diversas questões, como: a possibilidade ou não de concessão de liminar inaudita, a possibilidade de suspensão de efeitos da liminar em sede de agravo, em que condições e para quais tipos de ação seria admissível o recurso ao Presidente do Superior Tribunal de Justiça para discussão da liminar, e se o depósito (ou garantia bancária) do valor da multa imposta pela autoridade administrativa seria necessário para a concessão de liminar possibilidade. A ausência de diretrizes gerais adotadas pelo Judiciário acerca desses temas nos processos contra agências e contra o CADE tornam a concessão de liminares uma verdadeira "loteria", o que incentiva a interposição de ações com intuito meramente protelatório.

ii. Sistema recursal brasileiro

O sistema de recursos do processo civil brasileiro é reconhecidamente fator de atrasos e insegurança jurídica, sendo objeto de fortes críticas e de diversas iniciativas de reforma[7]. Tais problemas atingem os processos em geral e se manifestam em diversos casos analisados. Como entre os juízes há uma série de dúvidas sobre os seus poderes na revisão de decisões das agências, sobre as competências materiais e territoriais para julgamento dessas ações e sobre o cabimento ou não de liminar sem ouvir a agência reguladora, a complexidade do sistema recursal, que traz a possibilidade de diversas revisões de decisões interlocutórias, é particularmente gravosa nesses processos, potencializando-se os atrasos e a incerteza.

iii. Multiplicidade de ações com o mesmo objeto

Como não há Varas especializadas para revisão de decisões de agências e existe a possibilidade de questionamento do mesmo tema em diferentes tipos de ações que podem ser interpostas em diferentes divisões do Judiciário, sem que haja mecanismos eficientes de agregação de demandas semelhantes, isso faz que questões idênticas decorrentes de um mesmo caso, ou de um conjun-

---

7. Cf. Rosenn, 1998, p. 19-37; Brito Machado, 1997; e Agapito Machado, 2005.

to de casos semelhantes julgados pelas agências, recebam decisões distintas e inconsistentes. Ilustrativa desse problema é a série de casos envolvendo a UNIMED, cooperativa de serviços médico-hospitalares. Em diversos processos administrativos, o CADE condenou unidades regionais da cooperativa UNIMED por infração à ordem econômica, que consistiu na imposição de regime de exclusividade aos seus médicos associados, impedindo-os de trabalharem para empresas concorrentes. Apesar de impugnarem basicamente a mesma posição do CADE, as diversas unidades ingressaram individualmente no Judiciário contra as decisões, em suas regiões, obrigando os juízos a tratar diversas vezes de uma mesma questão. A ausência de um sistema de harmonização das decisões relativas a essa matéria e de um *leading case* claro, em decorrência de sua novidade, permitiu a essas empresas protelarem a execução da decisão administrativa além das iniciativas resultarem em decisões contraditórias sobre o mesmo ato impugnado.

iv. Dúvidas sobre o escopo da revisão judicial

Como apontado, a divergência no Judiciário sobre a possibilidade de se substituir às decisões das agências, ou se o órgão estaria limitado a anular tais decisões, ou ainda se poderia fixar prazo para a agência decidir, além de provocar atrasos, cria insegurança aos agentes.

1.4.3. Qualidade

Por fim, a análise do conteúdo das decisões sobre atos das agências reguladoras e do CADE revela alguns problemas recorrentes que serão aqui brevemente ilustrados: (i) sobrevalorização de questões processuais, (ii) falta de expertise técnica, (iii) viés privatista e (iv) resistência em analisar as razões da política regulatória, com refúgio no formalismo.

i. Sobrevalorização de questões processuais

Como forma de não adentrar em análises técnicas de mérito, os juízes tendem a focar questões processuais, com as quais têm maior familiaridade. Ainda assim, duas deficiências foram identificadas. A primeira tem a ver com a intolerância judicial em relação à informalidade administrativa. A segunda deficiência está no desconhecimento, pelo Judiciário, do processo específico de cada agência. Essa faceta revela-se, por vezes, no conforto com que o juiz, diante da garantia do juízo ou da execução, profere liminares sem ouvir a Administração, mesmo diante de alegações frágeis, como a parte não ter sido informada da composição do Conselho no momento do julgamento; em outras tantas pela ênfase confinada à discussão da multa imposta pela agência ou pelo CADE, relegando a segundo plano a suspensão pelo agente de prática tida por nociva.

ii. Falta de expertise técnica

A análise dos casos revela especialmente o escasso domínio da matéria regulatória pelos juízes, que não contam com especialistas técnicos (economistas ou engenheiros) entre seu corpo de assessores. Como sugerido acima, tal carência dificilmente se resolveria com perícias técnicas – causadoras de mais atrasos –, pois na maioria das vezes a questão está em interpretar dados econômicos ou técnicos já presentes nas análises das agências, e não em produzir novos pareceres técnicos. Essa limitação é bem ilustrada pelo caso do *Cartel dos Cegonheiros*. Nele, a alegação de colusão entre associação nacional de empresas transportadoras de veículos, pequenas empresas transportadoras e sindicato foi apreciada tanto na instância judicial (Justiça Criminal) quanto na administrativa (CADE), com resultados divergentes: enquanto a decisão judicial condenou as pessoas físicas envolvidas por cartelização, merecedora de pena privativa de liberdade, o CADE concluiu pelo arquivamento do processo administrativo diante da insuficiência de provas e avaliação das eficiências econômicas da prática e da dinâmica do mercado, questões relevantes que escaparam à análise do Judiciário.

iii. Viés privatista

Os juízes mostram alguma dificuldade em lidar com questões de políticas públicas e o papel das agências na composição de interesses públicos, privados e coletivos, reduzindo-os aos moldes do direito privado. Como retrata o exemplo abaixo, o Judiciário ainda enxerga a atuação da agência apenas como intervenção do Estado na livre-iniciativa dos agentes, conforme modelo clássico do direito econômico.

No chamado *Caso Slots de Aviação*, o Judiciário deferiu, em todas as instâncias, pedido de companhia aérea em processo de recuperação judicial para repelir a intenção da agência setorial (ANAC) de realocar os *slots* a companhias em operação. Considerando-se que a ANAC tem a competência para realocar os *slots* concedidos à companhia, o Judiciário escolheu preservar os interesses da empresa sem considerar as consequências para o mercado regulado de serviços aéreos, incluindo os *slots* no conjunto de bens imateriais daquela para alienação, como se fossem ativos da companhia.

iv. Insensibilidade às razões regulatórias e refúgio no formalismo

Ao julgar recursos provenientes das decisões tomadas pelas agências reguladoras, o Judiciário defronta-se com novos desafios, desconhecidos no passado mais recente. Um desses desafios radica na mitigação da antiga dicotomia entre o direito público e o direito privado.

Trata-se da dificuldade em compreender, na prática, o papel do Estado e do próprio Judiciário diante do Estado Regulador da economia, uma novidade da Constituição Federal de 1988 que ganhou corpo e feição institucional justamente com as agências reguladoras a partir da década de 1990. Diante de uma forte tendência ainda arraigada na cultura jurídica do País, o que se observa é o tratamento da relação entre agência reguladora e o agente regulado nos quadros tradicionais do Direito Administrativo. Com isso, os juízes ainda se preocupam em controlar as condições formais de emissão do ato administrativo, em vez de penetrar na fundamentação da política setorial e ponderar se aquele ato em particular é eficiente no sentido de se adequar aos objetivos da política anunciada pela própria agência.

Um caso ilustra bem essa dificuldade e limitação. Trata-se do questionamento judicial de Resolução da ANEEL que buscava redefinir o conceito de "consumidor de baixa renda", que goza do benefício de tarifa reduzida. De acordo com a nova resolução, o consumidor de baixa renda seria identificado pelo consumo inferior a 220 kWh/mês, ter ligação monofásica, estar inscrito em programas sociais federais e ter renda per capita familiar inferior a R$ 100,00. Alegaram as requerentes que parte significativa dos atuais consumidores de baixa renda ficaria desprovida do benefício conferido. Já a agência e as distribuidoras de energia alegavam que o reenquadramento tarifário corrige distorções no sistema, excluindo, por exemplo, donos de casa de temporada e imóveis que ficam fechados durante longos períodos. Em nenhum momento o Judiciário enfrentou a questão de política pública consistente na melhor forma de encontrar critérios que corrijam distorções sem excluir aqueles que dependem do benefício, limitando-se a decidir que, por ser a agência reguladora dotada de discricionariedade técnica, apenas o critério de ligação monofásica seria admissível, por ser um aspecto estritamente técnico da resolução.

1.5. Estrutura do livro

Em suma, o diagnóstico geral da eficiência e segurança jurídica da atividade de revisão judicial das decisões das agências reguladoras e do CADE é bastante negativo. O diagnóstico quantitativo aponta para a excessiva demora na análise dos processos e a grande insegurança dada pelas diversas alterações em um mesmo processo da suspensão ou confirmação da decisão das agências. Tudo isso para, ao final, apresentar elevada taxa de confirmação das decisões administrativas.

Há uma série de razões plausíveis para tais deficiências, colhidas a partir de um exame qualitativo de casos envolvidos na pesquisa, bem como das entrevistas realizadas com advogados, juízes e procuradores das agências. Em relação ao tempo excessivo de análise, constatou-se (i) que a complexidade dos casos pode trazer incentivo para que juízes priorizem casos mais simples, (ii) o entendimento, muitas vezes equivocado, de juízes de que casos envolvendo agências exigem a realização de perícia, (iii) a dúvida e discrepâncias entre os juízes sobre o escopo da revisão judicial que acaba por fazer com que o Judiciário não resolva a questão, devolvendo-a para a Administração e (iv) conflitos de competência. Em relação à insegurança jurídica, identificou-se (i) que não há diretrizes para concessão de medidas liminares em casos de questionamento de decisões das agências, (ii) o sistema recursal do processo civil brasileiro é complexo, possibilitando a rediscussão da mesma questão sucessivas vezes no mesmo processo, (iii) a possibilidade de multiplicidade de ações com o mesmo objeto em situações nas quais os diferentes agentes regulados afetados pela decisão podem buscar guarida em diferentes divisões materiais ou territoriais do Poder Judiciário e (iv) novamente a discrepância entre os juízes sobre o escopo da revisão judicial.

Por fim, foram identificados e ilustrados alguns problemas recorrentes relativos à qualidade das decisões das agências, a saber: (i) sobrevalorização de questões processuais, (ii) falta de expertise técnica, (iii) viés privatista e (iv) resistência em analisar as razões da política regulatória, com refúgio no formalismo.

Essa avaliação pessimista permite perguntar sobre a adequação de se abandonar a revisão judicial com a admissão de uma jurisdição administrativa paralela. Porém, dada a virtude e considerando o relevo dos casos em que o Judiciário exerceu efetivo controle de fundamentação das ações de agências, inclusive como fator a dificultar a "captura" das agências e trazer a melhoria de seu *enforcement*, a inclinação dos autores a essa questão é negativa. Considerando que a experiência do Poder Judiciário com a revisão de decisões de agências é bastante recente, há espaço e interesse do próprio Judiciário em reformas que elevem sua eficiência na prestação desse serviço, entre as quais, pelos problemas apontados e suas possíveis razões, desponta a criação de Varas especializadas, dotadas de economistas engenheiros em seu corpo de assessoria técnica. Tal proposta, ao lado de outras, fez parte das conclusões da Pesquisa CNJ, que não reproduziremos neste livro, sendo certo que há vontade institucional do Judiciário de se autocriticar e iniciar mudanças, o que, apesar do quadro crítico atual, é razão para otimismo.

O livro está estruturado da seguinte forma:

O Capítulo 2 apresenta revisão da literatura sobre os problemas associados ao Judiciário brasileiro. A análise divide-se em duas partes: a primeira, uma avaliação macroscópica; e a segunda, uma avaliação microscópica.

Na avaliação macroscópica, são apresentadas as características usualmente descritas em diagnósticos gerais do Judiciário, bem como aquelas identificadas pelo usuário comum da Justiça. Na avaliação microscópica, apresentam-se fatores pouco discutidos, mas que podem impactar o funcionamento do Judiciário, tais como o excesso de demanda judicial por parte do Estado, a percepção de que os magistrados seriam condescendentes com maus usuários do sistema e o fato de que os gestores do sistema de adjudicação *são os próprios magistrados*, sem treinamento em administração.

O Capítulo 3, por sua vez, faz uma análise internacional comparada dos sistemas de revisão judicial de decisões das agências reguladoras e das autoridades de defesa da concorrência, com especial atenção aos casos da União Europeia e do México.

O Capítulo 4 descreve o sistema de representação das agências reguladoras e do CADE. Principia por uma descrição do arranjo institucional para a revisão judicial das decisões administrativas. Em seguida são expostas as impressões dos Procuradores Gerais do CADE e das agências sobre a atuação do Judiciário, obtidas por meio de entrevistas.

No Capítulo 5 são expostos os resultados da análise quantitativa de decisões administrativas e judiciais. A base de dados quantitativa contempla dois conjuntos: um voltado a mensurar as variáveis de custo e incerteza jurídica da revisão judicial de decisões de agências reguladoras, cujo universo consiste nos casos judicializados; e o outro voltado à estimação da probabilidade de judicialização das decisões administrativas, que observa todas as decisões administrativas passíveis de judicialização, mesmo aquelas que não resultaram em processos judiciais. A constituição da segunda base de dados foi possível apenas para o CADE, pois somente essa autarquia possuía registro rigoroso do subconjunto de decisões administrativas causadoras de restrição a direito de particular desde 1994.

O Capítulo 6 apresenta análise qualitativa de casos discutidos na esfera administrativa e posteriormente apreciados no plano judicial. O objetivo é ilustrar problemas encontrados nos casos judiciais examinados ou fatores provocadores de revisão judicial que não podem ser detectados por meio de uma apreciação quantitativa, como, por exemplo, a qualidade das decisões, ou se o recurso ao Judiciário decorre efetivamente de falhas processuais ou de falta de transparência por parte das agências.

O Capítulo 7 reúne as contribuições anteriores para fazer considerações sobre os novos desafios do Judiciário no Estado regulador da economia, entre os quais se destaca o enfraquecimento da dicotomia entre o direito público e o direito privado. É feita, também, pequena análise sobre a atuação do Judiciário como árbitro das relações entre concessionárias e consumidores, embora a questão não tenha integrado o objeto da pesquisa.

Ao final, apresenta-se um sumário com as principais conclusões de cada capítulo, de modo a facilitar ao leitor a identificação dos pontos de seu interesse em todo o material.

Capítulo 2

O Poder Judiciário brasileiro

2.1. Introdução

Este capítulo pretende fazer uma avaliação geral do funcionamento do Judiciário brasileiro a partir de uma breve revisão da literatura. O objetivo, atente-se, não é apresentar nosso entendimento a respeito do tema, ou mesmo registrar conclusões obtidas a partir da análise empírica realizada nesta pesquisa. O levantamento ora apresentado realizou-se anteriormente à análise empírica, com o objetivo de apurar o entendimento de autores que já trataram do Judiciário em geral, o que serviria de base para a formulação das hipóteses a serem testadas com a investigação empírica (apresentadas no Capítulo 5), para avaliação da atração do Poder Judiciário na revisão de decisões das agências.

A análise realizada neste capítulo divide-se em duas partes: a primeira, uma avaliação macroscópica; e a segunda, uma avaliação microscópica.

Na avaliação macroscópica as características apontadas no diagnóstico geral do Judiciário são as usualmente descritas pela literatura especializada, bem como aquelas identificadas pelo usuário comum da Justiça. Os tópicos comumente discutidos na literatura são a morosidade do Judiciário, a deficiência de recursos materiais e humanos, a má qualidade do direito processual, a aplicação de alguns princípios do direito brasileiro e a relação entre os Poderes Executivo, Legislativo e Judiciário. Em alguns casos, os problemas identificados nesta avaliação macroscópica revelam causas reais; em outros, os problemas aparentes mascaram outras causas não tão aparentes. Será o objetivo da seção seguinte, com a avaliação microscópica, analisar as causas menos triviais, pouco discutidas pela literatura, a saber: o excesso de demanda judicial por parte do Estado, a condescendência dos magistrados com ações protelatórias no processo e problemas na gestão administrativa dos tribunais.

2.2. Avaliação macroscópica: o diagnóstico geral do Judiciário

De maneira geral, a avaliação que se faz do Judiciário brasileiro é bastante negativa. O Banco Mundial (*e.g.*, Banco Mundial, 2004) afirma que existe não somente uma, mas várias crises, com origens diversas (históricas, culturais, políticas, estruturais, constitucionais etc.). Em alguns casos, credita-se o mau desempenho do Judiciário brasileiro a uma tradição ou cultura arraigada. Como destaca Sidnei Beneti, "conservadorismo de rotinas, dificuldades de mudar, grandiosidade e peso da máquina judiciária, amarras decorrentes do serviço público quanto a pessoal, material e meios financeiros, e submissão e liderança institucional hierarquizada pela antiguidade. Essas características são bem marcantes no Judiciário [brasileiro]" (Beneti, 2006, p. 103).

Também se identifica hoje no Judiciário brasileiro um elevado grau de insegurança, cujas evidências, confirmadas pelos próprios magistrados, indicariam que a variância nas decisões é um problema recorrente na Justiça brasileira (*e.g.* Machado, 1997). As razões mais apontadas para a existência desse grau de insegurança são: má qualidade das leis criadas (Rosenn, 1998); instabilidade legal, com leis de sobrevivência curta (Beneti, 2006); herança do *civil law*, que não tem tradição de uniformizar a jurisprudência mesmo dentro de um mesmo tribunal (Machado, 1997); e o processo legal altamente burocrático, que permite vários níveis de recursos e confere importância excessiva ao formalismo processual (Moreira, 2004; Hammergren, 2002; Dakolias, 1999; Rodrigues, 2005; Machado, 1997).

Outras características que refletem a crise do Judiciário, segundo a literatura, devem-se às suas próprias origens. Em primeiro lugar, sempre se deu mais importância à criação de leis do que à garantia de sistemas de incentivos para que elas fossem efetivamente cumpridas. Ou seja, havia uma preocupação excessivamente legalista, contrastada a providências deficientes quanto ao funcionamento, execução e eficiência do sistema. Em segundo lugar, o Judiciário brasileiro tem grande dificuldade em se adaptar ao ambiente no qual se insere, por força de características históricas e estruturais. Como mostra Ballard, "a combinação de sistemas legais extremamente formalistas com o papel restrito dos juízes gerou uma burocracia judicial que teve a tendência de se manter isolada da evolução das sociedades nas esferas política, social e econômica" (1999, p. 239-240).

A seguir, traça-se análise mais detalhada de algumas características do Judiciário brasileiro identificadas pela literatura.

2.2.1. O problema da morosidade

i. Alguns dados descritivos

As estatísticas descritivas sobre o funcionamento do Judiciário brasileiro variam bastante, mas há ampla concordância a respeito da demora na solução judicial dos processos, que é apontada como o principal problema. A morosidade pode ser explicada pelo volume de processos encontrados nos tribunais: um juiz brasileiro é, em média, responsável por 10 mil casos em qualquer dado momento de tempo[1]. Os Ministros do Supremo Tribunal Federal, por exemplo, julgaram (em conjunto) mais de 120 mil processos no ano de 2007[2]. Tem havido, no período mais recente, uma reversão desse quadro que é digna de nota, tendo o estoque de processos no STF caído em 2010[3]. Com relação ao nível de recursos, os dados também são surpreendentemente altos. O Banco Mundial (2004) calcula que, entre 1993 a 2003, a proporção de processos que chegaram à segunda instância contra a de decisões tomadas na primeira instância na Justiça Federal variou de 0,5[4] no último ano da pesquisa a quase 1,0 nos anos de 1999 e 2000. Segundo a pesquisa, mesmo a queda para 0,5 mantém o índice num patamar bastante alto[5].

Parece haver uma clara distinção no funcionamento das diferentes Justiças. Uma pesquisa encomendada pelo Ministério da Justiça (2007) mostra que as Justiças estaduais representam 73% de todo o movimento processual, com elevada concentração no Estado de São Paulo, que responde por quase metade de toda a movimentação. Entre os anos 1997 a 2002, as entradas e os julgados na primeira instância das Justiças Estaduais aumentaram em três vezes, enquanto os recursos na segunda instância aumentaram em seis vezes[6]. Uma conta simples revela que o índice de recursos dobrou nesse período.

Outro dado interessante refere-se aos Juizados Especiais. Criados para aliviar o sistema principal, eles também se encontram exauridos. A estimativa é que cada juiz nessas Cortes decide em torno de 7 mil a 8 mil causas por ano.

1. Cf. Sherwood, 2007.
2. Cf. Dados do STF, disponíveis em: <www.stf.jus.br>.
3. Segundo consta no sítio do STF, "esta é a primeira vez, em 11 anos, que tramitam no Supremo menos de 90 mil processos (88.834)". Tal resultado teria decorrido da "aplicação da sistemática da repercussão geral que já resultou, desde 2007, na redução de 41,2% do número de recursos que chegam a Corte".
4. Os valores representam a proporção entre os processos distribuídos em segunda instância e os julgamentos de primeira instância. Cf. Banco Mundial, 2004, p. 90-91.
5. O Banco Mundial, no entanto, adverte que não é claro se o grande número de apelações é derivado somente de um pequeno grupo de casos, ou se todos os casos geram, em média, o mesmo número de apelações.
6. Cf. Banco Mundial, 2004.

ii. A Constituição Federal de 1988 e o aumento de demanda judicial

A Constituição Federal de 1988 é considerada por muitos excessivamente detalhada, reguladora e específica. Afirma-se que ela tem criado sérios problemas de governabilidade por gerar um impasse legislativo: muitas de suas regras não são autoexecutáveis, necessitando de legislação complementar que o Congresso, dividido politicamente, não consegue aprovar (Rosenn, 1998).

A literatura destaca os efeitos gerados pela Constituição Federal de 1988 sobre o Judiciário. Moreira (2004) mostra que ela criou uma complexa estrutura judicial na tentativa de aliviar as Cortes superiores, mas acabou agravando ainda mais a crise pelas novas medidas adotadas. O grande desejo de fazer avançar a nova democracia no País abriu as comportas de uma grande demanda reprimida pelos serviços judiciais.

O Ministro Gilmar Mendes, em seu discurso de posse como Presidente do STF, em abril de 2008, indicou nas entrelinhas sentir a dimensão das consequências geradas por essas características da Constituição: "Dia após dia, o Supremo Tribunal Federal vê-se confrontado com a grande responsabilidade política e econômica de aplicar uma Constituição repleta de direitos e garantias fundamentais de caráter individual e coletivo".

No art. 5.º do Capítulo I do Título II da Constituição há, ao todo, 78 incisos descrevendo um rol grande e variado de garantias constitucionais, que vão desde o direito ao tratamento igual entre os sexos até o direito de propriedade, passando pelo direito ao *habeas corpus* e ao *habeas data*. Com a nova Constituição, tornou-se muito mais fácil para partes privadas iniciarem processos contra o governo por meio de instrumentos como a Ação Popular, a Ação Civil Pública, o Mandado de Injunção e a Ação Direta de Inconstitucionalidade. Segundo Rosenn (1998), estes dois últimos instrumentos têm o potencial de criar uma crise no STF, pois geram um alto grau de litígio. No que diz respeito às decisões das agências reguladoras e do CADE, em especial, embora se argumente em favor de uma margem de exercício de competência estritamente técnica, inexistem restrições *a priori* à possibilidade de submissão de decisão à revisão judicial, cabendo ao próprio Judiciário a definição desse escopo. Segundo os juristas, não somente a quantidade demandada de serviços judiciais aumentou com a Constituição de 1988, mas também, com a democratização e a abertura da economia brasileira, as demandas tornaram-se muito mais complexas, exigindo soluções e conhecimento especializado, muitos dos quais o Judiciário não tinha (e ainda não tem). De maneira abrupta, os juízes depararam-se com processos que supunham o pleno entendimento de políticas econômicas e políticas previdenciárias, por exemplo. A descentralização da Administração com a introdução das agências reguladoras, que detêm poder normativo e fiscalizador das relações entre agentes econômicos, Estado e particulares em nome de "interesses difusos e coletivos", é mais uma complexidade que desafia os tribunais. Como a estrutura funcional e processual do Judiciário não foi alterada significativamente, fica patente o motivo do agravamento da crise judicial.

Ou seja, existe a percepção de que o despreparo da Justiça para enfrentar as crescentes e cada vez mais complexas demandas revela uma nota paradoxal da Constituição brasileira: o aumento das garantias constitucionais teria levado ao estrangulamento do sistema judicial, o que por sua vez teria tornado mais difícil e moroso o acesso efetivo da população à Justiça.

2.2.2. Deficiência de recursos materiais e humanos

Duas razões frequentemente apontadas como sendo causadoras dos problemas do Judiciário são a falta de recursos materiais e humanos e a má qualidade do direito processual.

O primeiro fator é o mais amplamente apontado pelos profissionais do próprio sistema como a principal causa da crise do Judiciário. Magistrados e funcionários administrativos argumentam que falta pessoal para administrar um sistema que permite tão alto grau de recursos judiciais. E, nesse caso, não somente parecem faltar juízes, mas também pessoal em toda a estrutura judicial. Com relação aos recursos materiais, a reclamação é da falta de equipamentos modernos, principalmente em informática.

Alguns esforços coordenados e efetivos parecem existir. Em outubro de 2008, o Conselho Nacional de Justiça (CNJ) lançou um plano de trabalho com o intuito de disseminar o processo eletrônico em todo o País. De acordo com o próprio CNJ, o plano de trabalho "definirá metas de curto, médio e longo prazos que deverão ser cumpridas entre 18 meses a 5 anos até a total informatização dos processos judiciais. O objetivo é reduzir os custos do Judiciário e melhorar a prestação jurisdicional"[7].

Quando se sai da esfera dos operadores do dia a dia da Justiça, a opinião sobre a carência da informatização como definidora da ineficiência do sistema judicial é outra. Especificamente com relação à falta de magistrados no sistema, Maria Dakolias, especialista em eficiência do Judiciário do Banco Mundial, afirma que:

---

7. Disponível em: <www.cnj.gov.br>. Acesso em: 16 out. 2008.

The number of judges is always a delicate topic for reformers, because hiring more judges is often a favorite solution for problems of inefficiency. Lack of judges has historically been cited as the main reason for delay. This perception, however, relates primarily to those courts that are not well-managed [...]. This is not to say that in some cases there is not a need for additional judges, but additional research is needed to justify the increase, as increasing the number of judges may not always solve the problem (1999, p. 20).

Para Linn Hammergren (2007), outra especialista de sistemas judiciais do Banco Mundial, o problema também não está na falta de recursos humanos e materiais. Sua experiência na implantação de reformas judiciais em vários países mostrou que a demanda por orçamentos maiores – para a aquisição de mais recursos – é continuamente crescente e leva a uma tendência de não transparência na prestação de contas do uso dos recursos públicos. Além disso, Hammergren não acredita que a automação dos processos, i.e., a informatização das Cortes, resolverá o problema da eficiência judicial, pois, segundo ela, o grande motivo para a morosidade judicial são fatores relacionados à atitude dos agentes envolvidos. Ela destaca as práticas meramente protelatórias e a resistência dos juízes em coibi-las (2007, p. 86). Discutiremos esse fator adiante.

Trabalhos empíricos parecem também evidenciar o fato de que recursos humanos/materiais não geram necessariamente eficiência judicial. Buscaglia e Ulen demonstram, por meio de uma amostra de países latino-americanos, que essas duas variáveis não estão positivamente correlacionadas. Mais precisamente:

Countries not suffering from delays and corruption and with a high degree of public satisfaction or confidence in their judiciary (countries such as Denmark, Japan, Germany, the Netherlands, and Norway) tend to devote less of their government's budget to the judiciary than do Latin American countries such as Argentina, Brazil, and Mexico, which are in the bottom 20% of the public's confidence (1997, p. 282).

Os autores comprovam seus argumentos mostrando as respectivas porcentagens do gasto público total dedicado ao Judiciário em alguns desses países:

Tabela 2.1. Gastos com o Poder Judiciário

Países cujos Judiciários têm ALTA confiança do público		Países cujos Judiciários têm BAIXA confiança do público	
País	% do gasto público total com o Judiciário	País	% do gasto público total com o Judiciário
Países Baixos	0,4	Venezuela	1,3
Japão	0,5	Equador	1,4
Noruega	0,8	Peru	1,5
Alemanha	0,9	Argentina	2,2
Dinamarca	1,2	Paraguai	5,1

Fonte: Adaptado de Buscaglia e Ulen, 1997, p. 282.

Especificamente, os autores apontam que o Brasil foi um dos países onde se verificou um dos maiores aumentos nos gastos com o Judiciário durante os anos de 1990 a 1993, a que, contudo, não se seguiu maior redução no tempo de resolução dos processos civis e comerciais.

Apesar de os magistrados apontarem a deficiência dos recursos humanos e materiais como um fator problemático no Judiciário, eles também parecem perceber que o aumento dos gastos no Judiciário não necessariamente desenvolve sua eficiência. Dalton e Singer (2009) relatam o caso de Warren Burger, Presidente da Suprema Corte dos Estados Unidos na década de 1970, um dos maiores opositores do aumento de recursos como solução para os problemas de eficiência enfrentados pelas Cortes. Assim que foi indicado a Ministro da Suprema Corte, em discurso ao American Bar Association (a Ordem dos Advogados norte-americana), Burger afirmou:

> More money and more judges alone is not the primary solution. Some of what is wrong is due to the failure to apply the techniques of modern business to the administration or management or the purely mechanical operation of the courts [...] (Burger, 1970 apud Dalton e Singer, 2009).

No Brasil, o Ministro Gilmar Mendes também mostra preocupação com a morosidade da Justiça e indica comprometimento com o processo de racionalização dos procedimentos judiciais para a melhora dos serviços: "Todo o Judiciário está desafiado a contribuir para esse esforço de racionalização, *sem que para isso se efetive, necessariamente, a expansão das estruturas existentes. Assim, a ênfase há de ser colocada na otimização dos meios disponíveis*" (discurso de posse na Presidência do STF, 2008 – grifos nossos).

É compreensível que o ex-presidente do STF descarte a possibilidade de aumentar a estrutura judicial do País, pois para que isso ocorra há necessidade de mais recursos materiais e financeiros, o que demandaria maior orçamento do Estado para o Poder Judiciário, algo que para muitos está fora de questão. Em comparação com países semelhantes, o Banco Mundial (2004, p. 8) considera o orçamento judicial no Brasil "bastante generoso" em termos de porcentagem dos gastos públicos totais, o que o deixaria em um patamar acima da média. É pouco verossímil que, além da independência financeira, o Judiciário consiga um orçamento cada vez maior do Estado para resolver seus problemas de morosidade, como defendem alguns operadores.

Com relação à ausência de recursos materiais modernos e, mais precisamente, de informatização, há evidências anedóticas de que a presença desta é, às vezes, uma fonte de *mais* ineficiência no serviço judicial. Pesquisa realizada junto a cartórios no Estado de São Paulo (Ministério da Justiça, 2007) mostrou que a informatização não acompanhada de treinamento adequado da mão de obra fez que, em alguns casos, os cartórios não abandonassem a forma tradicional de trabalho (manual e no papel) mesmo depois de se adotar o procedimento eletrônico. Ou seja, o trabalho terminou duplicado, por não se saber operar adequadamente o sistema, ou por não se confiar na informatização.

2.2.3. Má qualidade do direito processual e alguns princípios do direito brasileiro

O direito processual no Brasil é apontado, com frequência, como uma das grandes fontes de ineficiência no Judiciário. Uma breve análise histórica é suficiente para denunciar sua natureza burocrática e excessivamente preocupada com a forma. Nessa toada, uma pesquisa feita pelo Instituto Nacional de Qualidade Judiciária (INQJ) mostra que, para cada caso que passa num determinado tribunal, há quase 90 passos diferentes, tanto processuais quanto deliberativos – muitos deles repetitivos (apud Sherwood, 2007). Lembrando-se de que cada juiz tem em mãos uma média de 10 mil casos, evidencia-se como a simplificação do processo em muito aliviaria o trabalho dos magistrados. Gasta-se, assim, tempo excessivo discutindo questões processuais em detrimento de questões de mérito. Ao final, "não são raros os casos nos quais triunfa quem não tem razão, mas tem o patrocínio de um advogado hábil no manejo dos ritos" (Machado, 1997).

Alguns apontam para o *princípio do duplo grau de jurisdição* como um dos fatores causadores de muitos dos problemas no processo civil. Este princípio garante, basicamente, que todo processo seja decidido por dois órgãos judiciais de instâncias sucessivas. Como sugere Dinamarco, "o princípio do duplo grau deve ser visto como uma regra geral inerente ao sistema democrático do processo" (2007, p. 168)[8]. A Constituição Federal não garantiu expressamente tal princípio, apesar de o sistema processual brasileiro tê-lo acolhido de forma dispersa, inclusive constitucionalmente ao atribuir a competência recursal a vários órgãos da jurisdição (arts. 102, II, 105, II, e 108, II), prevendo expressamente, sob denominação de *tribunais*, órgãos Judiciários de segundo grau (*e.g.*, art. 93, III), e, no âmbito legal, por meio do Código de Processo Civil, do Código de Processo Penal, da Consolidação das Leis do Trabalho, de leis extravagantes e leis de organização judiciária (cf. Cintra, Grinover e Dinamarco, 2009, p. 81). Juristas o apontam como "garantia de boa solução", crentes que uma segunda reflexão sobre o tema *sub judice* poderia conduzir a uma conclusão mais adequada.

Apesar disso, muitos ainda duvidam da real utilidade do princípio do duplo grau de jurisdição; por exemplo, Rosenn (1998) mostra que 90% das decisões das Cortes de primeira instância são mantidas no recurso e, portanto, o princípio apenas aumentaria o congestionamento das Cortes, sem contribuir de forma significativa para a redução de possíveis erros das decisões das Cortes inferiores. Por esse motivo, há juristas e magistrados que defendem a limitação do uso do duplo grau de jurisdição como uma das soluções para o congestionamento do Judiciário (Machado, 2005; Moreira, 2004; Machado, 1997).

Tem-se a impressão de que alguns princípios do direito processual brasileiro, como o do duplo grau de jurisdição, quando utilizados para fins meramente protelatórios, podem acabar por prejudicar o próprio acesso ao Judiciário.

Outra característica do processo brasileiro relacionada pela literatura à falta de eficiência do Judiciário é a ausência de precedente obrigatório para processos que versem sobre casos semelhantes. O Ministro Nelson Jobim, ex-presidente do STF, quando ainda ocupava cadeira na Suprema Corte, afirmou que as 10 mil decisões que ele tinha a redigir por ano consistiam, na verdade, em apenas 150 demandas que eram ajuizadas de forma repetida (Banco

---

8. "O principal fundamento para a manutenção do princípio do duplo grau é de *natureza política*: nenhum ato estatal pode ficar imune aos necessários controles. O Poder Judiciário, principalmente onde seus membros não são sufragados pelo povo, é, dentre todos, o de menor representatividade. Não o legitimam as urnas, sendo o controle popular sobre o exercício da função jurisdicional ainda incipiente em muitos ordenamentos como o nosso. É preciso, portanto, que se exerça ao menos o controle interno sobre a legalidade e a justiça das decisões judiciárias. Eis a conotação política do princípio do duplo grau de jurisdição" (Cintra, Grinover e Dinamarco, 2009, p. 81).

Mundial, 2004). De fato, as estimativas sugerem que de 85% a 90% dos casos que chegam ao STF versam sobre matérias já decididas. Com o intuito de mitigar esse problema e aumentar a eficiência do Judiciário, foi editada a Lei 11.417/2006, que prevê a edição pelo STF de súmula com efeito vinculante sobre os demais órgãos do Poder Judiciário e a administração pública direta e indireta, após reiteradas decisões acerca de matéria constitucional. Para minimizar o problema dos recursos repetidos também em esferas além do STF, foi editada, em maio de 2008, a Lei 11.672, conhecida como a "Lei dos Recursos Repetitivos". Um ano depois de sua vigência, o Superior Tribunal de Justiça (STJ) observou redução de 34% no número de recursos que ali chegam.

Sensivelmente relacionado a esse tema, e quiçá centro de várias das críticas ao sistema judicial prevalecente, é o *excessivo número de recursos* e demais possibilidades de acesso às instâncias superiores a partir de processos ordinários. O problema está relacionado com as críticas ao excessivo uso do duplo grau de jurisdição. Acredita-se que essa liberalidade com o número de recursos faz chegar às Cortes superiores muitas questões irrelevantes. Na prática, esse sistema abre portas para estratégias meramente protelatórias. Como afirma o jurista Sergio Bermudes (2005), o ideal seria permitir o número de recursos necessário para anular a probabilidade de erros nas decisões. Uma pergunta que decorre imediatamente daí, no entanto, é se a qualidade das decisões nas instâncias inferiores não seria um motivo para a grande quantidade de recursos. Se esse for o caso, tem-se então um pernicioso círculo vicioso: dado que as decisões nas instâncias inferiores são ruins, muitos litigantes sentem-se obrigados a recorrer às instâncias superiores; e considerando que a porcentagem de recursos é muito grande, os juízes de primeiro grau não têm incentivos ou tempo suficiente para construir boas decisões, sabendo que grande parte será julgada novamente pelas instâncias superiores. Do ponto de vista estritamente econômico, duas observações merecem ser feitas a respeito do uso exacerbado dos recursos pelas partes. A primeira delas é que, em uma corporação, os recursos seriam um exemplo de "retrabalho", ou seja, emprego desnecessário de recursos materiais e humanos sem uma compensação no aumento da quantidade de produtos. Esta é uma definição pura de ineficiência[9].

A segunda observação sugere que o sistema processual brasileiro pode, ainda, estar gerando o que na linguagem econômica se denomina *seleção adversa*. É dizer, as partes (pessoas físicas e jurídicas particulares, além do pró-

---

9. Porém, numa visão mais jurídica, não se pode esquecer que "o princípio do duplo grau de jurisdição funda-se na possibilidade de a decisão de primeiro grau ser injusta ou errada, daí decorrendo a necessidade de permitir sua reforma em grau de recurso" (Cintra, Grinover e Dinamarco, 2009, p. 80).

prio Estado) estariam se aproveitando da formalidade excessiva do processo brasileiro, e do congestionamento e morosidade da Justiça, para conservar o processo pelo maior tempo possível no Judiciário, beneficiando-se, assim, do fato de não terem resolvido o conflito que o ensejou. Ou seja, as falhas no serviço prestado atraem a demanda de "maus" clientes: aqueles que não necessariamente acreditam que têm um bom caso, mas que têm interesse em protelar o exercício de direito.

Indivíduos com dívidas financeiras estariam entre aqueles diretamente beneficiados pelo uso de *recursos meramente protelatórios*. Pesquisa realizada em 2000 revelou números preocupantes com relação ao uso do sistema judiciário pelos particulares, que não buscam a solução de um conflito ou o exercício de um direito, mas o simples retardamento no cumprimento de um dever jurídico: 74,5% dos magistrados identificam o uso desse tipo de recurso como sendo muito frequente na esfera federal, e 63,8% concordam que é comum na esfera estadual (vide Moreira, 2004). Entretanto, como veremos mais adiante, os magistrados brasileiros são muito reticentes em punir esse tipo de prática, mesmo que a lei já preveja penalidades específicas. Motivos culturais, sociais e até mesmo extraídos de princípios do direito (por exemplo, de *devido processo legal*), se usados de forma inadequada, explicam este fenômeno.

Pesquisas feitas nas Varas e Ofícios mostram que grande parte da lentidão no processo não se deve ao tempo efetivamente usado para julgamento, senão àquele desperdiçado à espera de diligências secundárias. A pesquisa do Instituto Nacional de Qualidade Judiciária (INQJ) mostra, por exemplo, que, apesar de um processo típico levar aproximadamente 3 anos para ser concluído na primeira instância, o tempo em que ele é efetivamente analisado pelo juiz é de apenas 6 horas agregadas; em todo o tempo restante, o processo passa "esquecido" à espera do próximo passo (Sherwood, 2007). A pesquisa do Ministério da Justiça (2007), por seu turno, revela que o processo demora muito tempo em cartório mesmo depois que o juiz profere a decisão, tempo de espera que representa até 50% do total verificado no processo.

Medidas de aumento de eficiência nas Cortes não levam, necessariamente, à redução na qualidade dos serviços judiciários, ou a uma menor contribuição do Judiciário na criação de resultados socialmente desejáveis; pelo contrário, diversos são os exemplos em que uma atuação mais eficiente das Cortes gerou um resultado qualitativamente mais positivo para a sociedade em termos de direitos econômicos, civis e até humanos. Na verdade, o recurso impróprio às garantias do *devido processo legal*, do *duplo grau de jurisdição* e da liberdade de acesso às instâncias superiores acarretam morosidade, seleção adversa, altos custos, além de afastar a população do serviço judiciário.

Diante dessa crítica identificada na literatura, procuraremos verificar de forma ilustrativa, por meio de análise qualitativa, se peculiaridades do sistema recursal brasileiro criam incentivos à ocorrência de recursos protelatórios, reduzindo a eficiência da decisão judicial (cf. Capítulo 6).

2.2.4. A relação entre os Poderes Executivo, Legislativo e Judiciário

Algumas dificuldades criadas pela Constituição Federal de 1988 já foram discutidas acima. Estudos diversos (principalmente estrangeiros) afirmam que a legislação brasileira é de forma geral malredigida e ultrapassada (Dakolias, 1999). Outros acreditam que as dificuldades enfrentadas pelas Cortes são reflexos de problemas políticos, como por exemplo a fragmentação político-partidária no Brasil, a incapacidade de articulação do Legislativo e o grande poder conferido ao Executivo. Dada a grande fragmentação partidária no Congresso, é muito custosa a articulação de alianças e a formação de consensos. Com isso, muitas vezes, e de maneira proposital, as leis são criadas de forma "genérica" para se poupar energia de barganha entre os legisladores[10]. Entretanto, essas leis precisam de complementos, pois não são autoexecutáveis, o que significa dizer que muitas vezes o Judiciário é chamado para a difícil tarefa de decidir sobre como implementá-las, sem desrespeitar outro princípio jurídico, o da separação dos poderes. Por outro lado, o Executivo tem um grande poder político: ele é o que os cientistas políticos chamam de "definidor de agenda" da política brasileira. Por meio de medidas provisórias, decretos presidenciais ou ministeriais etc., é capaz de levar adiante planos de governo praticamente sem muita interferência ou resistência dos outros poderes[11]. Dada essa configuração política, e a necessidade de acompanhar o desenvolvimento da economia e da sociedade, o que resultou daí foi um conjunto caótico de políticas públicas. Basta observar a grande quantidade de alguns tipos particulares de processos judiciais, por exemplo de natureza tributária e previdenciária. Isso seria um claro sinal da "falta de capacidade do governo de cobrar impostos [...] que provavelmente nada tem a ver com o desempenho do Judiciário" (Banco Mundial, 2004, p. 133).

O Judiciário tem ainda outros motivos para alegar que grande parte de seus problemas são alheios ao seu controle, e um deles é a estruturação de po-

---

10. Importante ressaltar aqui as leis que são, por definição, genéricas em razão de sua finalidade. Assim, em alguns casos, a regulamentação é necessária independentemente de haver ou não os problemas apresentados acima. Exemplos de leis genéricas são aquelas que estipulam diretrizes para um determinado setor, ou estabelecem marco regulatório para um dado serviço.
11. Quanto à medida provisória, esta característica foi relativizada com a Emenda Constitucional 32/2001.

deres no Brasil. A definição sobre a composição, o funcionamento e as regras do jogo do sistema judicial é feita em grande parte pelo Poder Legislativo ou, em alguns casos, pelo Poder Executivo. Os juízes, por exemplo, e até mesmo os Ministros do STF e do STJ não têm poder de alterar ou adicionar nenhuma lei em funcionamento no Judiciário brasileiro, não obstante possam editar os seus regimentos internos, com observância das normas de processo e das garantias processuais das partes, dispondo sobre a competência e o funcionamento dos respectivos órgãos jurisdicionais e administrativos (art. 96, I, *a*, da CF), e o STF, os tribunais superiores e os tribunais de justiça possam propor ao Poder Legislativo a alteração da organização e da divisão judiciárias (art. 96, II, *b*, da CF). Toda reforma judicial ou no direito processual, por exemplo, deve ser discutida, elaborada e aprovada pelo Legislativo.

Além disso, de acordo com a literatura, a tendência à expansão da atuação do Judiciário na arena pública torna os problemas acima mais evidentes:

> A extrema visibilidade dos problemas decorrentes da dimensão política do Judiciário, nos últimos anos, decorre fundamentalmente do fato do país viver momentos de ajuste econômico, político e social e de adaptação de toda a sua infra-estrutura às exigências de inserção no mercado internacional, sob a égide de uma constituição excessivamente detalhista. Do ponto de vista abstrato, pode-se sustentar que esta visibilidade será tanto maior quanto mais amplo for o número de decisões majoritárias definidas pelo Congresso ou pelo Executivo que alterem o *status quo*. Assim, em um país com uma ampla agenda de reformas e que adote um modelo institucional que combina a judicialização da política e a politização do Judiciário, como é o caso do Brasil, os problemas oriundos da dimensão política do Poder Judiciário são mais do que esperados, tornam-se inevitáveis (Sadek, 2004, p. 1-62).

2.3. Avaliação microscópica: fatores pouco discutidos, mas que podem impactar o funcionamento do Judiciário brasileiro

2.3.1. O excesso de demanda judicial por parte do Estado

Não é surpresa para nenhum estudioso ou operador da Justiça que o maior usuário das Cortes seja o Estado. Ballard (1999) estima que pelo menos metade dos casos que tramitam pelas Cortes envolve especificamente o governo federal e que 60% envolvam o setor público de alguma forma. Grande parte desses processos refere-se a matérias previamente decididas contra os interesses do governo. Nas instâncias superiores os números se agravam. Apesar de ser um tribunal constitucional e de última instância por definição, mais de 80% da carga do Supremo Tribunal Federal é composta por processos relacionados ao Poder Executivo federal, estadual ou municipal. No Superior Tribunal de Justiça, dos processos em tramitação, 85% envolvem o governo de forma direta ou indireta. Em 70% dessas causas, a subida às instâncias superiores apenas congestionou o sistema judicial, sem alterar a decisão *a quo* contrária ao Estado (Moreira, 2004). Hammergren (2007) cita um trabalho do Banco Mundial para o qual foi criada uma amostra aleatória de casos de mandados de segurança identificados nos tribunais do Estado de São Paulo. Destes, todos eram recursos dos agentes estatais, possivelmente em virtude do próprio sistema jurídico brasileiro, que prevê que sentenças concessivas de segurança estão obrigatoriamente sujeitas ao duplo grau de jurisdição (reexame necessário).

Dentre a grande carga processual envolvendo o Estado, talvez a parcela de ações que mais mereça atenção é aquela de natureza meramente protelatória. O Estado é o agente que mais comumente emprega a estratégia de propor ações e interpor recursos, mesmo quando sabe que tem poucas chances de sucesso. Hammergren (2007) não tem dúvidas de que grande parte da carga de trabalho dos tribunais brasileiros deve-se a essa prática dos procuradores públicos.

Outro princípio jurídico – o da indisponibilidade do interesse público – pode ser apontado como justificativa para o expressivo número de ações e recursos patrocinados pelo Estado. Ele está associado à noção de finalidade pública do Estado, constituindo-se, para alguns, em clara limitação das faculdades e poderes reconhecidos ao administrador. Dele resulta o já mencionado reexame necessário em uma série de processos administrativos e judiciais, além da inalienabilidade e da impenhorabilidade dos bens públicos, a prerrogativa de avocação de competência, o não repasse da titularidade dos direitos concernentes à própria prestação dos serviços públicos delegados (serviços autorizados, permitidos e concedidos), a compulsoriedade da apuração da prática de infração disciplinar mediante sindicância sumária ou processo administrativo disciplinar, entre outros. A fim de dotar o Estado de certa flexibilidade necessária para temas atuais, a aplicação desse princípio tem sido relativizada, permitindo, *e.g.*, a utilização da arbitragem como mecanismo de solução de conflitos decorrentes de contratos administrativos.

Uma consequência da excessiva demanda judicial pelo Estado é a criação de um efeito similar ao *crowding-out*. Na teoria macroeconômica, o termo *crowding-out* descreve o fenômeno de redução no investimento e na despesa do setor privado, quando as taxas de juros aumentam em consequência do aumento da participação estatal na despesa agregada. Parece estar ocorrendo algo muito similar na demanda por serviços judiciais: o aumento da participação estatal faz aumentar o preço desse serviço (representado pelo custo de oportunidade dos longos processos e pelo custo de atolamento do sistema judicial), o que desencoraja e diminui a participação pelo setor privado. Por exemplo, os próprios magistrados estimam que metade dos potenciais reclamantes de casos previdenciários não exige em juízo aquilo a que tem direito (Banco Mundial, 2004). Ou seja, o princípio de acesso democrático à Justiça deixa de ser atendido. O Banco Mundial aponta que o governo gera uma sobrecarga ao sistema, e seu mau uso dos serviços judiciais é um dos principais causadores da crise do Judiciário. As suas demandas não são caracterizadas por casos que tradicionalmente precisam da tutela judicial (ou seja, os conflitos não necessariamente precisariam ser resolvidos pelo Poder Judiciário).

Além de ser o usuário mais frequente do sistema judicial, operadores apontam que o Estado, na maior parte das vezes, ajuíza ações idênticas a casos antigos, cujas decisões já são conhecidas e até mesmo sedimentadas em súmulas. A explicação para esse comportamento do Estado não é difícil de ser encontrada. Em muitos desses processos, o governo encontra-se na posição de devedor (*e.g.*, com dívidas previdenciárias). Recorrer às inúmeras instâncias, mesmo sabendo que no final a decisão será contrária a ele, faz que ganhe tempo – e significativamente, diante da notória morosidade do sistema. Como os juros cobrados judicialmente não são mais elevados do que as taxas de mercado, é um bom negócio adiar a obrigação legal do pagamento por meio de infindáveis recursos nas instâncias judiciais. É o que o Banco Mundial (2004) descreve como sendo o *controle do fluxo de caixa via Judiciário*. Como Hammergren (2007) mostra, os ganhos para o governo nesse processo são substanciais.

2.3.2. Os magistrados "cavalheiros"

Existe uma percepção de que os magistrados muitas vezes são excessivamente condescendentes com maus usuários do sistema, e que esse tipo de comportamento generalizado contribui para o atolamento das Cortes com processos que não deveriam estar ali. Por exemplo, o Código do Processo Civil brasileiro prevê punições para litigantes que usem recursos judiciais apenas para fins protelatórios. Isso, em tese, impediria a ocorrência de processos como os descritos na seção acima, em que o governo (ou qualquer outro devedor) usa o Judiciário com o mero intuito de adiar o pagamento de suas dívidas. Entretanto, Moreira (2004) – ela própria uma juíza – mostra que esse instrumento raramente é usado pelos magistrados, mesmo quando há patente indicação da infração. Assim como ela, Hammergren também atribui a essa falta de iniciativa dos juízes parcela considerável de "culpa" pelo atolamento das Cortes brasileiras. Mais crítica, a autora norte-americana atribui esse comportamento a uma característica cultural dos juízes brasileiros, que "geralmente não estão interessados em antagonizar-se com os advogados... Até que os incentivos mudem... eles não mudarão seu comportamento. A morosidade causada pelas partes litigantes continuará sem ser diminuída, e o aumento na eficiência continuará sendo um sonho inalcançável" (2007, p. 83 – tradução nossa).

Entretanto, outras explicações podem ser dadas para essa grande hesitação dos magistrados em punir os litigantes, principalmente o receio da falta de acesso à Justiça pelos cidadãos e de proteção do devido processo legal, como já discutido acima. Aos magistrados, parece melhor "errar para mais do que errar para menos" quando se trata de conceder essas duas garantias aos litigantes que precisam de seus serviços. Entretanto, os benefícios de "errar para mais" podem não compensar se isso significar menos acesso a *outros cidadãos* que também precisam do Judiciário, mas não o acessam, pela sobrecarga criada nas Cortes.

As decisões do dia a dia no Judiciário brasileiro comprovam o "cavalheirismo" de boa parte dos magistrados, pelo menos nas instâncias superiores. Recorrentemente, mesmo quando juízes de instâncias inferiores aplicam a multa prevista no CPC por "recurso meramente protelatório", os Ministros do STJ têm revertido a pena e protegido os litigantes. No que se refere à exigência de prequestionamento para a interposição de recurso especial, uma decorrência do texto constitucional[12], não só está autorizada a oposição de embargos de declaração, como, principalmente, exige-se que eles sejam opostos a fim de não assoberbar o STJ. Daí a Súmula 98 do STJ, em que se lê: "Embargos de Declaração manifestados com notório propósito de prequestionamento não têm caráter protelatório".

2.3.3. Problemas na gestão administrativa

O problema do Judiciário não se restringe a aspectos técnicos das decisões e do processo. Um dos possíveis fatores da ineficiência judicial é a falta de organização da rotina do funcionamento judicial – na estruturação dos processos, criação de incentivos para os recursos humanos presentes, preparação profissional dos atores em cena etc. Enfim, o problema seria de má gestão do sistema judicial como um todo. Alguns observadores apontam a falta de capacidade gerencial como o mais sério problema do Judiciário brasileiro. Sherwood relata que os Presidentes dos tribunais são responsáveis pelo orçamento, aquisição de materiais, tecnologia da informação, contratação e

---

12. Dispõe a Constituição que compete ao STJ "julgar, em recurso especial, as causas decididas, em única ou última instância, pelos Tribunais Regionais Federais ou pelos tribunais dos Estados, do Distrito Federal e Territórios, quando a decisão recorrida: a) contrariar tratado ou lei federal, ou negar-lhes vigência; [...]".

treinamento de pessoal (inclusive de apoio), manutenção da infraestrutura e administração de sistemas. Lembrando-se que, por definição, todo Presidente de tribunal é um juiz, chega-se à conclusão de que o sistema judicial no Brasil é administrado por leigos em administração gerencial. Sherwood ainda lembra que os mandatos dos Presidentes são de dois anos não renováveis, ou seja, inexiste a curva de aprendizado gerencial. Não é de surpreender a dificuldade no funcionamento dos tribunais: "Claramente poucas organizações de tamanho, complexidade e importância comparáveis são administradas por amadores [como é o caso das Cortes brasileiras]" (2007, p. 24 – tradução nossa).

Precisamente, esta necessidade dos magistrados ocuparem seu tempo e atenção com tarefas administrativas é outro agravante da morosidade na Justiça. O costume dos magistrados brasileiros de se envolverem com atividades burocráticas vem de longa data: desde a época da Colônia e do Império havia associação patente entre os juízes e a administração burocrática, sem, no entanto, implicar que eles fossem profissionalmente treinados nas técnicas gerenciais (Carvalho, 2003). E assim continua até hoje: Dakolias (1999) mostra que os juízes brasileiros passam 65% do tempo ocupados em tarefas não judiciais[13].

A baixa qualidade da gestão administrativa atinge também outros atores do sistema. Num trabalho realizado junto a quatro ofícios judiciais paulistas, o Ministério da Justiça (2007) encontrou sérios problemas de agente-principal[14]. A desmotivação dos funcionários somada à falta de competência gerencial dos juízes acarreta grande ineficiência no sistema. A importância dos impactos da má gestão sobre os resultados torna-se ainda mais clara quando os dados

---

13. O índice na Argentina e no Peru é de 70% e na Alemanha e em Cingapura é de 0%.
14. Fernanda Meirelles e Rafael Oliva destacam que: "Partindo do reconhecimento de que a evolução das democracias contemporâneas estaria dando lugar à contínua expansão das burocracias, Weber perguntava-se como conciliar os requerimentos de eficiência administrativa e a exigência de que as decisões político-administrativas traduzissem de forma adequada os interesses e preferências dos eleitores. Por um lado, considerava o autor, a progressiva complexificação das funções estatais passou a impor requerimentos de conhecimento crescentes, fenômeno que justificava a racionalização da administração e a delegação de responsabilidades decisórias a corpos técnicos especializados. Por outro, entretanto, na medida em que essa delegação acabaria por corresponder à ampliação do espaço para o exercício da discricionariedade por parte dos burocratas, definia-se o risco de que decisões administrativas viessem a espelhar as preferências políticas dos representantes eleitos, frustrando-se com isso a expectativa de que os interesses dos eleitores pudessem ser adequadamente concretizados em políticas públicas" (2006, p. 549).

comprovam o que já foi observado em outros países: o volume de trabalho não foi fator relevante, por si só, a determinar o desempenho nos cartórios. O resultado também pode ser estendido para o caso dos tribunais: os trabalhos internacionais chegam a mostrar uma relação direta entre quantidade de processos num tribunal e a sua produtividade, ou seja, tribunais com maior movimentação são aqueles de maior produtividade (*e.g.*, Beenstock e Haitovsky, 2004). O resultado parece indicar que o que mais impacta na produtividade de um órgão judicial é a capacidade gerencial de seus administradores. A investigação empírica desse aspecto, contudo, foge ao objeto desta pesquisa.

Capítulo 3

Experiência internacional: arranjos institucionais para revisão judicial de atos de autoridades reguladoras e concorrenciais

3.1. Introdução

Neste capítulo faz-se um levantamento comparativo dos arranjos institucionais de diversos países para revisão judicial das decisões de agências reguladoras e de autoridades de defesa da concorrência, com especial atenção à análise das estruturas e práticas adotadas pela União Europeia – que representa sistema eficaz de análise tanto administrativa quanto judicial, além de reunir as melhores práticas dos países europeus – e pelo México, em razão da similaridade com o sistema brasileiro. Vale destacar que o arranjo institucional brasileiro para a revisão judicial das decisões das agências reguladoras e de defesa da concorrência é tratado no Capítulo 4. O objetivo é identificar os sistemas mais usados, pesar suas vantagens e desvantagens e, sobretudo, encontrar inspiração para proposição de possíveis arranjos para o sistema brasileiro.

A revisão judicial das decisões de agências reguladoras e de autoridades de defesa da concorrência, dado o direito de petição protegido constitucionalmente, é ampla e irrestrita, abrangendo tanto os atos normativos, de "política regulatória", como se mostrará, quanto os procedimentos de fiscalização e atos de adjudicação.

Embora alguns países restrinjam o poder de revisão à simples remessa do caso à agência reguladora ou autoridade concorrencial para nova decisão, prevalece a revisão por tribunais especializados e, em geral, admite-se dupla instância no Poder Judiciário para questionamento das decisões administrativas. A grande maioria também admite que a revisão adentre no mérito, não se limitando apenas a aspectos formais.

O capítulo está dividido em outras duas seções, além desta introdução. A seção 3.2 trata da revisão judicial de decisões das agências reguladoras, especialmente no exercício do seu poder normativo, ou seja, do controle judicial das políticas regulatórias.

Em seguida, a seção 3.3 trata da revisão judicial de decisões de autoridades antitruste, que em grande parte pode ser generalizada para o caso de revisão judicial das agências reguladoras no exercício de sua função adjudicatória. Isto porque a experiência de controle judicial envolvendo as agências (sobretudo na função adjudicatória) ainda é pequena. Nesse sentido, observa-se uma tendência natural dos agentes regulados em questionar judicialmente atos da agência apenas em última instância, dada a percepção de que o questionamento frequente poderia prejudicar a relação institucional entre regulador e regulado.

Vale desde já apontar que a literatura internacional indica um aumento da judicialização das decisões dos órgãos de defesa da concorrência nos últimos anos, especialmente nos países em desenvolvimento. Essa literatura também aponta que há pelo menos três problemas centrais na revisão judicial das decisões de órgãos de defesa da concorrência, que podem sem maiores dificuldades ser extrapolados para a análise do controle das decisões das agências reguladoras novamente. O primeiro é o tempo levado para que uma decisão judicial seja emitida. O segundo é a falta de habilidade do Judiciário para avaliar adequadamente casos de direito concorrencial seja por falta de preparo seja por falta de tempo. O terceiro é a falta de recursos das autoridades de defesa da concorrência – diante das partes privadas – para se defenderem adequadamente em litígio, e explicarem aos juízes seu posicionamento. Enquanto o primeiro problema é característico de países desenvolvidos, o segundo e o terceiro são mais frequentes em países em desenvolvimento. Estes e outros problemas serão tratados nas seções a seguir.

3.2. Controle judicial das agências reguladoras

3.2.1. Controle judicial das atividades regulatórias

3.2.1.1. Qual o papel do Poder Judiciário em relação às políticas regulatórias e à atividade de fiscalização e de adjudicação das agências?

O termo "política regulatória" refere-se às políticas públicas levadas a cabo pelas agências reguladoras. Na literatura nacional, o conceito foi traduzido da seguinte forma: "as políticas regulatórias são caracterizadas pelas opções do ente incumbido da atividade regulatória acerca dos instrumentos de regulação a seu dispor com vistas à consecução das pautas de políticas públicas estabelecidas para o setor regulado"[1]. Assim, essas políticas regulatórias frequentemente são regras que irão dirigir um determinado setor da economia. Devido a essa dimensão política, e devido ao fato de que os órgãos reguladores não têm dirigentes eleitos democraticamente, diz-se que os mesmos sofrem de um déficit democrático (Moravcsik, 2002, p. 603-604)[2].

Para lidar com esse déficit democrático, discute-se na literatura internacional se as políticas regulatórias deveriam seguir procedimentos mais democráticos, ou se deveriam apenas ser elaboradas uma vez assegurado o direito de participação aos agentes interessados. Com essa preocupação em mente, muitos países impõem às agências uma série de procedimentos que devem ser seguidos antes de qualquer regulação entrar em vigor[3]. Por essa razão o Poder Judiciário se ocupa da *imposição de regras procedimentais*[4] e o *cumprimento de tais regras*[5] pelos agentes reguladores e autoridades de defesa da concorrência.

1. Marques Neto, 2003, p. 39.
2. Cf. também: Moravcsik, 2002.
3. Em razão disso, fala-se agora na literatura nacional em legitimidade pelo exercício: "a legitimidade democrática da origem não basta para justificar o poder público. Também é imprescindível a legitimidade do exercício" (Marin *apud* Aragão, 2005, p. 320).
4. O Judiciário pode impor regras procedimentais a serem seguidas pelas agências reguladoras. No Canadá, por exemplo, a revisão judicial tem contribuído para aumentar a transparência do processo administrativo. Uma decisão da Suprema Corte determinou que os agentes do governo devem adotar medidas práticas para fornecer razões escritas sempre que suas decisões causem um impacto significativo nos indivíduos afetados, revertendo a tendência de decisões anteriores que não exigiam, com base no *duty of fairness*, o fornecimento de razões da decisão administrativa (Cf. *Baker v. Canada* (Minister of Citizenship and Immigration), [1999] 2 S.C.R. 817).
5. O Judiciário pode avaliar se as agências seguiram as regras procedimentais impostas pela legislação. No Reino Unido, por exemplo, caso a agência não cumpra uma obrigação legal de conduzir uma Análise de Impacto Regulatório (AIR), chamado de RIA (*Regulatory Impact Analysis*), ou de realizar consultas públicas, a regulação emitida sem o cumprimento desses procedimentos pode ser questionada por revisão judicial. A AIR, como requisito procedimental no processo regulatório, pode influenciar no controle judicial das decisões dos agentes reguladores não apenas quanto ao cumprimento de cada uma das suas fases, mas também de aspectos técnicos discutidos (*e.g.*, podem ser apresentados estudos técnicos privados para auxiliar a agência reguladora no estabelecimento de padrões de emissões gasosas, higiene, nível de álcool na gasolina etc.). Atualmente a quase totalidade dos países membros da OCDE apresenta alguma forma de AIR, além da União Europeia, México, África do Sul, Jordânia, Vietnã e Coreia do Sul, entre outros.

A revisão judicial, porém, não se limita a esses temas, podendo ainda avançar na *avaliação substantiva da regulação*[6]. Nos Estados Unidos, nos anos 1960 e 1970, por exemplo, a revisão judicial foi expandida, segundo um modelo de *hard look* que visava a garantir a proteção do interesse público nas decisões das agências. No entanto, a partir dos anos 1980, em especial a partir das decisões do caso *Chevron*[7] e *Heckler v. Chaney*[8], houve uma diminuição do escopo da revisão judicial. Desde então, as Cortes passaram a respeitar o espaço de discricionariedade das agências, onde a legislação é vaga. Entretanto, há menor deferência à decisão da agência regulatória quando a intenção legislativa é específica[9].

Outras construções jurisprudenciais servem como baliza para as decisões dos tribunais em outros países. No Reino Unido, por exemplo, além da análise procedimental, a revisão judicial também pode adentrar no mérito da decisão administrativa, com base na ilegalidade ou irracionalidade (não razoabilidade) da decisão[10]. Esses também são os princípios norteadores da revisão judicial no âmbito da União Europeia. No âmbito comunitário, é possível encontrar entendimento consolidado sobre os princípios da proporcionalidade e da razoabilidade para cada campo do direito (*e.g.*, direito concorrencial, direitos humanos etc.).

A construção de *standards* que funcionam como padrões de decisão em matéria regulatória é sem dúvida uma conquista de países desenvolvidos, que apresentam um Poder Judiciário maduro para análise de questões regulatórias, como é o caso dos Estados Unidos, do Reino Unido e da União Europeia. Não só os agentes regulados buscam nesses entendimentos consolidados orientação para sua tomada de decisão sobre investimentos definitivos à condução do negócio submetido à regulação estatal, como os próprios agentes reguladores veem nessa jurisprudência indicação de limites para o exercício de suas funções legais. Sob esse aspecto, os *standards* operam como parâmetro para um controle prévio a ser realizado pela agência reguladora, aumentando assim um efeito a longo prazo da revisão judicial, qual seja contribuir para que as agências, ao elaborarem uma dada política regulatória, tenham em mente o controle ao qual estarão submetidas.

---

6. Cf. Jacobzone, Choi e Miguet, 2007, p. 23.
7. Cf. *Chevron v. Natural Resources Defense Council*, 467 U.S. 837 (1984).
8. Cf. *Heckler v. Chaney*, 470 U.S. 821 (1985).
9. Cf. Horwitz, 1994.
10. Segundo os critérios estabelecidos em: *Council for Civil Service Unions v. Minister for the Civil Service* (1985).

Além da função normativa, aqui expressa nas políticas regulatórias, as agências possuem funções fiscalizatória e adjudicatória[11]. A primeira delas decorre do tradicional poder de polícia da Administração para a execução das suas atribuições. Cabe ao Poder Judiciário resguardar os direitos e garantias individuais contra abusos aí praticados também pelas agências reguladoras. A revisão dessa atividade administrativa, apesar de agora realizada por estruturas organizacionais relativamente novas em grande parte dos países, sobretudo europeus e latino-americanos, não é assunto inédito para a doutrina especializada. No entanto, não significa que seu entendimento esteja pacificado. Discussões continuam a ocorrer nos bancos das faculdades de direito.

Quanto à função adjudicatória – esta, assim como a função normativa, é própria das agências reguladoras e corolário das novas formas de atuação do Estado como agente regulador do domínio econômico –, por ter pouca expressão na grande parte dos países estudados, será analisada em conjunto com a função adjudicatória dos órgãos de defesa da concorrência. Estes desempenham, no bojo da sua atividade mais premente, tal função no controle de estruturas e condutas, conforme abordado na seção 2.3.

3.2.1.2. Em quais países há o controle judicial?

Entre os países da OCDE, aparentemente apenas uma minoria permite a revisão judicial das políticas regulatórias. São eles: Bélgica, Canadá, Coreia do Sul, Espanha, Estados Unidos, Luxemburgo, Nova Zelândia, Portugal e Reino Unido. Aqueles que não a admitem, por sua vez, são: Alemanha, Austrália, Áustria, Dinamarca, Finlândia, França, Grécia, Hungria, Irlanda, Islândia,

---

11. Como descreve Philip Elman, ex-diretor da Federal Trade Commission (FTC): "Although administrative adjudication is a term sometimes used loosely, the Federal Trade Commission has at least one function which is indisputably judicial in character. If the Commission has reason to believe that a person is violating any of the laws it administers, and if it appears that a proceeding would be in the public interest, the Commission issues a formal complaint. The proceeding that follows before a hearing examiner is, with minor variation, similar to a court action governed by the Federal Rules of Civil Procedure. If the Commission, on review of the examiner's decision, finds that the alleged violations of law have been proved, it can (subject to judicial review of the decision) apply sanctions similar to those of a court of equity. [...] The basic differences between judicial and administrative adjudication are not differences of procedure; they are differences in the institutional environment in which adjudication takes place. For while adjudication is the sum and substance of the judicial process, it is only a part, and not always the largest or most important part, of the administrative process" (1965, p. 652-656).

Itália, Japão, México, Noruega, Países Baixos, Polônia, República Eslovaca, República Tcheca, Suécia, Suíça e Turquia[12].

Contudo, pesquisas para aferir se as políticas regulatórias estão submetidas ao controle judicial costumam apresentar incongruências se o que se entende por revisão judicial não estiver claramente definido de antemão e analisado diante das peculiaridades de cada sistema. Este é o caso do México, que, segundo relatório da OCDE, admite margem reduzida de revisão judicial sobre políticas regulatórias. Esta, contudo, na prática ocorre por meio do *juicio de amparo* em face das decisões dos agentes reguladores diretamente perante os *tribunais federais* de matéria administrativa (primeiro instância recursal) e a Suprema Corte de Justicia de la Nación (segunda instância recursal). Ainda que o tema do *amparo* seja matéria de regulação econômica, o trâmite observado é igual aos demais recursos interpostos perante os tribunais federais.

Outro caso que merece destaque é o da Turquia e da Suíça, em relação aos quais o relatório indica não existir revisão judicial da política regulatória, embora conste que as revisões são exercidas na prática. Relatórios específicos de cada país confirmam que há a possibilidade de revisão judicial das decisões administrativas. Na Turquia, deve-se recorrer primeiramente à jurisdição administrativa, podendo-se buscar, num segundo momento, a revisão judicial[13]. Na Suíça, no mesmo sentido, há possibilidade de revisão judicial da decisão de autoridades administrativas[14]. Nos demais países da OCDE, tal revisão raramente é exercida na prática.

Além disso, entre os poucos países em que o Judiciário pode revisar a decisão regulatória, raramente as Cortes exercem *controle judicial substantivo* das políticas regulatórias. As exceções são Bélgica, Estados Unidos, e Portugal. Mas aqui os mesmos problemas quanto à terminologia do "controle judicial" se repetem – neste caso, para saber o que se entende por controle judicial substantivo, termo que abriga alguns possíveis significados. Assim, mostram-se pouco conclusivas as listas de países que admitem e não admitem o controle, exigindo-se análise mais pormenorizada dos arranjos institucionais de cada um dos países para apontar, com certa segurança, quais as jurisdições que permitem o controle das políticas regulatórias pelo Judiciário. Isso fica claro na análise das opções de recurso disponíveis nos países da OCDE contra decisões administrativas das agências desfavoráveis ao agente regulado.

---

12. Cf. Jacobzone, Choi e Miguet, 2007, p. 48.
13. Cf. OECD, 2002.
14. Cf. OECD, 2006.

3.2.1.3. Opções de recurso contra decisões desfavoráveis

Há pelo menos três possibilidades de revisão das decisões das agências na sua atividade: (i) revisão da decisão exercida por um órgão administrativo independente; (ii) revisão exercida por outro órgão da administração pública; e (iii) revisão judicial.

Nas hipóteses (i) e (ii) podem-se diferenciar os casos em que há revisão por um tribunal administrativo daqueles em que a revisão é feita por outro órgão que exerça funções executivas, como um ministério, por exemplo.

A Tabela 3.2 abaixo indica os arranjos institucionais de diferentes países no que diz respeito a recursos contra decisões desfavoráveis aos regulados tomadas pelas agências. A maioria dos países permite a revisão administrativa por outro órgão da hierarquia administrativa (exceto Áustria e Hungria, não havendo informação disponível para a Alemanha) e a revisão administrativa por órgão independente (exceto Eslováquia, Espanha, Hungria, Países Baixos, Polônia, Turquia e União Europeia, não havendo informação disponível para a Alemanha).

Tabela 3.2. Opções Recursais contra Adjudicação por Agências

	Opções para apelar contra decisões desfavoráveis		
	Revisão administrativa	Revisão administrativa por órgão independente	Revisão judicial
Alemanha	...	...	S
Austrália	S	S	S
Áustria	N	S	S
Bélgica	S	S	S
Canadá	S	S	S
Coreia do Sul	S	S	S
Dinamarca	S	S	S
Eslováquia	S	N	S
Espanha	S	N	S
EUA	S	S	S
Finlândia	S	S	S
França	S	S	S
Grécia	S	S	S

(continua)

(continuação)

	Opções para apelar contra decisões desfavoráveis		
	Revisão administrativa	Revisão administrativa por órgão independente	Revisão judicial
Hungria	N	N	S
Irlanda	S	S	S
Islândia	S	S	S
Itália	S	S	S
Japão	S	S	S
Luxemburgo	S	S	S
México	S	S	S
Noruega	S	S	S
Nova Zelândia	S	S	S
Países Baixos	S	N	S
Polônia	S	N	S
Portugal	S	S	S
Reino Unido	S	S	S
Rep. Tcheca	S	S	S
Suécia	S	S	S
Suíça	S	S	S
Turquia	S	N	S
União Europeia	S	N	S

Fonte: Jacobzone, Choi e Miguet, 2007, p. 48.

Um terço dos países da OCDE mudou seus procedimentos de apelação desde 1998. Sete países reestruturaram os órgãos de recursos específicos. Quatro países passaram de Cortes comuns (*general Courts*) para órgãos de recursos específicos. E outros quatro países passaram de órgãos de apelação específicos para Cortes comuns. Na Itália, por exemplo, essas mudanças foram de natureza meramente procedimental, visando à aceleração dos processos e ao estabelecimento de precauções mais efetivas para entidades reguladas e cidadãos[15].

Quanto ao tema da revisão administrativa e judicial de decisões adjudicatórias das agências, ele será aprofundado na seção sobre a revisão judicial das

---

15. Cf. Jacobzone, Choi e Miguet, 2007, p. 48.

decisões da autoridade concorrencial, que exerce essencialmente a atividade de adjudicação.

3.2.1.4. Quais as vantagens e desvantagens do controle judicial da atividade regulatória?

Cada uma das formas ou tipos de revisão judicial mencionados anteriormente (imposição de regras procedimentais, cumprimento dessas regras e avaliação substantiva da regulação) representa diferentes valores que podem ser incorporados ou protegidos pela análise judicial das decisões dos agentes reguladores. O primeiro (imposição de regras procedimentais) representa um diálogo institucional com os agentes reguladores. Poder-se-ia aqui refletir se seria o Poder Judiciário ou o Poder Legislativo o melhor veículo para tais restrições. Sem pretender responder ao questionamento, é possível assinalar que a revisão judicial torna possível um diálogo entre os três poderes e sob essa ótica pode ser interpretado como parte do sistema de freios e contrapesos.

Os dois últimos (controle procedimental e substantivo dos atos administrativos) atendem a vários objetivos; para citar alguns: (i) evitar a violação de direitos individuais, contendo abusos de poder; (ii) controlar a qualidade da atividade regulatória e/ou promover melhores políticas; e (iii) garantir o cumprimento de preceitos constitucionais que governam a administração pública.

Como antecipado, a simples existência de um mecanismo de revisão já traz efeito positivo de controle interno por parte das agências, de modo que estas trabalhem para que as razões de revisão não se façam presentes em seus atos. A atuação do Judiciário, porém, deve atingir esses objetivos sem atrasar o processo regulatório diante dos aspectos apontados anteriormente e aqueles desenvolvidos na seção dedicada ao controle dos atos das autoridades concorrenciais, como o tempo de decisão judicial não respeitar o tempo das necessidades de um setor regulado, a falta de conhecimento dos juízes sobre os temas regulatórios que envolvem complexidade técnica de relevância e impacto para o julgamento e, por último, ausência de recursos do órgão regulador para, com a mesma expertise do agente regulado, poder contribuir para o convencimento do juiz. Como alcançar esse equilíbrio é uma questão difícil, e todas as soluções necessariamente envolvem escolhas (*trade-offs*). A dificuldade dessas escolhas é realçada, no caso brasileiro, no Capítulo 6, com a análise de alguns casos concretos.

3.2.1.5. Controle pela fundamentação e eficiência da AIR (Análise de Impacto Regulatório) como mecanismo para reduzir o grau de judicialização das políticas regulatórias

Uma questão que merece atenção é se o controle procedimental e substantivo dos atos das agências seria afetado pela existência de uma obrigação legal de conduzir uma Análise de Impacto regulatório (AIR). Esse tema é relevante porque há proposta no Brasil para adotarmos procedimento semelhante à AIR para as decisões tomadas no âmbito do Poder Executivo federal.

Essa iniciativa foi intitulada Programa de Fortalecimento da Capacidade Institucional para Gestão em Regulação (Pro-Reg)[16] e encabeçado pelo Governo Federal. Voltado a "contribuir para a melhoria do sistema regulatório, da coordenação entre as instituições que participam do processo regulatório exercido no âmbito do governo federal", o Pro-Reg tem como meta desenvolver e implantar a AIR brasileira inicialmente até o final de 2010 e, após extensão, até 2012. Contudo, ainda não é possível identificar os contornos da ferramenta a ser apresentada pelo Governo. O reduzido debate a respeito do programa pode sugerir que se trata de eventual redução da autonomia dos agentes reguladores, por interferência indevida do poder central nas atividades e, sobretudo, no processo decisório desses agentes[17].

A possibilidade de essa ferramenta reduzir a revisão judicial das decisões das agências reguladoras já foi sugerida pela ANVISA, que acredita que o programa aprimorará a qualidade da produção normativa da agência.

Após a finalização do diagnóstico acerca da produção normativa da Anvisa, foi promovido um levantamento preliminar da adjudicação das ações institucionais. A busca realizada pela Procr [procuradoria da Anvisa] indicou que cerca de 90% das ações judiciais envolviam a atividade fim da Agência, ou seja, a maior parte das ações judiciais envolviam diretamente a atuação finalística, sendo o restante, a exceção, tais como casos de servidores, licitação, etc. Especificamente sobre as Resoluções da Diretoria Colegiada (RDC) constatou-se que quase todas

---

16. O Pro-Reg foi instituído pelo Decreto 6.062, de 16 de março de 2007, e aprovado pelo Senado Federal em dezembro de 2006. Com início em 2008, tem seu término previsto para 2010. Os investimentos são do Banco Interamericano de Desenvolvimento (US$ 3.850.000,00) e do Governo Federal (US$ 2.850.000,00). Não é raro o Pro-Reg ser identificado como iniciativa voltada à consolidação do arranjo regulatório adotado pelo Brasil na década de 1990 (cf. Santos, 2009).
17. Referência é feita ao artigo de Nester, 2007.

geram alguma insatisfação entre os entes regulados e são objeto de ações judiciais"[18].

A experiência do México, todavia, parece indicar que a probabilidade de tal programa reduzir a quantidade de recursos judiciais seria pequena. Um ator importante no contexto mexicano é a Comisión Federal de Mejora Regulatoria (COFEMER), que funciona como órgão de controle da qualidade das normas postas pelos agentes reguladores, bem como pela revisão das AIRs realizadas[19]. Criada em 2001, inspirada no Office of Information and Regulatory Affairs (OIRA) norte-americano, a COFEMER é a primeira entidade dessa espécie criada na América Latina. O impacto de sua criação na redução do número de *amparos* propostos e julgados pelas Cortes federais mexicanas ainda não é sentido. Ao contrário, a literatura aponta a grande utilização do *amparo* para questionar as decisões dos agentes reguladores, tornando a regulação custosa e lenta quando da análise do fator "tempo", feita abaixo (seção 3.2.1.7).

Apesar de a criação da *COFEMER* ainda não mostrar resultados na redução da judicialização das demandas regulatórias no México, países desenvolvidos e em desenvolvimento apresentam em sua estrutura entidades semelhantes à unidade central de controle da atividade regulatória mexicana. Alguns exemplos são: União Europeia (Impact Assessment Board), Canadá (The Regulatory Affairs and Orders in Council Secretariat), Quênia (Working Committee on Regulatory Reforms for Business Activity in Kenya), Coreia do Sul (Presidential Commission on Regulatory Reform), Holanda (ACTAL Agency), entre outros.

Além de considerar o impacto de um programa desse tipo no número de medidas judiciais contra as agências, vale também refletir sobre o papel do Judiciário nesse processo. Normalmente a AIR é acompanhada pela imposição de exigências rígidas de comprovação empírica dos benefícios da regulação e de uma cuidadosa análise de custo-benefício por parte das agências. Se o Judiciário teria competência para desempenhar algum papel nesse programa é uma questão controversa[20].

3.2.1.6. Fator método: entre legalidade e controle político

A garantia da legalidade em sentido amplo (proteção de direitos individuais e garantia de princípios constitucionais) pode frequentemente se mis-

---

18. BRASIL. Agência Nacional de Vigilância Sanitária. *Manual de boas práticas regulatórias: guia para o programa de melhoria do processo de regulamentação da ANVISA*, set. 2008, p. 2.
19. Disponível em: <http://www.cofemer.gob.mx/contenido.aspx?contenido=89>. Acesso em: 15 maio 2012.
20. Cf. McGarity, 1993, p. 127-132.

turar com questões de ordem política. Isso ocorre, em parte, porque a análise de proporcionalidade e razoabilidade exige um exame detido da motivação das agências no exercício das atividades regulatórias. A expertise técnica dos agentes reguladores não significa uma "carta em branco" para a regulação setorial. Uma possível solução para esse problema, como indica a experiência de alguns países, é deixar o Judiciário elevar o padrão de rigor nas justificativas das agências, sem contudo substituir o seu julgamento técnico. Esse é o caso dos Estados Unidos, demonstrado acima.

Jerry Marshaw sintetiza as principais preocupações do atual sistema norte-americano de revisão judicial das decisões regulatórias da seguinte forma:

> The American legal system is deeply attached to judicial review of administrative action as a means of attempting to ensure both legality and political accountability. [...] The development of the agency rulemaking processes over the twenty-five years highlights two major concerns: (1) that rulemaking be structured to provide fair opportunities for participation by affected interests, and (2) that it produce reasonable policy choices given the goals of the program and the relevant facts (however complex and uncertain these may be[21].

A experiência norte-americana de revisão judicial é um exemplo de sucesso a ser seguido. Naquele país, as decisões judiciais não só respeitaram os limites do seu poder revisor, como principalmente obrigaram os agentes reguladores a exercerem suas funções de acordo com os limites da política pública setorial (*e.g.*, o caso Chevron).

No entanto, conforme mencionado anteriormente, nem sempre a atuação do Judiciário é vista como favorável, podendo o ativismo judicial ser considerado forma indevida de intervenção nas atividades das agências. A experiência europeia chama a atenção para esse difícil equilíbrio da relação do Poder Judiciário com os agentes reguladores. A literatura internacional aponta pelo menos três abordagens para explicar a participação da Corte Europeia de Justiça (CEJ) na consolidação da União Europeia e suas instituições: (i) o legalismo, segundo o qual a atuação da CEJ é desprovida de qualquer ideologia ou influência sociopolítica; (ii) o realismo, que, como antítese da abordagem anterior, defende que instituições supranacionais como a CEJ não conseguem impor um ritmo de integração aos Estados-membros; e (iii) o neorrealismo, que acredita no interesse do próprio Estado-membro em delegar poderes a instituições como a CEJ para possibilitar que esse órgão também monitore o

---

21. Mashaw, 1997, p. 165.

cumprimento das regras comunitárias por todos os atores[22]. Esse debate ilustra como pode ser difícil situar com clareza o papel do Judiciário como meramente legal, meramente político, ou ambos.

Trata-se, portanto, de uma série de escolhas. Quanto mais discricionariedade o Judiciário tiver para rever a decisão das agências, maior será o risco de que fatores políticos interfiram na atuação das Cortes. Quanto menos discricionariedade, menor a possibilidade de as Cortes exercerem um controle efetivo da legalidade das decisões. A discricionariedade sem influência política, todavia, também está sujeita ao problema da expertise. Ainda que as cortes não ajam politicamente, podem não estar aptas para interpretar e avaliar as decisões das agências por falta de conhecimento técnico[23].

3.2.1.7. Fator tempo[24]

Conforme apontou o Capítulo 2 no caso brasileiro, a revisão judicial pode alongar demasiadamente o processo regulatório, prejudicando o processo de tomada de decisão no âmbito administrativo. Mas esta não é uma particularidade do Judiciário brasileiro.

Para ilustrar como a revisão judicial tem afetado negativamente o processo regulatório, segue reflexão sobre o setor de telecomunicações no México, especialmente o período que seguiu a privatização da Telemex:

> La aplicación de la ley y el contexto jurídico institucional en torno al cual se regula una industria son decisivos para su eficacia. El sector de las telecomunicaciones en México se ha desarrollado en medio de una gran cantidad de contiendas judiciales que en efecto han paralizado el ejercicio regulatorio en el país (Torre, 2000). Por ejemplo, tan sólo en 2002 el número de amparos contra las decisiones de la COFETEL fue de 200 a lo cual habría que agregar los litigios entre las empresas. [...] La principal característica de dichos procesos legales es lo lento que resulta llegar a una decisión definitiva[25].

O fator "tempo" representa um aspecto bastante delicado para a atuação das agências, dado que o tempo de mercado exige agilidade na formulação e implementação de resoluções e medidas por parte das agências reguladoras.

---

22. Cf. Burley e Mattli, 1993, p. 48.
23. Para uma discussão mais detalhada dessa questão, cf. seção 3.3 sobre revisão judicial das decisões dos órgãos de defesa da concorrência.
24. O fator tempo aqui tratado encontra semelhança com o problema da morosidade do Judiciário brasileiro apresentado no Capítulo 2.
25. Mariscal e Rivera, 2007, p. 25.

A intervenção judicial constante pode constituir sério entrave a esse *desideratum*, porém a ausência de intervenção pode levar a uma atuação arbitrária das agências, sem observância do devido processo legal e sem o respaldo de uma fundamentação técnica de impactos no mercado, bem como a um comportamento de desrespeito à igualdade de oportunidades para os atores do mercado

Embora custosa em um primeiro momento, a intervenção judicial pode desempenhar o papel importante de *disciplinar* o exercício de poder normativo e fiscalizador por parte das agências, de modo que elas próprias criem mecanismos internos de controle para evitar abusos e consequente revisão.

Certamente a revisão, para adentrar no simples controle de motivação das políticas, exige um Judiciário equipado para enfrentar questões técnicas, de forma a até mesmo ser capaz de detectar pseudofundamentações ou inconsistências em seu controle, conforme será apontado nos estudos de caso do Capítulo 6.

3.3. Revisão judicial de decisões da autoridade de defesa da concorrência

3.3.1. Prevalência da revisão judicial das decisões da autoridade antitruste

Assim como ocorre com a revisão judicial da atividade regulatória por parte das agências reguladoras, prevalece o arranjo institucional em que há a possibilidade de recurso ao Judiciário para contestar decisões desfavoráveis.

Todavia, há países em que as Cortes são obrigadas a reenviar o caso para as autoridades de defesa da concorrência para uma nova avaliação, caso haja algum problema, o que pode ser tido como uma forma de proibição de revisão, pois o Judiciário não tem poder para tomar uma decisão que substitua a decisão tomada pela autoridade de defesa da concorrência. Uma solução semelhante foi adotada pelo Judiciário no Brasil no *Caso Concentração no Mercado de Chocolates* (analisado no Capítulo 6, seção 6.2.3.1), que após anos de revisão judicial retornou ao CADE, onde por sua vez já havia levado 3 anos no julgamento da aquisição de fábrica nacional de chocolates por companhia multinacional do setor alimentício. Até o momento, depois de quase 10 anos da realização desse negócio, não há decisão a respeito, o que é um exemplo de ineficiência tanto administrativa quanto judicial.

Em um levantamento feito pela International Competition Network (ICN), entre 17 países analisados[26], aqueles que não admitem a revisão judi-

---

26. África do Sul, Brasil (CADE), Canadá, Chile, Comunidade Europeia (European Community's Directorate General for Competition), Espanha, Holanda, Jamai-

cial representam uma minoria (23,5%). Na maioria dos países, o Judiciário tem poder para reverter a decisão das autoridades de defesa da concorrência (76,5%). Esses países se subdividem entre aqueles em que o Judiciário tem poder para reverter a decisão (47,1%) e aqueles em que o Judiciário pode decidir entre reverter a decisão ou, a exemplo do *Caso Concentração no Mercado de Chocolates*, mandar o caso de volta para as autoridades de defesa da concorrência (29,4%)[27].

Quais as vantagens e desvantagens desse arranjo institucional? Em muitos países em desenvolvimento, o Judiciário não tem capacidade para resolver casos de direito concorrencial, seja como Juízos de Primeira Instância, seja como Cortes de Recursos de decisões administrativas[28]. Alguns juízes possuem apenas um conhecimento rudimentar dos processos de mercado, e quase nenhum entende a racionalidade e os elementos do direito concorrencial[29]. Além disso, corrupção e demora na decisão de casos limitam a capacidade do Judiciário de resolver disputas comerciais[30]. Tudo isso oferece razões para limitar ao máximo a atuação do Judiciário na adjudicação de disputas de direito concorrencial.

Nos países em que Cortes são mais eficientes, todavia, a falta de conhecimento especializado pode não ser um impedimento tão relevante para que elas fiquem encarregadas da revisão de decisões de direito concorrencial. A razão para isso é que juízes podem utilizar testemunhas, depoimentos de especialistas, e a intervenção de partes interessadas para ouvir todas as perspectivas discutidas no caso concreto e chegar a uma conclusão razoável[31]. Isso poderia, inclusive, ser uma vantagem sobre um órgão administrativo composto por especialistas, já que esses especialistas podem ter vínculos com as empresas julgadas ou interesse em adquirir posições na iniciativa privada ao término de seus mandatos. Por essa razão, juízes poderiam potencialmente oferecer maior imparcialidade[32].

Para uma discussão mais detalhada de diferentes tipos de limitações que podem ser impostas ao Judiciário, vide seção 2.3.

---

ca, México, Nova Zelândia, Peru, Polônia, Portugal, Romênia, Tunísia, Turquia e Zâmbia.
27. Cf. International Competition Network (ICN), 2006.
28. Cf. Kovacic, 2001-2002.
29. Idem, ibidem.
30. Idem, ibidem.
31. Cf. Trebilcock e Iacobucci, 2002, p. 366.
32. Idem, ibidem.

3.3.2. Arranjos institucionais para revisão judicial

Nesta seção procuramos responder às seguintes questões em relação aos países em que há revisão judicial das decisões de órgãos de defesa da concorrência: em qual instância esses casos são adjudicados (em qualquer Corte, seguindo os trâmites normais; ou são levados diretamente a instâncias mais altas/tribunais superiores)? Em quais países há uma Corte judicial especializada na revisão das decisões de órgãos de defesa da concorrência? Quais os problemas e deficiências de cada um desses arranjos institucionais? Nas jurisdições onde a revisão judicial pode ser realizada seguindo os trâmites normais e em Cortes não especializadas, os juízes recebem algum treinamento específico em matéria concorrencial?

3.3.2.1. Identificação dos diferentes arranjos institucionais

Como visto, é ampla a prevalência de países com um sistema de defesa da concorrência que permite a revisão judicial. As diferenças encontram-se no modo como tal revisão é feita. Nesse sentido, podem-se dividir os países pesquisados[33] em dois grupos principais: países em que há tribunais especializados e países em que o recurso judicial é submetido às Cortes comuns[34].

a) Países em que há tribunais especializados: Áustria (Upper Cartel Court), Bélgica (18th Chamber of the Brussels Court of Appeals), Finlândia (Market Court e Supreme Administrative Court) e Malta (Commission for Fair Trading e Civil Courts).

b) Países em que não há tribunais especializados: Nesse último grupo, podemos distinguir entre os países em que os recursos devem ser submetidos aos tribunais administrativos e aqueles em que os recursos podem ser submetidos diretamente às Cortes comuns. Os casos em que as decisões do tribunal administrativo podem ser revistas pelas Cortes comuns foram incluídos no segundo grupo. Além disso, entre os países em que as decisões administrativas podem ser revistas pelas Cortes comuns, há aqueles em que tais recursos são interpostos perante os tribunais de primeira instância e aqueles em que o recurso judicial é apresentado diretamente perante tribunais superiores.

---

33. O levantamento foi feito a partir da base de dados disponível em: <www.concurrences.com>. Deve-se ressaltar, no entanto, que, na maioria das vezes, os dados para cada país não são apresentados de maneira padronizada, de modo que pode haver certa imprecisão na classificação.
34. No Brasil, conforme será esclarecido no Capítulo 4, não há tribunais especializados, nem sequer Varas especializadas para processar e julgar medida judicial que questiona decisão do CADE ou das agências reguladoras.

b.1) Países em que há recurso prévio perante tribunais administrativos: Bulgária (Corte Distrital, Corte de Apelação e Supreme Administrative Court), Croácia (Administrative Court of the Republic of Croatia); Estônia (Tallinn Administrative Court e Prosecutor's Office), Grécia (Cortes Administrativas); Letônia (Riga City Centre District Court e Cortes Administrativas), Lituânia (Vilnius District Administrative Court e Supreme Administrative Court), Luxemburgo (President of the District Court, Chambre du Conseil, Chambre du Conseil of the Court of Appeal, Tribunal Administratif e Cour Administrative), República Tcheca (Office for Protection of Economic Competition e Supreme Administrative Court), Romênia (Bucharest Court of Appeal, Administrative Section), Sérvia (Administrative Court of the Republic of Serbia) e Suécia (Market Court).

b.2) Países em que há recursos diretamente perante tribunais: Alemanha (Higher Regional Courts), Chipre (Suprema Corte), Dinamarca (Copenhagen Maritime and Commercial Court, Suprema Corte e Competition Appeals Tribunal), Eslováquia (Corte Civil), Eslovênia (Corte Administrativa e Suprema Corte), Espanha (Audiencia Nacional), EUA (Tribunal Federal)[35], França (Paris, Cour d'Appelation, Cour de Cassation e Juge des Libertés et de la Détention e Conseil d'État), Hungria (Metropolitan Court of Budapest, Regional Court of Appeal of Budapest e Suprema Corte), Irlanda (High Court), Itália (TAR Lazio, Consiglio di Stato), Países Baixos (NMa, District Court of Rotterdam e Trade and Industry Appeals Tribunal), Polônia (Court of Competition and Consumer Protection, Appeal Court e Suprema Corte), Portugal (Tribunal de Comércio de Lisboa, Tribunal da Relação de Lisboa e Supremo Tribunal de Justiça), Reino Unido (Competition Appeal Tribunal, Court of Appeal e House of Lords), Rússia (Corte ou Corte de Arbitragem), Suíça (Federal Administrative Court e Federal Supreme Court), Turquia (Council of State) e Ucrânia (Cortes).

A seguir apresentamos dois casos em que há possibilidade de revisão judicial das decisões das autoridades de defesa da concorrência por Cortes comuns, mas com algumas peculiaridades que merecem destaque.

- *União Europeia*

As decisões da Comissão Europeia sobre concorrência podem ser revistas pelo Tribunal Europeu de Primeira Instância (TEPI) e, posteriormente, pela Corte Europeia de Justiça (CEJ). No âmbito do TEPI, existe procedimento de rito sumário adotado a partir de 2001 para aliviar o atraso nos julgamentos

---

35. Cf. Frankel, 2008, p. 161.

em matéria de defesa da concorrência. Em geral, esses julgamentos não duram mais do que o tempo dedicado à investigação pela Comissão e, durante seu curso, dá-se preferência à oralidade dos atos. Desde sua adoção, sobretudo nos casos em que a questão "tempo" é mais sensível (*e.g.*, fusões), é possível notar significativa redução na duração dos procedimentos. No entanto, têm-se notícias de casos em que o TEPI negou o julgamento em rito sumário em razão da complexidade das questões em debate (*e.g.*, Ineos Phenol, T-103/02). Em paralelo à introdução do rito sumário para casos sobre direito concorrencial, também se discutiu a respeito da criação de um tribunal especializado a fim de substituir a instância recursal atualmente cabível ao TEPI[36].

Outras alterações institucionais ocorreram após a revisão pelas Cortes Europeias de três decisões sobre atos de concentração em 2002 e 2003, quando a DG de Competição da Comissão Europeia resolveu investir na melhoria das decisões sobre condutas anticoncorrenciais e atos de concentração. Dessa iniciativa resultou a criação (i) do Departamento do Economista Chefe da DG de Competição da Comissão Europeia, e (ii) do Grupo Econômico Consultivo em Políticas Concorrenciais (Economic Advisory Group on Competition Policy).

O departamento é composto por dez economistas e desempenha duas funções: assessora a Comissão na análise de casos selecionados, a fim de contribuir com orientações econômicas e assistência metodológica para as decisões do órgão; e fornece opinião independente ao Comissário e ao Diretor Geral em todos os casos, como um mecanismo interno de pesos e contrapesos.

O Economic Advisory Group on Competition Policy foi criado em 2004 e é composto por 20 acadêmicos de renome da área econômica de organização industrial. O grupo publica opiniões independentes, e assessora o Comissário e o Diretor Geral em algumas questões selecionadas de política concorrencial.

Ambos os órgãos foram criados a fim de contribuir para a capacitação econômica da Comissão e com isso tornar suas decisões mais eficientes e menos suscetíveis a reformas pelo Poder Judiciário[37]. Vale notar que em vez de criticar as decisões das Cortes Europeias, a Comissão Europeia preferiu realizar alterações institucionais dentro da sua estrutura administrativa para solucionar problemas técnicos identificados pelos órgãos judiciais. Em contraste, em países em desenvolvimento, as divergências entre o Judiciário e autoridades de defesa da concorrência são interpretadas por essas últimas como sendo fruto da falta de conhecimento do direito econômico por parte dos juízes (vide levantamento da ICN discutido a seguir).

---

36. Cf. Bodoni, 2006.
37. Cf. Roeller e Stehmann, 2006, p. 285.

- **México**

No sistema mexicano, além do pedido de reconsideração[38] previsto na Ley Federal de Competencia Económica (LFCE), que disciplina a livre concorrência no país, é cabível o *amparo* em face das decisões da Comisión Federal de Competencia perante os Tribunais Federais de matéria administrativa (primeira instância recursal) e a Suprema Corte de Justicia de la Nación (segunda instância recursal)[39]. Ainda que o tema do *amparo* seja matéria econômica, seu processamento segue o mesmo rito dos demais recursos interpostos perante os tribunais federais.

Voltando ao pedido de reconsideração, a LFCE impõe restrições quanto à matéria[40]. A Suprema Corte de Justicia de la Nación julgou constitucionais tais restrições, conforme o seguinte trecho:

> Al analisar en la ejecutoria que se comenta los conceptos de violación de la quejosa, también se examinó la restricción al recurso de reconsideración prevista en el art. 52 del Reglamento de la Ley Federal de Competencia Económica para resoluciones que pongan fin a un procedimiento antes que se emitiera esta sentencia, sobre el particular, algunos tribunales federales estimaron que esa disposición era inconstitucional porque, según ellos, el recurso procedía contra cualquier resolución emitida por la Comisión. [...] La Suprema Corte transformó esa interpretación restrictiva por una más armónica y extensiva, para lo cual no sólo tomó en cuenta el texto del primer párrafo del art. 39 de la ley, sino que aprovechó el contenido de los arts. 33, 35 y el mismo 39, penúltimo párrafo, para determinar que la restricción a la procedencia del recurso impuesta por el art. 52 del Reglamento es constitucional porque diferenció los procedimientos de naturaleza civil de los administrativos, al señalar que en estos últimos se afecta en forma directa el interés general ante la exigencia de seguridad y de hacerlos expeditos[41].

---

38. O recurso de reconsideração é espécie de recurso com efeito suspensivo cabível no prazo de 30 dias contra as decisões da *Comisión Federal de Competencia* e é apreciado por esse mesmo órgão (art. 39 da *Ley Federal de Competencia Económica* – LFCE). Em alguns casos é exigida garantia de recomposição dos eventuais danos em razão da suspensão dos efeitos da decisão da *Comisión*.
39. Cf. Newberg, 1993-1994, p. 606 e ss.
40. "Artículo 39 [...] El recurso tiene por objeto revocar, modificar o confirmar la resolución reclamada y los fallos que se dicten contendrán la fijación del acto impugnado, los fundamentos legales en que se apoye y los puntos de resolución. El reglamento de la presente ley establecerá los términos y demás requisitos para la tramitación y sustanciación del recurso."
41. Suprema Corte de Justicia de la Nación, s/d, p. 139.

Vale mencionar uma peculiaridade do sistema da concorrência mexicano similar ao brasileiro. Após a decisão final da Comisión Federal de Competencia, e considerando que foi reconhecida a violação do direito da concorrência, as pessoas naturais e jurídicas que sofreram qualquer perda ou dano resultante dessa prática anticoncorrencial têm o direito de ingressar em juízo para terem seus prejuízos restituídos ou compensados. A depender do caso, o processo judicial poderá ser de natureza civil, comercial e criminal. Mas o sistema mexicano tem uma diferença importante: o Tribunal responsável deve solicitar à Comisión Federal de Competencia estimativa, não vinculante, dos danos sofridos pelos particulares (art. 38 da LFCE). Esse parecer funciona como uma espécie de perícia.

3.3.2.2. Avaliação dos arranjos institucionais de revisão judicial

Quais os problemas e deficiências dos arranjos listados acima?

No que diz respeito aos dois principais arranjos identificados anteriormente – tribunais especializados *versus* cortes comuns –, existem divergências sobre qual seria o melhor sistema.

A proliferação de tribunais especializados em diversas jurisdições (vide relação acima de países que adotam essa estrutura institucional) não é vista como positiva por alguns especialistas nessa área. Richard Posner, por exemplo, descarta a ideia de que a criação de um tribunal especializado em matéria antitruste possa ser a solução para o problema institucional da aplicação do direito concorrencial. Segundo esse autor, há o risco de que, depois de ingressar no tribunal especializado, esses juízes não se mantivessem necessariamente atualizados. Posner também acredita que qualquer tentativa de treinamento ou reciclagem dos juízes não seria suficiente para conter a obsolescência da capacitação dos juízes[42]. Em contraste, há autores que ponderam que o sistema tem vantagens e desvantagens com relação a valores nem sempre reconciliáveis, como *accountability* (prestação de contas), devido processo, eficiência e temporalidade na decisão e expertise técnica[43].

Conforme mencionado acima, com relação à revisão judicial por Cortes comuns, segundo um levantamento realizado pela ICN, as autoridades de defesa da concorrência de 17 países[44] listaram três problemas criados pela mera

---

42. Cf. Posner, 2001, p. 280.
43. Cf. Trebilcock e Iacobucci, 2002, p. 366.
44. África do Sul, Brasil (CADE), Canadá, Chile, Comunidade Europeia (European Community's Directorate General for Competition), Espanha, Holanda, Jamaica, México, Nova Zelândia, Peru, Polônia, Portugal, Romênia, Tunísia, Turquia e Zâmbia.

possibilidade de revisão judicial das decisões administrativas[45]: (i) as demandas judiciais podem demorar para serem decididas (fator tempo); (ii) os juízes não têm treinamento, ou conhecimento específico, de direito concorrencial e conceitos econômicos básicos (fator expertise técnica); (iii) as autoridades de defesa da concorrência não têm recursos suficientes para se defender no Judiciário e não encontram oportunidades para explicitar suas decisões para os juízes (fator recursos)[46].

Vale notar que o levantamento da ICN indica que a maioria dos países que mencionou o item (ii) como um problema são países em desenvolvimento. Isso significa que talvez o problema da falta de expertise técnica no Judiciário esteja relacionado ao fato de que esses países têm instituições jovens, que ainda estão se consolidando. Isso ocorre com menor frequência em países desenvolvidos, como o exemplo da União Europeia discutido anteriormente, que ilustra que as divergências entre as autoridades administrativas e as Cortes foram interpretadas como resultado de problemas técnicos com a autoridade administrativa.

Entre os países desenvolvidos, a maior preocupação é a demora no processamento de recursos ao Judiciário[47]. Esse problema, todavia, é bastante complexo. Como indicam alguns autores, muitas questões julgadas pelas autoridades de defesa da concorrência são *time-sensitive*. Atrasos na decisão final podem prejudicar transações e afetar o preço de ações e de outros bens. Esses atrasos também podem criar incertezas para empregados, fornecedores e consumidores. Porém, eles podem também ser a única forma de garantir que todas as partes envolvidas e afetadas participem do processo decisório, além de ser a única forma de colher todas as informações disponíveis e avaliá-las. Portanto, a preocupação com eficiência na decisão de casos de direito concorrencial pode entrar em conflito direto com a preocupação mais do que justificada com o devido processo legal e justiça da decisão[48].

Mas não é apenas a possibilidade de recorrer ao Judiciário que pode afetar negativamente o sistema concorrencial. Uma variável que tem potencialmente impacto significativo no tempo de análise é a possibilidade de a execução da decisão da autoridade de defesa da concorrência ser suspensa até que haja uma decisão definitiva das disputas judiciais. Ou seja, recorrer ao Judiciário pode

---

45. Cf. International Competition Network (ICN), 2006.
46. O fator "recursos", apontado no item (ii) pode ser entendido também com os problemas da gestão administrativa tratados no Capítulo 2, na avaliação microscópica do Judiciário brasileiro.
47. Cf. International Competition Network (ICN), 2006.
48. Cf. Trebilcock e Iacobucci, 2002, p. 366.

ter um impacto maior ou menor no fator tempo se a demora judicial impede a execução imediata da decisão das autoridades de defesa da concorrência. Segundo o levantamento feito pela ICN, no universo de 17 países pesquisados, a maioria não adotava um sistema em que os efeitos das decisões dos órgãos de defesa da concorrência eram imediatamente suspensos em caso de disputa judicial[49]. Mas essa maioria correspondia apenas a 53% dos países investigados. Em 47% dos países, uma pendência judicial poderia suspender os efeitos da decisão administrativa, elevando o impacto negativo da demora da decisão judicial[50].

Outra variável que parece afetar o sistema concorrencial é a existência de decisões interlocutórias (liminares) durante a fase de investigação. Vale notar que nem todos os países permitem que o Judiciário intervenha na fase de investigação. Em um levantamento feito pela ICN, apenas 44% das autoridades entrevistadas estavam sujeitas a esse tipo de intervenção. E, dentre essas, a maioria acredita que o Judiciário raramente intervém na fase de investigação. Quando o faz, em geral é em casos de conduta (não de estrutura), e a intervenção diz respeito a questões procedimentais.

Decisões interlocutórias (liminares) durante a fase de investigação se relacionam com o fator tempo porque podem ter um impacto significativo na aplicação da política de defesa da concorrência. O atraso (por vezes considerável) na investigação é provavelmente a consequência mais visível dessas decisões. Há, todavia, outras consequências. Se a investigação é imediatamente suspensa, isso pode prejudicar o resultado final. Por outro lado, a intrusão judicial pode resultar em uma intervenção direta nos procedimentos de coleta de provas, que pode não ser informada por conhecimento específico do tipo de provas que precisam ser coletadas (dado o fator "expertise técnica", referido a seguir). Por fim, a investigação pode ser prematuramente encerrada como resultado de várias decisões interlocutórias. Ou seja, atrasos cumulativos e o impacto negativo na colheita de provas podem desestimular o prosseguimento da investigação.

Além do fator tempo, essas decisões interlocutórias (liminares) também estão relacionadas à expertise técnica. Segundo as autoridades de defesa da concorrência entrevistadas para o levantamento da ICN (2006), possíveis razões que levam as Cortes a emitir tais decisões são as seguintes[51]: (i) os juízes não estão suficientemente familiarizados com os conceitos econômicos neces-

---

49. International Competition Network (ICN), 2006.
50. Tais aspectos foram amplamente abordados no Capítulo 2, ao se realizar uma avaliação macroscópica do Poder Judiciário brasileiro.
51. Cf. International Competition Network (ICN), 2006.

sários para avaliar casos de direito concorrencial; (ii) as autoridades de defesa da concorrência têm dificuldade em explicar suas visões para membros do Judiciário; (iii) o Judiciário acredita que as autoridades de defesa da concorrência estão abusando de seus poderes de investigação; (iv) as autoridades de defesa da concorrência têm menos recursos que as partes investigadas para defender seus casos perante o Judiciário; (v) os juízes precisam decidir de maneira ágil e pouco ponderada casos extremamente complexos.

As respostas acima indicam que há casos em que tais decisões interlocutórias parecem perfeitamente justificadas (o Judiciário efetivamente está impedindo as autoridades de defesa da concorrência de abusarem de seus poderes de investigação), e outros em que isso não se dá. Nos casos problemáticos parece haver um pressuposto de que a Corte não avaliou adequadamente o caso, ao menos do ponto de vista do direito concorrencial. Há pelo menos três causas possíveis para que uma decisão interlocutória indevida seja tomada por um juiz: (a) falta de conhecimento do direito concorrencial por parte dos juízes (i) e (ii); (b) falta de recursos por parte das autoridades de defesa da concorrência, *vis-à-vis* a parte privada sendo investigada (ii) e (iv); e (c) falta de tempo para o Judiciário lidar com casos complexos de direito concorrencial (i).

No levantamento produzido pelo ICN (2006), as respostas das autoridades de defesa da concorrência indicam que em geral há um problema de falta de recursos nessas agências de defesa da concorrência. Para uma conclusão definitiva sobre a acuidade dessa afirmação, porém, seria necessário investigar qual o investimento feito por ambas as partes nos casos de disputa judicial. Tal investigação não exclui a hipótese de que ainda que as autoridades de defesa da concorrência tivessem tantos recursos financeiros quanto a parte privada, encontrariam obstáculos diante dos outros dois itens (falta tempo e/ou de recursos no Judiciário para analisar adequadamente essas questões). Ainda que seja possível investigar a proporção relativa de recursos de ambas as partes, caso os juízes não recebam qualquer tipo de treinamento e tenham pouco tempo para analisar as questões em jogo, a existência de uma disparidade significativa de recursos não excluirá as outras duas hipóteses anteriormente apresentadas.

3.3.2.3. Justiça Federal e Justiça local

Nesta seção procura-se investigar, entre os países em que há revisão judicial das decisões dos órgãos de defesa da concorrência, quais têm um sistema de governo federalista. Nos países em que há federalismo, examinamos se a revisão das decisões dos órgãos de defesa da concorrência é centralizada ou descentralizada (i.e., fica concentrada nas Cortes federais ou nas Cortes estaduais/provinciais/locais) e quais os problemas e deficiências de cada um desses arranjos institucionais.

A dificuldade do sistema federalista (por exemplo, dos Estados Unidos e do México), ou de qualquer mecanismo de descentralização das decisões relacionado ao direito concorrencial é que a política de defesa da concorrência dependerá da decisão de vários entes distintos, potencializando o risco de contradições.

Nos Estados Unidos, tanto as Cortes federais quanto as estaduais têm competência para julgar questões de direito concorrencial. As Cortes federais possuem jurisdição exclusiva em relação a demandas baseadas na lei antitruste federal, e as Cortes estaduais, que costumam seguir os precedentes federais, julgam os casos de ordem estadual/local com fundamento na legislação antitruste estadual[52]. O caso mexicano é um pouco diferente: a revisão judicial por meio do *amparo* é realizada pelos Tribunais Federais e abrange os litígios sobre matéria concorrencial. Contudo, as ações civis, comerciais e criminais de perdas e danos correm perante o sistema judicial estadual.

Nesse sentido, como descreve Kovacic (2005), muitas jurisdições parecem um arquipélago no qual vários entes estatais podem tomar decisões diretamente relacionadas com direito concorrencial e com a política de defesa da concorrência. Com frequência, cada ilha desse arquipélago opera em completo isolamento, sem qualquer conhecimento do que está sendo feito em outras partes do sistema. Isso cria várias interdependências institucionais. Essas interdependências exigem que as autoridades de defesa da concorrência compreendam como outras instituições influenciam a definição da política de defesa da concorrência.

Quais as possíveis estratégias que podem ser adotadas para remediar ou mitigar esse problema de interdependências institucionais e coordenação da ação de diversos entes? As autoridades de defesa da concorrência não apenas precisam identificar as interdependências mas também se esforçar para construir relações estáveis e um diálogo constante com outros entes da administração pública[53]. Todavia, quando a interdependência institucional envolve diversas Cortes, tal tipo de diálogo é mais complicado.

O caso da União Europeia é ilustrativo. No que diz respeito aos direitos comunitários, o particular pode requerer proteção dos seus direitos perante o Tribunal Local, e quando isso ocorre aplicam-se as regras procedimentais estipuladas pela lei local (do Estado-membro), por força do princípio da auto-

---

52. Cf. Hovenkamp, 2001, p. 741-744.
53. Cf. Kovacic, 2005.

nomia procedimental nacional (*national autonomy procedural*)⁵⁴. A proteção dos direitos comunitários e a existência de qualquer remédio judicial diante da violação das normas que regem a defesa da concorrência dependem das regras procedimentais e de mérito de cada Estado-membro em particular. O sistema jurídico de cada Estado-membro determina as regras e remédios judiciais aplicáveis àqueles prejudicados diante do descumprimento do direito concorrencial. Ocorre que na prática essa questão não é tão simples assim. Tendo em vista a dificuldade de orquestrar a proteção à livre-concorrência nesse arquipélago de jurisdições, utilizando a expressão de Kovacic, o direito comunitário acabou por impor certos limites à liberdade de ação dos Tribunais locais. As regras nacionais: (i) não podem ser menos favoráveis que aquelas relacionadas a processos domésticos similares (princípio da equivalência ou não discriminação); e (ii) não podem tornar virtualmente impossível ou extremamente difícil o exercício dos direitos comunitários que os Tribunais locais são obrigados a proteger (princípio da efetividade)⁵⁵.

3.3.3. Conteúdo sujeito a revisão

Nesta seção busca-se examinar que tipo de decisão pode ser levada às Cortes (todo tipo, somente análise de atos de concentração, somente processos administrativos por conduta anticoncorrencial etc.), bem como entender quais os problemas e deficiências que eventuais limitações ao conteúdo sujeito à revisão podem acarretar.

Sobre restrições ao conteúdo ou tipo de caso sujeito à revisão judicial, é possível dividir os países que permitem a revisão judicial em dois grupos: (a) países em que apenas um tipo de decisão dos órgãos de defesa da concorrência pode ser levado às Cortes (*e.g.*, análise de atos de concentração ou processos administrativos por conduta anticoncorrencial) e (b) países em que qualquer tipo de decisão dos órgãos de defesa da concorrência pode ser levado às Cortes judiciais.

---

54. "In absence of Community rules on this subject, it is for the domestic legal system of each Member State to designate the courts having jurisdiction and to determine the procedural conditions governing actions at law intended to ensure the protection of rights which citizen have from the direct effect of Community Law [...]" (Caso 33/76, *Rewe-Zentralfinanz eG et Rewe-Zentral AG v Landwirtschaftskammer für das Saarland* [1976] ECR 1989, [1997] 1 CLMR 533. Resumo disponível em: <http://eur-lex.europa.eu/LexUriServ/LexUriServ.do?uri=CELEX:61976J0033:EN:HTML>. Acesso em: 15 maio 2012).
55. Cf. Jones e Sufrin, 2007, p. 1304.

a) Países em que há restrições à revisão judicial quanto ao tipo de decisão: Chipre, Estônia, Irlanda, Itália, Luxemburgo, Polônia, Reino Unido, Suíça, Turquia e Ucrânia.

b) Países em que não há restrições à revisão judicial quanto ao tipo de decisão: nos países em que todas as decisões dos órgãos de defesa da concorrência podem ser submetidas a revisão judicial, pode-se ainda encontrar uma subdivisão entre países em que a revisão se dá num mesmo órgão (independentemente do tipo de decisão a ser revisada) e países em que órgãos diferentes são responsáveis pela revisão das decisões das autoridades de defesa da concorrência. Nessa hipótese, a competência do tribunal revisor é definida a partir do tipo de decisão dos órgãos de defesa da concorrência (i.e., atos de concentração ou processos administrativos por prática de conduta anticoncorrencial).

Identifica-se ainda o caso de Portugal (abaixo denominado país "com sistema misto" de revisão judicial), em que a revisão judicial tem início no mesmo órgão (o Tribunal de Comércio de Lisboa) e depois no Tribunal da Relação de Lisboa (segunda instância recursal) – porém, a depender do tipo de decisão a ser revisada (no caso, atos de concentração), existiria ainda uma terceira instância recursal, o Supremo Tribunal de Justiça.

b.1) Países em que um mesmo tribunal é revisor de todas as decisões: Bélgica, Croácia, Eslováquia, Eslovênia, Espanha, Finlândia, Letônia, Lituânia e Países Baixos.

b.2) Países em que órgãos diferentes julgam as diferentes decisões: Alemanha, Áustria, Dinamarca, França, Grécia, Hungria, Malta, Romênia e Suécia.

b.3) País em que o sistema de revisão é misto – o caso português: o Tribunal de Comércio de Lisboa tem competência para rever decisões da autoridade de defesa da concorrência em análise de atos de concentração ou de práticas anticompetitivas, incluindo decisões finais ou preliminares; pode-se apelar das decisões do Tribunal de Comércio de Lisboa ao Tribunal da Relação de Lisboa, e esta será a decisão final nos casos de práticas anticompetitivas; nas análises de atos de concentração, pode-se apelar, posteriormente, ao Supremo Tribunal de Justiça. As Cortes não estão envolvidas na análise de atos de concentração. A revisão judicial pode rever sanções.

A seguir analisaremos mais detidamente os casos europeu e mexicano. Note-se que, em ambos, todas as decisões dos órgãos de defesa da concorrência estão sujeitas a revisão judicial por critérios distintos que merecem destaque aqui: no caso da União Europeia, em razão da amplitude da possibilidade de questionamento de uma decisão administrativa perante o Poder Judiciário, e no caso do México, devido à similaridade com o sistema brasileiro.

- **União Europeia**

De acordo com o direito comunitário, todas as decisões da Comissão Europeia, assim como de qualquer instituição da União Europeia, podem ser submetidas a revisão judicial pelas Cortes europeias desde que produzam efeitos legais para as partes envolvidas (i.e., "only an act that produces discernible legal effects – that appears to produce a change in someone's rights and obligations – can be subject to judicial review"[56])[57]. Dessa forma, tanto as decisões sobre atos de concentração quanto aquelas atinentes a processos administrativos por conduta anticoncorrencial, assim como qualquer outra análise da Comissão, são passíveis de revisão pelas Cortes europeias.

- **México**

Considerando que (i) por meio do *amparo* é possível o questionamento de qualquer ato que seja contrário a algum dispositivo constitucional, e (ii) que a livre concorrência e a proibição de formação de monopólios estão protegidas pela Constituição mexicana (art. 28), qualquer decisão da Comisión Federal de Competencia sobre matéria concorrencial pode ser questionada perante o Poder Judiciário mexicano.

3.3.4. Eficácia da revisão judicial

Nesta seção examinamos dados sobre a eficácia da revisão judicial em outros países, indagando sobre o índice de judicialização, o índice de efetiva revisão, o tempo de análise e seu impacto sobre a atuação da agência de defesa da concorrência.

Quanto ao primeiro aspecto da análise – impacto do volume da adjudicação na atuação dos órgãos de defesa da concorrência –, de acordo com um levantamento feito pela ICN (2006), existe uma percepção entre as autorida-

---

56. Schwarze, 2004, p. 89.
57. A respeito dos atos preparatórios e das decisões que iniciam uma investigação, a Corte Europeia de Justiça já decidiu sobre a impossibilidade de tais decisões serem submetidas a revisão judicial em razão de eventual incompatibilidade com a separação dos poderes e possível incoerência entre as decisões, e ausência de alteração a posição legal das partes investigadas, respectivamente. Com relação às decisões interlocutórias (não definitivas), a Corte reconheceu a possibilidade de revisão judicial em alguns casos (*e.g.*, caso 53/85, *Akzo Chemie et al v. Commission*, 1986 E.C.R. 1965, parágrafo 20). Cf. Schwarze, 2004, p. 89-90.

des de defesa da concorrência de aumento de recursos judiciais nos últimos 3 a 5 anos. Dentre as autoridades de defesa da concorrência que responderam ao questionário, 53% acham que houve esse aumento, enquanto 41% acreditam que não houve aumento, e 6% disseram que suas decisões nunca foram sujeitas a revisão judicial. A maioria (78%) das autoridades de defesa da concorrência que acredita ter observado um aumento se localiza em países em desenvolvimento. Uma das hipóteses que poderia explicar as respostas é o fato de que países em desenvolvimento ainda estão amadurecendo suas instituições, e a crescente demanda judicial seria fruto desse processo. Os autores do levantamento, todavia, indicam que a questão merece uma investigação mais cuidadosa.

Segundo o levantamento da ICN, 50% das autoridades de defesa da concorrência entrevistadas acreditam que o motivo pelo qual suas decisões são revistas pelo Judiciário é o fato de que suas interpretações das regras de direito concorrencial diferem da interpretação do Judiciário. A segunda resposta mais citada (44,4%) é que os juízes não têm familiaridade suficiente com conceitos econômicos para avaliar casos de direito concorrencial. Outras respostas citadas incluíam as seguintes razões: (i) problemas relacionados ao cálculo de multas (33,3%); (ii) o ônus de prova em casos de direito concorrencial não é considerado adequado pelo Judiciário (33,3%); e (iii) há problemas procedimentais (27,7%)[58]. As duas últimas seções sugerem que os procedimentos e ônus de prova no direito concorrencial podem diferir daqueles exigidos pelo Judiciário. Ou seja, as decisões das autoridades de defesa da concorrência seriam revertidas pela Corte simplesmente porque essas duas instituições adotam diferentes métodos de análise. Portanto, se há algum impacto no aumento da adjudicação dos casos de direito da concorrência, ele não seria necessariamente positivo.

Uma das políticas que tem sido adotada em diferentes países para lidar com as divergentes interpretações da legislação concorrencial é a organização de workshops. Esses encontros procuram promover o diálogo entre autoridades de defesa da concorrência e aumentar a familiaridade dos juízes com conceitos de direito concorrencial, e também com o modo como as autoridades de defesa da concorrência tomam decisões[59].

Porém, pode-se questionar se tal diálogo é suficiente para conter os problemas da revisão judicial das decisões sobre concorrência. Um argumento contra é o fato de que grande parte do processo decisório no direito antitruste segue lógica bastante distinta do processo decisório em outras áreas do direito,

---

58. Cf. International Competition Network (ICN), 2006.
59. Idem, ibidem.

como, por exemplo, o direito penal[60]. Portanto, workshops e encontros não seriam suficientes para oferecer uma ponte para o diálogo. O direito concorrencial é muito mais aberto, trabalha com conceitos e definições mais vagas, e usa muito conceitos econômicos. Cortes em países desenvolvidos como Estados Unidos e a Comunidade Europeia se utilizam amplamente de conceitos econômicos para informar suas decisões em casos de direito concorrencial. Utilizar esses conceitos parece ser a parte que falta nas Cortes de países em desenvolvimento. Como explica David Evans:

> In most jurisdictions, antitrust law is, in practice, more like criminal law for setting the bounds of acceptable behavior than like government regulations for correcting market failures. Antitrust law provides a set of rules for how firms can play the competitive game and a refereeing process for assessing when firms have engaged in practices that do not comply with these rules. Competition authorities and courts generally give firms wide discretion in how they play the game. Firms can engage in a variety of practices that enable them to obtain and exercise significant market power.
>
> The authorities and courts intervene when firms play out of bounds. Unlike criminal law, however, competition law is based on statutes that are quite vague in most jurisdictions —see Section 2 of the U.S. Sherman Act or Article 82 of the European Community (EC) Treaty. It has been left to the competition authorities and courts to decide what the rules are and where the boundaries of permissible competition fall. The logic of the rules the courts have developed over time is not transparent. It is sometimes said that the purpose of antitrust is to prohibit practices that harm the competitive process. But, as discussed below, such statements are devoid of content since there is no fixed notion of what the "competitive process" is, or should be, in law or economics. Nevertheless, there is an inherent logic to the competition rules that the courts have developed over time. Courts have developed these rules based on various economic premises about the objectives of competition policy, what type of competition is desirable or undesirable, and whether particular business practices impede competition. They also appear to have considered other economic factors such as the costs to the judiciary of administering rules and the cost of ambiguous rules to companies. That is not to say that only economic factors have influenced the development of competition rules. Political and social norms have as well, including the growing support, in the last quarter century, for market-based economies. Nor is it to say that there is either a complete or consistent set of rules at

---

60. Cf. Evans, 2008.

this stage. But competition rules have evolved over time, significantly, through a process whereby economic minded judges and legal scholars, often at the prodding of economists, continually question and refine the premises that underlie these rules. Although the influence of economics on the courts is most well known in the United States, in recent years economics has become increasingly influential in guiding the direction of competition rules in the European Community[61].

Essa análise sugere que: (i) as regras de direito concorrencial se consolidam ao longo do tempo, e que (ii) essa consolidação ocorre primordialmente por meio de juízes e acadêmicos com interesse e conhecimentos de economia. David Evans sugere que o diálogo entre acadêmicos e economistas pode ser ainda mais rico nos países desenvolvidos[62], mas sua análise poderia também ser usada para especular se as divergências entre o Judiciário e as autoridades de defesa da concorrência em países em desenvolvimento não poderiam ser explicadas pelo fato de que (i) as instituições são bastante recentes, e (ii) os juízes não recebem qualquer tipo de preparo ou treinamento para lidar com conceitos econômicos seja na faculdade de direito seja quando ingressam no Judiciário.

As propostas de política pública para lidar com esse problema dependeriam, em grande parte, da identificação de sua causa. Enquanto a primeira exige tempo, a seguinte (ii) exige investimentos maciços em treinamento e educação. Todavia, tais investimentos devem ser estruturais. Por causa da falta desse embasamento teórico, pode-se questionar se meros workshops preencheriam a lacuna. Em qualquer uma das hipóteses, todavia, a proposta de David Evans parece ser aplicável: economistas deveriam ser convidados a "traduzir" conceitos econômicos e regras de defesa da concorrência para uma linguagem que seja mais próxima daquela falada por juristas, ou seja, para uma linguagem baseada mais em regras e menos em critérios de avaliação que variam caso a caso[63].

Por fim, com relação aos tipos de casos, as respostas do levantamento da ICN indicam que, com relação a fusões e aquisições, em 77,8% dos países pesquisados as decisões são sempre ou quase sempre implementadas. Em contraste, esse índice cai para apenas 56% nas decisões administrativas sobre práticas anticoncorrenciais. O número também é inferior para multas: em ape-

---

61. Cf. Evans, 2008.
62. Idem, ibidem.
63. Idem, ibidem.

nas 57,1% dos países pesquisados as decisões administrativas sobre multas são sempre ou quase sempre implementadas. Para mais detalhes sobre esses dados, vide seções b.1, b.2 e b.3 ao final deste capítulo.

Quanto ao tempo de análise, observam-se prazos diferentes em cada país pesquisado. Segue abaixo tabela com levantamento do tempo médio máximo, em anos, alocado para as revisões judiciais das decisões dos órgãos de defesa da concorrência em diversos países.

Tabela 3.3. Tempo Máximo para as Revisões Judiciais dos Órgãos de Defesa da Concorrência

	t ≤ 1	1 < t ≤ 3	t > 3
Alemanha		X	
Áustria*	X		
Bélgica	X		
Bulgária	X		
Chipre			X
Croácia		X	
Dinamarca	X		
Eslováquia		X	
Eslovênia		X	
Espanha			X
Estônia	X		
Finlândia		X	
França		X	
Grécia	X		
Hungria		X	
Itália**	X		
Letônia		X	
Lituânia		X	
Luxemburgo		X	
Malta			X
Polônia		X	
Portugal	X		
Reino Unido***	X		
República Tcheca		X	

(continua)

(continuação)

	t ≤ 1	1 < t ≤ 3	t > 3
Sérvia		X	
Suécia		X	
Turquia		X	

*   Para atos de concentração pode durar apenas 2 meses.
** O prazo pode aumentar na última instância (Consiglio di Stato).
*** Existe uma meta de 9 meses, mas pode durar alguns anos.

Considera-se que o tempo concorrencial para revisão de decisões, levando em conta que o caso já tramita no órgão de defesa da concorrência há algum tempo, não deve ser superior a 1 ano. Poucos países conseguem atingir a meta e, em geral, isso só é obtido quando os casos não alcançam Tribunais superiores. No Brasil, por exemplo, conforme será detalhado no Capítulo 5, o tempo da revisão judicial de decisão do CADE é de 54 meses[64]. O tempo de análise deve ser balanceado também com a qualidade da decisão.

Voltando aos casos europeu e mexicano, os dados oficiais e extraoficiais identificados na pesquisa serão apresentados a fim de fornecer elementos concretos sobre como o fator tempo tem sido medido e qual a importância dada a ele em cada um dos sistemas analisados.

- **União Europeia**

Foram encontradas estatísticas do Tribunal Europeu de Primeira Instância (TEPI) relativas a processos que versam sobre matéria concorrencial[65]. No ano de 2004, foram propostos 36 casos de direito da concorrência do total de 536 casos apresentados ao Tribunal. Em 2005, 40 casos de 469; em 2006, 81 de 432; em 2007, 62 de 522; e em 2008, 71 de 629.

Em 2008 foram julgados 31 casos sobre concorrência do total de 605 casos julgados pelo Tribunal. Nos anos anteriores o Tribunal julgou: 26 casos de 361 em 2004; 35 de 610 em 2005; 42 de 436 em 2006; e 38 de 397 em 2007. O levantamento aponta ainda para o número crescente de processos em matéria concorrencial pendentes de julgamento no dia 31 de dezembro de cada

---

64. O tempo médio, considerando todas as agências abrangidas pela pesquisa empírica, no entanto, cai para 36 meses. De todo modo, o tempo é bastante superior ao apontado para os demais países.
65. Disponível em: <http://curia.europa.eu/jcms/upload/docs/application/pdf/2009-03/ra08_pt_tpi_stat.pdf>. Acesso em: 15 maio 2012.

ano. Em 2004 eram 129 processos pendentes de julgamento; em 2005, 134; em 2006, 173; em 2007, 197; e em 2008, 236.

É possível ainda identificar nesse levantamento o volume de processos que tiveram o procedimento acelerado aprovado, bem como o sentido da decisão do Tribunal, favorável ou contrária ao recurso interposto pelas partes.

Com relação às estatísticas da Corte Europeia de Justiça (CEJ) de recursos de decisões do TEPI, no ano de 2008, foram remetidos à CEJ 10 casos sobre concorrência do total de 583, e 23 casos foram julgados no mesmo ano, do total de 470[66]. Em 2004 foram julgados 29; em 2005, 17 casos; em 2006, 30 casos; e, em 2007, 17 casos.

Sobre o tempo médio de julgamento, não há informação específica para os casos que versam sobre direito da concorrência. Para o julgamento dos recursos originários do TEPI em geral, foram identificados: 21,3 meses em 2004; 20,9 meses em 2005; 17,8 meses em 2006 e 2007; e 18,4 meses em 2008. Comparativamente com os demais processos que a Corte Europeia de Justiça aprecia, é a única categoria que apresentou aumento entre 2007 e 2008 do tempo de julgamento. Todas as demais categorias apresentam significativa diminuição no tempo de julgamento.

No âmbito da União Europeia, a Comissão Europeia ainda divulga estatísticas acerca do controle de cartéis[67] e das fusões submetidas à sua análise[68], porém os dados disponibilizados a princípio não permitem o cruzamento de informações com o levantamento realizado pelas Cortes europeias.

- *México*

Não foram encontrados dados oficiais sobre o volume de revisões judiciais submetidas às Cortes federais e à Suprema Corte de Justicia de la Nación. Dados extraoficiais podem ser obtidos no *International Comparative Legal Guide to Competition Litigation*[69] de 2010 a partir de entrevista com profissionais do setor. Segundo o referido documento, no México o processo de *amparo*

---

66. Disponível em: <http://curia.europa.eu/jcms/upload/docs/application/pdf/2009-03/ra08_pt_cj_stat.pdf>. Acesso em: 15 maio 2012.
67. Disponível em: <http://ec.europa.eu/competition/cartels/statistics/statistics.pdf>. Acesso em: 15 maio 2012.
68. Disponível em: <http://ec.europa.eu/competition/mergers/statistics.pdf>. Acesso em: 15 maio 2012.
69. O *International Comparative Legal Guide to Competition Litigation* é uma iniciativa do Global Legal Group, que convida escritórios de advocacia de vários países a responder questões relacionadas ao sistema de defesa da concorrência de cada país a partir das suas experiências e conhecimento da área.

pode durar 12 meses até que a decisão final seja proferida. Com relação aos processos civis e comerciais por meio dos quais as pessoas naturais e jurídicas podem requerer a restituição das perdas e danos sofridos em decorrência da violação do direito à concorrência, estima-se que estes podem durar de 18 a 30 meses até o julgamento final[70].

Com relação ao volume de amparos, foi encontrada referência extraoficial à existência de 600 amparos desde a criação da Comisión Federal de Competencia em 1992[71].

O único dado oficial obtido é do serviço de estatística da Suprema Corte de Justicia de la Nación. Segundo eles, uma ação constitucional (*e.g.*, *amparo*) tem duração em torno de 452 dias, da sua autuação até o julgamento final. Contudo, não há referência sobre o tempo médio de um *amparo* que verse sobre direito da concorrência, ou qualquer referência a um procedimento mais célere em razão da matéria.

3.3.5. Motivações para a revisão

Nesta seção examinaremos quais são os atores que, nos países em que há revisão judicial das decisões dos órgãos de defesa da concorrência, podem questionar tais decisões no Judiciário (somente as partes envolvidas no caso, ou terceiros, como consumidores ou outros órgãos dos Poderes Executivo ou Legislativo), e quais seriam as principais motivações para o recurso (*e.g.*, reverter captura da agência, atrasar ou acelerar o processo de aplicação da legislação etc.).

A pesquisa apontou que os atores que podem questionar as decisões dos órgãos de defesa da concorrência variam. Vale notar a peculiaridade dos casos europeu e mexicano sobre o limite subjetivo para provocar a revisão judicial.

- **União Europeia**

Os Estados-membros, o Conselho e a Comissão são considerados "atores privilegiados", isto é, podem provocar a revisão judicial de qualquer ato dos órgãos de defesa da concorrência europeu. Qualquer outra pessoa, natural ou jurídica, tem limites para suscitar a revisão judicial, sendo possível ape-

---

70. Cf. Global Legal Group, 2010, p. 113.
71. "Desde la creación de la CFC hasta hoy se han presentado más de 600 demandas de amparo. De conformidad con la Ley de Amparo y los criterios para la asignación de los juicios de amparo en revisión, la Suprema Corte de Justicia de la Nación (SCJN) ha resuelto un número reducido de autos, pero ha establecido directrices importantes en materia de competencia económica" (Gloria, 2003, p. 245).

nas questionar a decisão que a afeta. De acordo com o art. 230(4) do Tratado Europeu, as pessoas naturais ou jurídicas têm acesso às Cortes europeias caso o ato a ser impugnado as afetem direta ou indiretamente. A respeito dessa previsão, Jürgen Schwarze afirma que:

> the system of legal remedies has often been criticized as being too narrow, particularly regarding direct legal protection of individuals against general legal acts. The Court of Justice has recently pointed out, however, that broadening access to judicial review by allowing individuals to seek remedies against general legal acts – contrary to the wording of Article 230 (4) of the Treaty – would go beyond its power as a court[72].

- **México**

Somente as partes envolvidas e afetadas pela prática anticoncorrencial ou ato de concentração sob análise da *Comisión Federal de Competencia* (*e.g.*, empresa dominante ou concorrentes) poderão questionar a decisão do tribunal administrativo perante as Cortes federais.

3.3.6. Uso de perícia técnica pelos tribunais

Examinamos aqui se nos países em que há revisão judicial há possibilidade de recurso à perícia técnica, bem como o papel que ela desempenha e sua relevância para as decisões das Cortes.

Conforme indicado anteriormente, há autores que defendem a ideia de que as Cortes, por meio do uso de perícia e especialistas, estão aptas a decidir casos de direito concorrencial apesar da falta de conhecimento especializado dos juízes. A razão para isso é que os juízes podem utilizar testemunhas, depoimentos de especialistas e a intervenção de partes interessadas para ouvir todas as partes envolvidas e chegar a uma conclusão razoável[73]. Isso poderia, inclusive, ser uma vantagem sobre um órgão administrativo composto por especialistas, já que esses especialistas podem ter vínculos com as empresas sendo julgadas, e podem ter interesse em adquirir posições na iniciativa privada ao término do seu mandato. Por essa razão, juízes poderiam potencialmente oferecer uma imparcialidade que talvez não esteja presente nas comissões de defesa da concorrência[74].

---

72. Schwarze, 2004, p. 85-86.
73. Cf. Trebilcock e Iacobucci, 2002, p. 366.
74. Idem, ibidem.

Nesse sentido, vale mais uma vez atentar para as experiências europeia e mexicana sobre o tema.

- **União Europeia**

Sem adiantar o debate sobre os limites da revisão judicial que será abordado mais adiante, cabe apontar que a margem de discricionariedade da Comissão Europeia sobre casos relacionados ao direito da concorrência gira em torno dos fatos, principalmente quando envolve análises econômicas complexas. No entanto, mesmo assim, a revisão judicial pode ser exercida de forma a assegurar que a fundamentação da Comissão seja lógica, coerente e proporcional. Segundo Mario Siragusa, isso confere às Cortes poder bastante para a correção de erros, tais como a verificação da credibilidade da base científica das decisões da Comissão. Cita como exemplo os casos da Tetra Laval e Babyliss: "the application of a test of logic to the Commission's reasoning allows the Community Courts to check the credibility of the scientific foundations of the Commission decisions. This can be seen by a comparison of the CFI's rulings in Tetra Laval (where it upheld the theory of leveraging supported by the Commission) and in Babyliss (where it rejected the theory of the range-effect, for lack of solid scientific foundations and logical flaws)"[75].

Mario Siragusa explora ainda eventual abuso no exercício da revisão judicial pelo TEPI no que se refere à apreciação dos argumentos científicos analisados pela Comissão Europeia. Segundo esse autor, o caso Tetra Laval ilustra como a Corte revisora pode, às vezes, desprezar a investigação técnico-científica realizada pelo órgão de defesa da concorrência e adotar ponto de vista próprio, sem qualquer fundamento científico. Nesse caso, o TEPI teria rejeitado estudos de mercados objeto de consideração pela Comissão e reformado a decisão administrativa com base em suas próprias convicções, desprezando a complexidade econômica presente no caso concreto:

> What about the limits judicial review encounters *vis-à-vis* the Commission's discretion? In Tetra Laval, the Commission maintains that the CFI has "exceeded its role, which is to review the administrative decision of the Commission for clear errors of fact or reasoning, and not to substitute its view of the case for that of the Commission" (Commission Press Release of December 20, 2002). AG Tizzano agrees in part with the Commission. Thus, it may be useful to look at that case for an example of what the Community Courts cannot do when exercising judicial review.
>
> In Tetra Laval, the CFI criticized the Commission's forecast that the LDP (liquid dairy products) segments of the PET market would

---

75. Siragusa, 2004, p. 6.

experience major growth for the period 2000-2005. The CFI said that "growth estimates adopted by the Commission [...] are not really very convincing" (§ 212). Yet, we learn from AG Tizzano that the Commission had looked at several independent market studies and had taken a more conservative approach than were warranted by its market investigation.

On the other hand, not only is the CFI's language unusual, but also, as AG Tizzano notes, the CFI misconstrued one of the independent market studies and did not even mention the market investigation run by the Commission. Indeed, in such a case, it would seem that the CFI has not been looking for errors in the Commission's reasoning, but rather substituting its own point of view (and errors) to that of the Commission. This seems all the more so, if one takes into consideration that the CFI does not deny that the LDP segment will grow; it only contends that the increase will be "less shar[p] than that forecast by the Commission"! The ECJ will certainly shed some light on this point[76].

- *México*[77]

As partes podem se valer de perícia técnica tanto no processo administrativo perante a Comisión Federal de Competencia quanto perante os Tribunais Federais quando da restituição das perdas e danos sofridas em razão da violação do direito à concorrência[78].

Cumpre assinalar que o tema da interdisciplinaridade aparece nas discussões doutrinárias sobre o assunto da revisão judicial das decisões da Comisión.

---

76. Siragusa, 2004, p. 7.
77. É importante destacar que no México os questionamentos relativos à inconstitucionalidade da lei que cria a Comisión Federal de Competencia precedem o debate em torno da revisão judicial das decisões da autoridade administrativa, de forma que a Comisión enxerga no controle de constitucionalidade realizado pela Suprema Corte de Justicia de la Nación requisito necessário para seu fortalecimento perante a sociedade, bem como para seu correto funcionamento. Questões sobre os limites e a eficiência das revisões judiciais das decisões da Comisión aparecem mais recentemente e de forma tímida na doutrina (cf. Gloria, 2003, p. 246).
78. "The parties may submit any kind of evidence in the administrative proceedings before COFECO, and the latter is to admit such evidence provided: (i) it is not contrary to public policy; (ii) it is related with the controversy; and (iii) it is produced in accordance with the applicable procedural provisions and rules of the LFCE [art. 33, LFCE] [...]. Expert witness evidence is also available in the COFECO proceedings –*article 49 of the LFCE regulation/reglamento*. The same basic procedural principles are applicable when admitting evidence in any civil/commercial and criminal proceeding" (cf. Global Legal Group, 2010, p. 112).

De acordo com a pesquisa realizada, a Suprema Corte de Justicia de la Nación já analisou grande parte dos termos de conteúdo indeterminado (*e.g.*, agente econômico, mercado relevante, concentração, entre outros) em medida judicial que questionava a constitucionalidade da LFCE[79]. Nos votos, há referência à necessidade de conhecimentos de outras áreas do saber (*e.g.*, economia), para a solução dos casos apresentados à Comisión. Porém, essa tecnicidade não os impediu de prosseguir nos julgamentos sobre o tema[80].

Outra característica interessante da literatura especializada é a reverência prestada à revisão judicial realizada pela Suprema Corte de Justicia de la Nación. Segundo Martín Moguel Gloria, "[a] diez años de la entrada en vigor de la Ley Federal de Competencia Económica (LFCE), el máximo tribunal del país ha emitido importantes resoluciones en materia de competencia y libre concurrencia, con criterios que han fortalecido a la Comisión Federal de Competencia (CFC), y que constituyen un paso significativo para la defensa de este tema"[81-82]. Joshua Newberg ainda aponta a ausência de conhecimento do Judiciário sobre casos de direito da concorrência e a ausência de uma tradição da *common law* no direito mexicano, orientado pelo sistema de *civil law*[83].

3.3.7. Revisão judicial formal versus substantiva

Nesta seção examinamos se nos países em que há revisão judicial das decisões dos órgãos de defesa da concorrência a revisão se restringe a matéria procedimental ou pode reformar o mérito da decisão do órgão de defesa da concorrência (controle de legalidade). E mais, há hipótese de *reserva de*

---

79. Além dos termos de conteúdo indeterminado, a Suprema Corte de Justicia de la Nación também analisou a constitucionalidade dos poderes da Comisión para, por exemplo, aplicar multas e investigar empresas; ou a própria previsão do recurso de revisão da Ley de Competencia Federal.
80. Cf. Alba, s/d.
81. Gloria, 2003, p. 245.
82. No mesmo sentido, Segundo María José García Gómez, "aunque comienzan a surgir los estudios jurídicos de una materia nueva en una economía mixta como la de República Mexicana, áreas menos exploradas de la historia jurídico-económica exigen una valoración del papel de la Suprema Corte como árbitro de la actividad empresarial y de la equidad en el mercado. La inmensa mayoría de los ciudadanos desconoce que la Suprema Corte ha defendido sus intereses como consumidores; toca a los juristas y a los historiadores del derecho y de la economía utilizar la jurisprudencia del Máximo Tribunal contenida en sus documentos para valorar el esfuerzo interdisciplinario realizado por las instancias de dicha Corte en esta labor" (2008, p. 39).
83. Cf. Newberg, 1993-1994, p. 606 e ss.

jurisdição do órgão de defesa da concorrência (*e.g.*, casos em que só se discute matéria processual)? A revisão judicial deve se ater aos argumentos presentes nos autos ou pode buscar embasamento jurídico, econômico e fático em informações novas? Essas novas informações devem ter sido levantadas pelas partes envolvidas (*e.g.*, novo parecer técnico, novos argumentos antes não mencionados mas circunscritos aos mesmos fatos)? Em havendo fato novo, e sendo a Corte revisora competente para analisá-los, os limites da decisão são os mesmos? Quais os problemas e deficiências de cada uma dessas decisões?

Abaixo será apresentado (a) levantamento dos países em que há revisão judicial, indicando-se a matéria que pode ser reexaminada pelo órgão de apelação. Além disso, quando possível, será apontada a medida passível de ser tomada pelo Tribunal de Recursos em relação à decisão. Em seguida, será apresentada (b) análise dos diferentes fundamentos, com base no levantamento realizado pela ICN, já mencionado.

a) Levantamento dos países com base na matéria que pode ser revista pelo órgão de apelação:

a.1) Países em que a revisão está limitada a aspectos formais da decisão: Áustria, Bulgária, Chipre, Eslováquia, Luxemburgo, Malta e Países Baixos.

a.2) Países em que a revisão pode entrar no mérito da decisão: Alemanha, Bélgica, Croácia, Dinamarca, Eslovênia, Espanha, Estônia, Finlândia, França, Grécia, Hungria, Irlanda, Itália, Letônia, Lituânia, Polônia, Portugal, Reino Unido, República Tcheca, Romênia, Rússia, Suécia, Suíça e Turquia.

Retomando os casos europeu e mexicano, os limites da revisão judicial das decisões dos órgãos de defesa desses países também são distintos, conforme mostraremos.

- **União Europeia**

Na União Europeia, de acordo com o art. 230 do Tratado Europeu, a anulação da decisão da Comissão é limitada ao exame de legalidade pelas Cortes revisoras. A revisão judicial pode ocorrer em razão de (i) vício de competência, (ii) vício processual, (iii) violação do Tratado Europeu ou de qualquer dispositivo legal relacionado a sua aplicação e (iv) abuso de poder por parte da Comissão Europeia[84]. Sendo assim, o juiz revisor não pode analisar novamen-

---

84. "Article 230 deals with the judicial control of administrative procedure in the narrow sense – specifically, infringement of an essential procedural requirement. It also includes certain aspects of substantive grounds for annulment, such as in-

te os fatos que fundamentam a decisão do órgão de defesa da concorrência comunitário, mas apenas verificar os erros cometidos pela Comissão quando da apreciação do caso:

> According to well-settled case law (for example, Aalborg Portland, C-204/00; Kali und Salz, C-68/94), competition law confers on the Commission a margin of discretion, particularly with respect to assessments of an economic nature. The Community Courts are only to curb (not to usurp) such discretion, through an effective judicial review and development of the law[85].

A revisão judicial de decisões que impõem multas é mais ampla. Nesse caso, o art. 229 do Tratado Europeu confere poderes ilimitados às Cortes revisoras para alterar o entendimento da Comissão Europeia. Conforme o art. 31 da norma de modernização as Cortes podem cancelar, reduzir ou acrescer as multas. Quando se trata de multas, as Cortes podem alterar a decisão da Comissão apenas por apresentarem opinião diferente do órgão de defesa da concorrência. Essa maior liberdade de revisão é atribuída à necessidade de assegurar maior proteção aos direitos das partes envolvidas, pois podem levar à imposição de sanções administrativas.

- *México*

No México, o limite da Suprema Corte de Justicia de la Nación para analisar as decisões da Comisión é o exame da legalidade e da constitucionalidade do julgado. Esses critérios podem ser utilizados nas ações de nulidade de processo administrativo, no caso de multas, ou nos *amparos*, nos outros casos. Segue trecho sobre o tema: "la Comisión y los procedimientos establecidos en la ley enriquecen el orden jurídico y el régimen de derecho del país. Por consiguiente, todas sus resoluciones son susceptibles de ser revisadas a la luz de la legalidad o de su constitucionalidad por los medios de defensa previstos en la ley [...]"[86].

b) Diferentes fundamentos e os motivos da revisão judicial

Com relação aos possíveis fundamentos (procedimental ou substantivo) dos recursos judiciais das decisões das autoridades de defesa da concorrência, e aos principais motivos pelos quais as decisões são revistas pelo Judiciário, o

---

fringement of the Treaty or infringement of any rule of law relating to its application" (Schwarze, 2004, p. 86).
85. Siragusa, 2004, p. 6.
86. Alba, s/d, p. 114.

levantamento da ICN, citado anteriormente, indica aspectos importantes sobre a questão.

A principal diferença aqui é que os casos de estrutura (fusões e aquisições) parecem sofrer menos questionamentos no Judiciário, e parecem ser também revertidos com menor frequência, do que os casos de condutas. É interessante notar também que há uma percepção geral de que a quantidade de medidas judiciais contra multas depende da exigência de um depósito compulsório no valor da multa (quando tal depósito é exigido, a quantidade de medidas judiciais tende a diminuir, conforme indicado a seguir).

b.1) Fusões e aquisições (estrutura): Em 77,8% dos países pesquisados, as decisões são sempre ou quase sempre implementadas. Quando não são implementadas, normalmente é porque houve algum tipo de intervenção judicial. As apelações dos casos de estrutura questionam com maior frequência os méritos da decisão administrativa, e em menor frequência o procedimento. Por fim, para os casos de fusões e aquisições que são objeto de revisão judicial, a decisão do órgão de defesa da concorrência é quase sempre confirmada pelo Judiciário. Nos poucos casos em que a decisão administrativa é revertida, o motivo parece ser tanto procedimental quanto substantivo.

b.2) Práticas anticoncorrenciais (conduta): Em 56% dos países pesquisados as decisões administrativas sobre práticas anticoncorrenciais são sempre ou quase sempre implementadas. Quando não são implementadas, normalmente é porque houve algum tipo de intervenção judicial. Na maioria dos países, as apelações dos casos de conduta questionam com maior frequência os méritos da decisão administrativa (66,7%); uma minoria indica que a maior parte dos recursos são relativos ao procedimento (33,3%). Por fim, para os casos de decisões administrativas contra práticas anticoncorrenciais que são objeto de revisão judicial, a decisão do órgão de defesa da concorrência é raramente confirmada pelo Judiciário[87]. O resultado difere daquele encontrado nos casos de fusões e aquisições, mas o levantamento da ICN não investiga as causas dessa discrepância. Nos casos em que a decisão administrativa é revertida pelo Judiciário, o motivo parece ser tanto procedimental quanto substantivo[88].

---

87. Em 60% dos países investigados as decisões são afirmadas pelo Judiciário raramente ou apenas em metade dos casos.
88. Vale ressaltar, todavia, que esses dados não são fruto de pesquisa empírica, mas baseados apenas em questionários preenchidos por autoridades de defesa da concorrência de diferentes países membros da ICN. Trata-se, portanto, de tópico que mereceria uma investigação empírica mais detalhada.

b.3) Multas: Em 57,1% dos países pesquisados, as decisões administrativas sobre multas são sempre ou quase sempre implementadas. Quando não são implementadas, normalmente é porque houve algum tipo de intervenção judicial. Para os casos de decisões administrativas que impõem multas, a decisão do órgão de defesa da concorrência é sempre ou quase sempre confirmada pelo Judiciário na maioria dos países (mas em 14% dos países investigados as decisões administrativas são afirmadas pelo Judiciário apenas em metade dos casos).

No caso das multas, uma variável importante que precisa ser analisada é se a legislação exige garantia via depósito, no valor da multa, para interposição do recurso judicial. Em 43% dos países investigados exige-se esse depósito. A percepção das autoridades de defesa da concorrência é que isso evita que os recursos judiciais sejam usados apenas para protelar o pagamento e, em tese, previne recursos sem qualquer embasamento jurídico.

Capítulo 4

Sistema de representação do CADE e das agências reguladoras no Judiciário

4.1. O arranjo institucional para a revisão judicial de decisões das agências e do CADE

No Brasil, em virtude do direito fundamental de acesso ao Judiciário (art. 5.º, XXXV, da CF – "a lei não excluirá da apreciação do Poder Judiciário lesão ou ameaça a direito") –, qualquer decisão de órgão da administração pública pode ser submetida a revisão judicial. Embora a literatura defenda a existência de limites ao controle judicial, tais como a impossibilidade de o Judiciário examinar a conveniência e oportunidade da decisão administrativa discricionária ou o mérito da decisão técnica, inexistem restrições legais à arguição de ilegalidade dos atos da administração pública perante o Judiciário. Os limites da revisão judicial, referentes à margem para a decisão política e ao exercício de competência estritamente técnica, têm sido definidos pelo próprio Judiciário, havendo, porém, oscilações no entendimento jurisprudencial e abertura para interpretações divergentes.

A competência para processar e julgar a ação que questiona decisão do CADE ou de agência reguladora, na qual estes últimos figuram como réus, é dos juízes federais de primeira instância (art. 109, I, da CF[1]).

Essa causa será apreciada em grau de recurso pelo Tribunal Regional Federal da região em que corre (art. 108, II, da CF[2]) e pode ainda ser levada

---

1. "Art. 109. Aos juízes federais compete processar e julgar: I – as causas em que a União, entidade autárquica ou empresa pública federal forem interessadas na condição de autoras, rés, assistentes ou oponentes, exceto as de falência, as de acidentes de trabalho e as sujeitas à Justiça Eleitoral e à Justiça do Trabalho."
2. "Art. 108. Compete aos Tribunais Regionais Federais: [...] II – julgar, em grau de recurso, as causas decididas pelos juízes federais e pelos juízes estaduais no exercício da competência federal da área de sua jurisdição."

ao Superior Tribunal de Justiça e/ou ao Supremo Tribunal Federal caso seja cabível recurso especial e/ou extraordinário, respectivamente.

Em busca realizada nos *sites* dos Tribunais Regionais Federais e da Justiça Federal em cada Estado não foram identificadas Varas especializadas para processar e julgar as ações contra ato do CADE ou de agência reguladora em nenhuma Seção Judiciária[3]. Nada impediria que se viessem a especializar determinadas Varas. Conforme julgados recentes do Supremo Tribunal Federal, a especialização da competência em razão da matéria de Varas já criadas não é tema exclusivo de lei, podendo ser feita por atos normativos dos tribunais, em face do que dispõem o art. 96, I, *a*, da CF e o art. 12 da Lei 5.010/1966[4].

3. A busca dessa informação é dificultada porque os sítios não disponibilizam uma descrição detalhada de sua estrutura (fóruns e Varas). As informações estão dispersas em diferentes páginas, sem uniformidade nos diferentes sítios. Não se descarta a possibilidade de existirem Varas especializadas não indicadas nos sítios. A partir dessa busca, identificou-se que na Primeira Região há Varas especializadas em matéria criminal, execução fiscal, previdenciária, cível e agrária e Juizado Especial Federal; na Segunda Região há Varas especializadas em matéria cível, criminal, previdenciária, execuções fiscais e Juizado Especial Federal; na Terceira Região há Varas especializadas em matéria cível, criminal (competência específica: crimes contra o sistema financeiro nacional e de "lavagem" ou ocultação de bens, direitos e valores), execuções fiscais, previdenciária, Juizado Especial Federal, questões ambientais, direito indígena e agrário; na Quarta Região há Varas especializadas em matéria cível, criminal, previdenciária, execuções fiscais, tributária, Juizado Especial Federal (cível, previdenciário, criminal, Vara do Juizado Especial Federal Avançado de Gravataí), ambiental, agrária e sistema financeiro da habitação; e na Quinta Região há Varas especializadas em matéria cível (competências específicas: reforma agrária e naturalização), criminal (competências específicas: processar e julgar os crimes contra o sistema financeiro nacional e de lavagem ou ocultação de bens, direitos e valores e execuções penais), execuções fiscais e Juizado Especial Federal.
4. "*Ementa: Habeas Corpus. Penal. Processual penal. Provimento 275 do Conselho da Justiça Federal da 3.ª Região. Ilegalidade. Ofensa aos princípios constitucionais. Inocorrência. Ordem denegada.* I – O provimento apontado como inconstitucional especializou Vara federal já criada, nos exatos limites da atribuição que a Carta Magna confere aos Tribunais. II – Não há violação aos princípios constitucionais do devido processo legal, do juiz natural e da *perpetuatio jurisdictionis*, visto que a leitura interpretativa do art. 96, I, *a*, da Constituição Federal, admite que haja alteração da competência dos órgãos do Poder Judiciário por deliberação dos Tribunais. Precedentes. III – O tema pertinente à organização judiciária não está restrito ao campo de incidência exclusiva da lei, uma vez que depende da integração de critérios preestabelecidos na Constituição, nas leis e nos regimentos internos dos Tribunais (Informativo 506 do STF). IV – Ordem denegada"

O art. 96, I, *a*, da CF estabelece como competência privativa dos Tribunais "eleger seus órgãos diretivos e elaborar seus regimentos internos, com observância das normas de processo e das garantias processuais das partes, dispondo sobre a competência e o funcionamento dos respectivos órgãos jurisdicionais e administrativos". De acordo com a Lei 5.010/1966, que organiza a Justiça Federal de primeira instância, "nas Seções Judiciárias em que houver mais de uma Vara, poderá o Conselho da Justiça Federal fixar-lhes sede em cidade diversa da Capital, especializar Varas e atribuir competência por natureza de feitos a determinados Juízes" (art. 12).

Nos Tribunais Regionais Federais (TRFs), a distribuição dos recursos entre as seções e as Turmas que a integram observa o que dispõem os respectivos Regimentos Internos. Não há nos Regimentos Internos dos TRFs a previsão de uma seção ou Turma especializada em causas que impugnem decisões do CADE e agências reguladoras. No máximo, está prevista especialização para julgar *feitos de natureza administrativa* ou *feitos relativos à nulidade e anulabilidade de atos administrativos,* o que é por demasiado amplo[5]:

a) *Regimento Interno do TRF da 1.º Região, com a redação dada pela Emenda Regimental 7/2010*

Art. 8.º A competência das seções e das respectivas turmas, salvo orientação expressa em contrário, é fixada de acordo com as matérias que compõem a correspondente área de especialização.

§ 1.º À 1.ª Seção cabe o processo e julgamento dos feitos relativos a:

I – servidores públicos civis e militares, exceto quando a matéria estiver prevista na competência de outra seção;

II – benefícios assistenciais, previdenciários do regime geral da previdência social e de servidores públicos.

§ 2.º À 2.ª Seção cabe o processo e julgamento dos feitos relativos a:

I – matéria penal em geral;

II – improbidade administrativa;

III – desapropriação direta e indireta.

§ 3.º À 3.ª Seção cabe o processo e julgamento dos feitos relativos a:

(STF, HC 96104/MS, Min. Rel. Ricardo Lewandowski, 1.ª Turma, j. 16.06.2010, *DJ* 06.08.2010). No mesmo sentido: STF, HC 94146/MS, Min. Rel. Ellen Gracie, 2.ª Turma, j. 21.10.2008, *DJ* 06.11.2008; STF, HC 91253/MS, Min. Rel. Ricardo Lewandowski, 1.ª Turma, j. 16.10.2007, *DJ* 13.11.2007.

5. Foram consultados os Regimentos Internos disponíveis nos sítios dos TRFs em dezembro de 2010.

I – licitação, contratos administrativos e *atos administrativos* em geral não incluídos na competência de outra seção;

II – concursos públicos;

III – contratos;

IV – direito ambiental;

V – sucessões e registros públicos;

VI – direito das coisas;

VII – responsabilidade civil;

VIII – ensino;

IX – nacionalidade, inclusive a respectiva opção e naturalização;

X – constituição, dissolução e liquidação de sociedades;

XI – propriedade industrial;

XII – Fundo de Garantia do Tempo de Serviço – FGTS.

§ 4.º À 4.ª Seção cabe o processo e julgamento dos feitos relativos a:

I – inscrição em conselhos profissionais, exercício profissional e respectivas contribuições;

II – impostos;

III – taxas;

IV – contribuições de melhoria;

V – contribuições sociais e outras de natureza tributária, exceto as contribuições para o FGTS;

VI – empréstimos compulsórios;

VII – preços públicos;

VIII – questões de direito financeiro.

§ 5.º *Os feitos relativos a nulidade e anulabilidade de atos administrativos serão de competência da seção a cuja área de especialização esteja afeta a matéria de fundo, conforme parágrafos anteriores.*

§ 6.º Para efeito de definição de competência, deverá ser levado em consideração, prioritariamente, o pedido; havendo cumulação de pedidos, prevalecerá o principal.

§ 7.º *Os feitos que versarem sobre multas serão da competência da seção que tratar da matéria de fundo.*

b) *Regimento Interno do TRF da 2.ª Região*

Art. 13. Compete às Seções Especializadas, e suas respectivas Turmas, processar e julgar:

I – à 1.ª Seção Especializada, as matérias penal, previdenciária e de propriedade intelectual, bem como os *habeas corpus*, decorrentes de matéria criminal;

II – à 2.ª Seção Especializada, a matéria tributária, inclusive contribuições, bem como as ações trabalhistas remanescentes, e os *habeas corpus* relativos à prisão de natureza civil por Juiz, em processo de natureza tributária;

III – à 3.ª Seção Especializada, as matérias administrativas e todas as que não estiverem compreendidas na competência das outras Seções Especializadas, incluindo-se os *habeas corpus* relativos à prisão de natureza civil, quando não prevista na competência das outras Turmas.

c) Regimento Interno do TRF da 3.ª Região (com as Emendas Regimentais n. 1 a 11)

Art. 10. A competência das Seções e das respectivas Turmas, que as integram, é fixada em função da matéria e da natureza da relação jurídica litigiosa.

[...]

§ 2.º À Segunda Seção cabe processar e julgar os feitos relativos ao direito público, ressalvados os que se incluem na competência da Primeira e Terceira Seções, dentre outros:

[...]

III – *nulidade e anulabilidade de atos administrativos*, excetuada a matéria da Primeira e Terceira Seções;

d) Regimento Interno do TRF da 4.ª Região

Art. 2.º [...]

§ 2.º O Tribunal tem quatro Seções, presididas pelo Desembargador Federal Vice-Presidente, especializadas por matéria em função da relação jurídica litigiosa, com a seguinte competência:

[...]

II – à Segunda Seção, integrada pelas 3.ª e 4.ª Turmas, constituídas por três Desembargadores Federais cada, compete processar e julgar os *feitos de natureza administrativa*, civil e comercial, *bem como os demais feitos não compreendidos na competência das Primeira, Terceira e Quarta Seções*;

O Regimento Interno do TRF 5.ª Região, até o fechamento da pesquisa, não possuía disposições pertinentes.

A falta de clareza quanto à competência de Seção ou Turma especializada para processar e julgar casos sobre decisões do CADE e de agências pode levar a conflitos de competência dentro do Tribunal, acarretando maior demora no julgamento dos recursos. Nesse sentido, a pesquisa *Revisão judicial das decisões do Conselho Administrativo de Defesa Econômica (CADE)*, realizada pela Sociedade Brasileira de Direito Público[6], mostrou a ocorrência, em casos sobre decisões do CADE, de discussões sobre a competência das Seções do TRF da 1.ª Região diante da anterior redação de seu Regimento Interno, conforme a qual, de um lado, caberia à Terceira Seção processar e julgar feitos relativos a atos administrativos, e de outro lado, caberia à Quarta Seção processar e julgar os feitos relativos a multas de qualquer natureza. A partir da análise desses conflitos de competência, o referido estudo observou uma flexibilização na especialização prevista no Regimento Interno do Tribunal, com ambas as Seções se julgando competentes para apreciar demandas sobre decisões do CADE.

No Superior Tribunal de Justiça, existem três áreas de especialização em razão da matéria. O processamento e julgamento de feitos relativos à "nulidade ou anulabilidade de atos administrativos" (art. 9.º, § 1.º, II, do Regimento Interno), a "multas de qualquer natureza" (art. 9.º, § 1.º, X, do Regimento Interno) e a "direito público em geral" (art. 9.º, § 1.º, XIII, do Regimento Interno) cabe à Primeira Seção.

No que se refere à competência territorial, julgados do STJ afirmam que ações contra autarquias da União devem ser ajuizadas no foro da sede da pessoa jurídica demandada ou de sua sucursal ou agência, aplicando-se a regra do art. 100, IV, *a* e *b*, do CPC[7-8]. Existindo dois ou mais réus com diferentes

---

6. Cf. Almeida, 2011, p. 66-69.
7. "Art. 100. É competente o foro: [...] IV – do lugar: a) onde está a sede, para a ação em que for ré a pessoa jurídica; b) onde se acha a agência ou sucursal, quanto às obrigações que ela contraiu; [...]".
8. "*Processual civil. Administrativo. Autarquia federal. Foro competente. Art. 100, inciso IV, alíneas 'a' e 'b' do CPC. Embargos de Declaração. Omissão configurada.* 1. As Autarquias Federais podem ser demandadas no foro da sua sede ou naquele da agência ou sucursal, em cujo âmbito de competência ocorreram os fatos da causa (art. 100, inciso IV, alíneas 'a' e 'b' do CPC), desde que a lide não envolva obrigação contratual [...]" (STJ, EDcl no AgRg no REsp 1168429/RS, Min. Rel. Luiz Fux, 1.ª Turma, j. 02.09.2010, *DJ* 23.09.2010). No mesmo sentido: STJ, REsp 624264/SC, Min. Rel. João Otávio de Noronha, j. 06.02.2007, *DJ* 27.02.2007; STJ, REsp 835700.SC, Min. Rel. Teori Albino Zavascki, 1.ª Turma, j. 15.08.2006, *DJ* 31.08.2006; STJ, REsp 664118.RS, Min. Rel. Castro Meira, 2.ª Turma, j. 18.05.2006, *DJ* 30.05.2006; AgRg no REsp 807610.DF, Min. Rel. Gilson Dipp, 5.ª Turma, j. 04.04.2006, *DJ* 08.05.2006.

domicílios, a ação poderia ser proposta no foro de qualquer deles, à escolha do autor (art. 94, § 4.º, do CPC[9]). De qualquer forma, a competência territorial é relativa, admitindo modificação caso a incompetência não seja arguida pela autarquia ré.

Já na jurisprudência do STF há decisões admitindo a aplicabilidade do art. 109, § 2.º, da Constituição[10] às autarquias federais, entendendo, portanto, ser possível a propositura de ação em face de autarquia federal na Seção Judiciária em que for domiciliado o autor, naquela onde houver ocorrido o ato ou fato que deu origem à demanda ou onde esteja situada a coisa, ou, ainda, no Distrito Federal. Vale transcrever trecho de decisão monocrática do Min. Marco Aurélio a esse respeito:

> *Competência – Ação movida contra autarquia – Alcance do § 2.º do artigo 109 da Constituição Federal – Observância – Recurso Extraordinário – Negativa de seguimento.*
>
> 1. O Tribunal Regional Federal da 4.ª Região negou acolhida a pedido formulado em agravo, ante fundamentos assim sintetizados (folha 80):
>
> *Administrativo. Agravo de Instrumento. Processual civil. Exceção de incompetência. Ação contra autarquia federal.*
>
> 1. Consabidamente, às autarquias federais deve ser dado tratamento idêntico ao da União. Portanto, não devem elas ter privilégio de foro maior do que o concedido pela Constituição Federal à União no § 2.º do art. 109 da Constituição Federal. Por isso, pode o autor, nos termos do § 2.º supra, quando ajuizar demanda contra autarquia federal, escolher entre os seguintes foros: a) seção judiciária em que for domiciliado o autor; ou b) seção judiciária onde houver ocorrido o ato ou fato que deu origem à demanda; ou c) onde esteja situada a coisa; ou d) no Distrito Federal.
>
> 2. Portanto, havendo vara federal na cidade do interior onde tem o autor seu domicílio, não se poderá obrigá-lo a acionar as autarquias federais somente nas suas sedes ou sucursais, como quer o agravado, sob

---

9. "Art. 94. A ação fundada em direito pessoal e a ação fundada em direito real sobre bens móveis serão propostas, em regra, no foro do domicílio do réu. [...] § 4.º Havendo dois ou mais réus, com diferentes domicílios, serão demandados no foro de qualquer deles, à escolha do autor."
10. "As causas intentadas contra a União poderão ser aforadas na seção judiciária em que for domiciliado o autor, naquela onde houver ocorrido o ato ou fato que deu origem à demanda ou onde esteja situada a coisa, ou, ainda, no Distrito Federal."

pena de inversão, contra o jurisdicionado, do privilégio consagrado na Constituição[11].

Vale ainda lembrar que algumas ações têm regras específicas para a definição da competência territorial. É o caso da ação civil pública que, de acordo com o art. 2.º da Lei 7.347/1985, deve ser ajuizada no foro do local onde ocorrer o dano.

Outra questão relevante diz respeito às regras sobre a concessão de liminares contra o CADE e as agências. A Lei 8.437/1992 regula a concessão de medidas cautelares contra atos do Poder Público. Há, em primeiro lugar, a previsão de que a liminar não pode ser concedida (i) nas situações em que a lei vedar o mandado de segurança (art. 1.º, *caput*), (ii) quando estiver sendo impugnado ato de autoridade sujeita, na via de mandado de segurança, a competência originária, exceto nos processos de ação popular e de ação civil pública (art. 1.º, §§ 1.º e 2.º), (iii) quando esgotar, no todo ou em parte, o objeto da ação (art. 1.º, § 3.º), e (iv) para deferir a compensação de créditos tributários ou previdenciários (art. 1.º, § 5.º).

Em segundo lugar, a Lei 8.437/1992 exige que, no mandado de segurança coletivo e na ação civil pública, a liminar seja apenas concedida, quando cabível, após a audiência do representante judicial da pessoa jurídica de direito público, que deverá se pronunciar no prazo de 72 horas (art. 2.º). A regra diz respeito apenas a essas ações coletivas, e há julgados do STJ e dos TRFs afirmando que ela não se estende a ações individuais[12].

---

11. STF, RE 527498/SC, Min. Rel. Marco Aurélio, decisão monocrática, j. 03.11.2010, *DJ* 25.11.2010. No mesmo sentido: *"Ementa: Constitucional. Processual civil. Competência da Justiça Federal. Aplicabilidade do art. 109, § 2.º, da Constituição às autarquias federais.* I – A jurisprudência do Supremo Tribunal Federal tem entendido pela aplicabilidade do disposto no art. 109, § 2.º, da Constituição às autarquias federais. II – Agravo regimental desprovido" (STF, RE 499093, Min. Rel. Ricardo Lewandowski, 1.ª Turma, j. 09.11.2010, *DJ* 24.11.2010). Assim também se decidiu em caso envolvendo a ANS (STF, Rcl 5577 ED/RJ, Min. Rel. Menezes Direito, Tribunal Pleno, j. 16.04.2009, *DJ* 20.08.2009: "De acordo com o artigo 109, § 2.º, da Constituição Federal, é legítima a opção da autora de que o feito seja processado no foro de seu domicílio, em Brasília-DF"); o IBAMA (STF, RE 234059. AL, Min. Rel. Menezes Direito, 1.ª Turma, j. 02.09.2008, *DJ* 20.11.2008); e o INSS (STF, RE 484235 AgR/MG, Min. Rel. Ellen Gracie, 2.ª Turma, j. 25.08.2009, *DJ* 18.09.2009).

12. "Destaque-se ainda que o art. 2.º da Lei 8.437/92, apenas impõe como norma cogente a audiência da pessoa jurídica de direito público nos casos de mandado de segurança e ação civil pública, o que não é a hipótese dos autos. Mas, ainda que se pudesse aplicar tal regra, por analogia, como fez o Tribunal de 2.º grau,

Por fim, essa lei possibilita que o Presidente do Tribunal suspenda em despacho fundamentado a execução da liminar, a requerimento do Ministério Público ou da pessoa jurídica de direito público interessada, em caso de manifesto interesse público ou flagrante ilegitimidade, e para evitar grave lesão à ordem, à saúde, à segurança e à economia públicas (art. 4.º). O pedido de suspensão ao Presidente do Tribunal é também previsto pelo art. 15 da Lei 12.016/2009[13].

> às liminares concedidas em ação popular, o comando legal impõe a necessidade de audiência do representante judicial da pessoa jurídica de direito público para pronunciamento no prazo de 72 (setenta e duas) horas" (STJ, REsp 693110/MG, Min. Rel. Eliana Calmon, 2.ª Turma, j. 06.04.2006, *DJ* 22.05.2006, trecho do voto da Min. Relatora). "O legislador infraconstitucional não exigiu a oitiva do representante da pessoa jurídica de direito público quando a ação for popular. A exigência alcança – à luz do art. 2.º da Lei n. 8.437/92 – apenas as ações de mandado de segurança e ação civil pública. Além disso, é regra básica da hermenêutica jurídica que as normas que instituem privilégios – como é o caso da inserta no art. 2.º da Lei n. 8.437/92 – devem ser interpretadas restritivamente, e nunca ampliativamente" (STJ, REsp 147869/SP, Min. Rel. Adhemar Maciel, 2.ª Turma, j. 20.10.1997, *DJ* 17.11.1997, trecho do voto do Min. Relator). "Somente em se tratando de mandado de segurança coletivo é que a Lei 8437/92, artigo 2.º, exige a audiência com o representante judicial da União" (TRF4, AG 200004010258905, Rel. Des. Luiza Dias Cassales, 3.ª Turma, *DJ* 12.07.2000). "O ato judicial atacado, ao conceder a liminar em ação popular, não afrontou o art. 2.º da Lei n. 8437/92, que só permite a concessão de medida liminar após a audiência do representante da pessoa jurídica de direito público, pois que este dispositivo refere-se a ação civil pública e ao mandado de segurança coletivo" (TRF4, AGMS 9204357290, Rel. Des. Fernando Jardim de Camargo, 3.ª Turma, *DJ* 12.05.1993). "A regra inscrita no art. 2.º da lei antes mencionada – a qual dispõe que, no mandado de segurança coletivo e na ação civil pública, a liminar somente pode ser concedida após a audiência do representante judicial da pessoa jurídica de direito público – não se aplica à ação mandamental individual" (TRF1, AGTAG 2007.01.00.000216-1/MA, Rel. Des. Fagundes de Deus, 5.ª Turma, *DJ* 17.05.2007).

13. "Art. 15. Quando, a requerimento de pessoa jurídica de direito público interessada ou do Ministério Público e para evitar grave lesão à ordem, à saúde, à segurança e à economia públicas, o presidente do tribunal ao qual couber o conhecimento do respectivo recurso suspender, em decisão fundamentada, a execução da liminar e da sentença, dessa decisão caberá agravo, sem efeito suspensivo, no prazo de 5 (cinco) dias, que será levado a julgamento na sessão seguinte à sua interposição. § 1.º Indeferido o pedido de suspensão ou provido o agravo a que se refere o *caput* deste artigo, caberá novo pedido de suspensão ao presidente do tribunal competente para conhecer de eventual recurso especial ou extraordinário. § 2.º É cabível também o pedido de suspensão a que se refere o § 1.º deste artigo, quando

Nos termos do art. 1.º da Lei 9.494/1997, o disposto nos suprarreferidos arts. 1.º e 4.º da Lei 8.437/1992 aplica-se também à tutela antecipada prevista nos arts. 273 e 461 do Código de Processo Civil. Já a regra da oitiva prévia do representante judicial da pessoa jurídica de direito público, prevista no art. 2.º da Lei 8.437/1992 para as ações coletivas, não é estendida à antecipação de tutela pela Lei 9.494/1997.

4.2. A estrutura de representação judicial

A partir de informações extraídas de entrevistas realizadas com o Procurador-Geral Federal e com Procuradores-Gerais das agências reguladoras e do CADE, descreveremos como se dá a representação desses órgãos no Judiciário e apresentaremos as percepções de seus representantes a respeito do controle judicial de decisões dessas entidades.

A representação judicial da União compete à AGU, nos termos do art. 131 da Constituição, que não faz distinção entre administração pública direta e indireta. A Lei Orgânica da AGU (Lei Complementar 73, de 10 de fevereiro de 1993) previu que as procuradorias e departamentos jurídicos seriam órgãos vinculados à AGU. À época, cada autarquia possuía procuradoria própria, com quadro de procuradores, considerada órgão vinculado à AGU. Chegaram a existir cerca de 200 órgãos vinculados à AGU.

Com a Medida Provisória 2048-26, de 29 de julho de 2000, criou-se a carreira de Procurador Federal, cujos membros incumbem-se da representação judicial das autarquias, conforme lotação e distribuição pelo Advogado-Geral da União, tendo sido os cargos de Procurador autárquico e assistente jurídico de autarquias transformados nos cargos de Procurador Federal.

Posteriormente, foi editada a Lei 10.480, de 2 de julho de 2002, que criou a Procuradoria-Geral Federal, vinculada à AGU, à qual se transferiu a atribuição de representar judicial e extrajudicialmente as autarquias, realizar as respectivas atividades de consultoria e assessoramento jurídicos e apurar a li-

---

negado provimento a agravo de instrumento interposto contra a liminar a que se refere este artigo. § 3.º A interposição de agravo de instrumento contra liminar concedida nas ações movidas contra o poder público e seus agentes não prejudica nem condiciona o julgamento do pedido de suspensão a que se refere este artigo. § 4.º O presidente do tribunal poderá conferir ao pedido efeito suspensivo liminar se constatar, em juízo prévio, a plausibilidade do direito invocado e a urgência na concessão da medida. § 5.º As liminares cujo objeto seja idêntico poderão ser suspensas em uma única decisão, podendo o presidente do tribunal estender os efeitos da suspensão a liminares supervenientes, mediante simples aditamento do pedido original."

quidez e certeza dos créditos inerentes às suas atividades, inscrevendo-os em dívida ativa, para fins de cobrança amigável ou judicial.

A Procuradoria-Geral Federal incorporou em sua estrutura, como órgãos de execução, as procuradorias, os departamentos jurídicos, as consultorias jurídicas e as assessorias jurídicas das autarquias. Os ocupantes da carreira de Procurador Federal passaram a integrar quadro próprio da Procuradoria-Geral Federal. Ficaram mantidos os órgãos jurídicos de autarquias de âmbito nacional na qualidade de Procuradorias Federais especializadas, e foram instaladas Procuradorias Federais nas capitais dos Estados, Procuradorias Seccionais no interior dos Estados (fora das capitais) e Procuradorias Regionais nas sedes dos Tribunais Regionais Federais.

Desde então, a Procuradoria-Geral Federal tem-se estruturado buscando alcançar um modelo no qual a representação judicial das autarquias seja exercida por unidades centralizadas de contencioso e os Procuradores Federais atuantes junto às autarquias fiquem incumbidos, de um lado, dos serviços de consultoria e assessoramento jurídico à entidade, e de outro, da definição das linhas de defesa da entidade em juízo. Assim, no que se refere à atuação no Judiciário, a regra é a condução dos processos pelas unidades de contencioso, embora as teses e argumentos sejam definidos pelos Procuradores-Gerais de cada autarquia.

Porém, em alguns casos, que consideram especialmente relevantes, os Procuradores-Gerais das autarquias requerem os processos para a representação judicial direta. O CADE, particularmente, avoca todos os processos em curso em Brasília referentes à sua atividade fim[14]. Essa liberdade dos Procuradores-Gerais das autarquias existe até a segunda instância, pois a competência para realizar a representação judicial perante os Tribunais Superiores é do Procurador-Geral Federal, consoante o art. 11, § 2.º, II, da Lei 10.480/2002. Ainda assim, mesmo perante os Tribunais superiores, o mérito da defesa continua sendo definido pelo Procurador-Geral da autarquia.

A distribuição de processos dentro da Procuradoria-Geral Federal se dá por matéria. Existem 11 áreas temáticas de contencioso: (i) previdenciário (o grande volume de processos da AGU – 4 milhões de ações); (ii) desapropria-

14. Por esta razão, os procuradores internos do CADE, ao contrário dos procuradores internos das agências reguladoras, possuíam registro rigoroso do rol de processos judiciais relacionados a cada decisão administrativa, o que possibilitou, nesta pesquisa, a constituição de uma segunda base de dados voltada à estimação da probabilidade de judicialização das decisões administrativas, que observa todas as decisões administrativas passíveis de judicialização, mesmo aquelas que não resultaram em processos judiciais (cf. Capítulo 5, seção 5.1.1).

ção e reforma agrária; (iii) assuntos indígenas; (iv) meio ambiente; (v) infraestrutura (inclui casos relativos a decisões de agências reguladoras que têm atuação nos setores de infraestrutura); (vi) desenvolvimento econômico (inclui casos relativos a decisões da CVM, da SUSEP e do CADE); (vii) ações de servidores públicos; (viii) cobrança e recuperação de créditos (qualquer ação de recuperação ou cobrança, de taxa ou multa); (ix) contencioso do patrimônio das entidades (questões envolvendo patrimônio imobiliário, licitações e contratos); (x) educação (assuntos das universidades federais e distritos federais de educação tecnológica); e (xi) saúde (inclui casos relativos a decisões das agências reguladoras da área de saúde, ANS, ANVISA e FUNASA).

Desse modo, os processos relativos às agências reguladoras e ao CADE são distribuídos dentro da Procuradoria-Geral Federal de acordo com a área de atuação da autarquia (infraestrutura, saúde ou desenvolvimento econômico), criando um desmembramento entre agências e a separação em relação à autoridade antitruste, que dificulta a especialização. A Procuradoria Geral do CADE difere das demais na medida em que avoca o acompanhamento de todos os casos judiciais envolvendo o CADE. Tal política permite maior organização (o que possibilitou, inclusive, a realização de análises quantitativas mais específicas e diferenciadas sobre a revisão das decisões do CADE nessa pesquisa) e cria "memória" das questões e precedentes relevantes, além de conferir proximidade maior com órgãos técnicos e Conselheiros da autarquia (que não raro acompanham os procuradores em audiências com juízes), o que traz maior especialização, fator que aponta para melhor qualidade e contribuição para o enfrentamento das questões técnicas pelo Judiciário. Deve-se ponderar, todavia, que o volume de casos para algumas agências é muito superior ao do CADE, fator que pode dificultar a réplica desse modelo.

Um problema identificado na representação das agências reguladoras está na falta de sistematização da jurisprudência e dos casos nos quais atua. Foram encontradas dificuldades em compilar os casos a partir dos arquivos fornecidos pelos procuradores. Não há clareza quanto ao critério de separação entre os casos que serão representados pelos procuradores junto às autarquias e aqueles acompanhados pela Advocacia Geral. Também não há – ao menos não nos foi disponibilizado – um banco de dados geral sobre decisões envolvendo agências reguladoras, e nem mesmo em cada divisão da Procuradoria é possível garimpar com segurança uma base completa de casos em andamento ou já julgados referentes a uma determinada agência. Uma exceção é dada pelos casos judiciais envolvendo o CADE, todos representados pela própria Procuradoria da autarquia. Sua base de dados está perfeitamente organizada, indexada com relação aos processos administrativos a que se refere, o que permitiu que se avançasse na pesquisa para elaborar uma análise dos fatores que levam à judicialização de processos administrativos que tramitam naquele órgão (cf. Capítulo 5, seção 5.3).

4.3. A percepção dos representantes legais

A partir de entrevistas realizadas com os Procuradores-Gerais do CADE e das agências reguladoras federais, obteve-se um panorama das impressões dos defensores dessas autarquias em juízo sobre a atuação do Judiciário.

Em termos gerais, a morosidade do Judiciário na apreciação das decisões administrativas é uma crítica comum, com especial ênfase no caso do CADE, em que o questionamento judicial ocorre depois da decisão administrativa final. A crítica condiz com aquela identificada na revisão da literatura (Capítulo 2, seção 2.2.1). Uma estimativa do tempo de tramitação desses casos no Judiciário consta no Capítulo 5, seção 5.2.1.

Outro aspecto da atuação judicial muito criticado diz respeito à concessão de liminares com graves efeitos sobre a atividade pública. Estas engessariam a atividade das agências ao impedirem a realização de licitações para a outorga de serviços, vedariam a fiscalização de agentes regulados, impediriam a intervenção da agência em operadoras que, pela percepção da agência, não têm condição de atuar e confeririam permissão para atuar no mercado a agentes percebidos pela agência como incapazes de prestar o serviço. Os procuradores opõem-se particularmente à concessão de liminares sem a prévia oitiva da agência, o que, segundo eles, ocorreria com frequência. Nesse estudo, considerou-se como indicador de incerteza jurídica a mudança de *status* da decisão administrativa, isto é, as decisões liminares que suspendem ou alteram o efeito da decisão administrativa e são posteriormente revertidas (cf. Capítulo 5, seção 5.2.2).

Alguns procuradores afirmaram ser frequente o questionamento em juízo e a apreciação judicial do mérito da atuação da agência, e criticam a ausência de embasamento técnico nas decisões, em virtude do desconhecimento técnico do juiz sobre a matéria regulada pela agência. Esse aspecto é discutido por meio de análise qualitativa de decisões judiciais sobre decisões das agências e do CADE (cf. Capítulo 6).

Contudo, há uma percepção generalizada de que a grande maioria das decisões judiciais resultaria em confirmação da decisão da agência, e de que as decisões de primeira instância contrárias às agências, especialmente liminares, seriam frequentemente reformadas pelos Tribunais superiores, percepções estas confirmadas neste estudo por meio de análise quantitativa (cf. Capítulo 5, seções 5.2.1 e 5.2.2). Segundo os procuradores, o STJ estaria exercendo um papel protagonista em pacificar a jurisprudência sobre assuntos que envolvem as agências, com a assunção de limites para a revisão judicial das decisões destas últimas, e o reflexo disto já estaria sendo percebido nos Tribunais regionais e em primeira instância. Ademais, na maioria das agências não é considerado alto o índice de judicialização, embora alguns casos possam afetar substancialmente a agência. Essa percepção não é positiva do ponto de vista do controle judicial da atuação das agências, pois a expectativa de que o Judiciário é pouco procurado e que, quando o é, raramente modifica as decisões, pode abrir espaço para a politização das agências e para o arbítrio, protegido pelo véu da discricionariedade e da complexidade técnica das decisões.

Houve quem indicasse causas para a judicialização que poderiam ser atribuídas à própria agência ou ao Poder Executivo na definição de políticas públicas, como por exemplo o grau de transparência, ou a incapacidade de os instrumentos atuais da agência tornarem mais efetivas as suas decisões. Tentaremos verificar se se confirma a hipótese de que a transparência das decisões administrativas reduz a contestação judicial pela análise quantitativa (Capítulo 5, seções 5.2.1 e 5.2.2), abordando-a também, embora de maneira ilustrativa, na análise qualitativa (Capítulo 6).

Apontou-se ser necessário um trabalho das próprias agências para um amadurecimento em relação à sua atuação e geração de confiança para o Judiciário. Também nessa esfera, os mecanismos de negociação e acordo com agentes privados foram indicados como passíveis de reduzir a judicialização, conforme as experiências do CADE e da CVM, principalmente. O efeito da política do CADE de fomento a soluções negociadas sobre a taxa de judicialização é analisado no Capítulo 5, seção 5.3.

Algumas das sugestões apresentadas pelos procuradores para mitigação dos efeitos negativos da judicialização das decisões das agências são: (a) criar Varas especializadas na matéria regulada; (b) não deferir liminares em matéria regulada sem a prévia oitiva da agência, ainda que com prazo reduzido; (c) impedir a judicialização de dada questão antes de exaurida a instância administrativa; (d) criar mecanismos para intercâmbio de informações entre Judiciário e agências, também visando a uma difusão de conhecimentos – por exemplo, por meio da realização de seminários, com exposições pelas agências para o Judiciário; (e) aplicar sanções para inibir lides temerárias ajuizadas exclusivamente para postergar o cumprimento de decisão da agência, por exemplo, quando a matéria já tiver sido objeto de decisões transitadas em julgado.

Capítulo 5

Um estudo empírico sobre a revisão judicial no Brasil

5.1. Introdução

As percepções dos operadores do direito a respeito dos custos da revisão judicial nem sempre são convergentes. Como agravante, muito raramente as opiniões são fundamentadas em dados representativos do sistema judiciário, sendo mais frequentemente realçadas as luzes – e idiossincrasias – de casos emblemáticos porém pouco representativos. Este é o motivo que torna necessário o esforço de pesquisa empírico, por meio de coleta e análise sistemática de dados sobre os custos da revisão judicial de decisões administrativas de agências reguladoras e do CADE. Para tanto, foram utilizadas duas bases de dados: uma qualitativa, cuja metodologia e resultados são expostos no próximo capítulo; e uma quantitativa, objeto do presente capítulo.

A base de dados quantitativa contempla dois conjuntos de dados: um voltado a mensurar as variáveis de custo e incerteza jurídica da revisão judicial de decisões de agências reguladoras, e o outro voltado à estimação da probabilidade de judicialização das decisões administrativas. As bases se complementam, mas diferem em um aspecto essencial. No caso da segunda, é necessário observar todas as decisões administrativas passíveis de judicialização, mesmo aquelas que não resultaram em processos judiciais. No caso da primeira, o universo de pesquisa consiste nos casos judicializados, estratificados por agência reguladora, a fim de permitir conclusões específicas para cada agência e setor regulado.

A delimitação do objeto exigiu exame de todos os processos judiciais que envolviam as agências reguladoras objeto da pesquisa. A motivação essencial da análise quantitativa é permitir generalizações válidas para todo esse universo, evitando qualquer viés que possa ser sugerido pela análise casuística. Uma vez que o presente trabalho tem por objetivo final a proposição de políticas de caráter geral, a análise quantitativa assume importância ímpar por permitir medidas de custos da revisão judicial e de incerteza jurídica representativas do todo da experiência brasileira. Tais análises são, ademais, absolutamente originais, visto não haver pesquisa anterior que gerasse base de dados comparável, o que exigiu esforço substancial da pesquisa de campo. A descrição detalhada dos procedimentos de amostragem e delimitação do objeto é apresentada no Anexo.

As variáveis coletadas em cada processo judicial foram selecionadas conforme as hipóteses discriminadas por ocasião da primeira fase do relatório da corrente pesquisa, sendo o esforço central a mensuração de indicadores de custo da revisão judicial e de insegurança jurídica.

As hipóteses podem ser divididas em dois grupos, versando, respectivamente, sobre as causas da ocorrência de recurso ao Judiciário em matéria regulatória e concorrencial e sobre os efeitos da judicialização na eficácia da decisão administrativa e na eficiência da decisão judicial. No primeiro grupo, as hipóteses tipicamente estabelecem uma relação de causalidade entre características do processo administrativo, bem como das ações da agência de regulação ou de concorrência, e a ocorrência de recurso ao Judiciário. O propósito desse conjunto de hipóteses é compreender que elementos levam à judicialização, o que oferece subsídios para políticas judiciais e regulatórias com o objetivo de reduzir a redundância e ineficiência da atividade judicante. São seis as hipóteses levantadas nesse primeiro grupo, conforme discriminação a seguir.

H1: Quanto maior o valor da causa em jogo, maior a probabilidade de judicialização.

H2: Quanto maior o grau de intervenção da decisão administrativa, maior a probabilidade de ocorrência de recurso ao Judiciário.

H3: A existência de falhas processuais, em particular a ofensa ao devido processo legal, constitui causa relevante para recurso ao Judiciário.

H4: A qualidade, a legalidade e a transparência das decisões administrativas reduzem as oportunidades de recursos, reduzindo a contestação judicial.

H5: Quanto menor o grau de controvérsia das decisões administrativas, mensurado pela existência ou não de decisão por unanimidade, menor a probabilidade de ocorrência de recurso ao Judiciário.

H6: Eventual inação da Administração Pública, dado o problema do *tempo decisório*, deve causar recurso ao Judiciário, como forma de acesso a direito não atendido na esfera administrativa.

O segundo grupo de hipóteses estabelece a relação entre características do funcionamento do Poder Judiciário e efeitos sobre a eficácia de decisão administrativa e a eficiência das decisões judiciais, sendo discriminadas a seguir.

H7: A suspensão de *cautelares administrativas* pelo Judiciário mitiga a eficácia da decisão administrativa e amplia os incentivos para se recorrer ao Judiciário como expediente protelatório.

H8: A suspensão *cautelar de decisões administrativas finais* pelo Judiciário igualmente dificulta a eficácia da decisão administrativa e pode amplificar a incerteza jurídica.

H9: Peculiaridades do sistema recursal brasileiro criam incentivos à ocorrência de recursos protelatórios, reduzindo a eficiência da decisão judicial.

H10: A ausência de expertise sobre matéria regulatória e concorrencial tem implicações sobre a qualidade das decisões judiciais, o que, por sua vez, pode amplificar a incerteza jurídica, quando há decisão de mérito, ou restringir a decisão judicial a questões processuais/procedimentais.

Parte relevante dessas hipóteses não pode ser testada quantitativamente porque incluem *constructos* não passíveis de uma redução à escala numérica, devendo, portanto, receber tratamento qualitativo. Este é o caso, por exemplo, das Hipóteses *H3*, *H4* e *H10*. Em todos esses casos, a hipótese envolve alguma variável não mensurável quantitativamente, como a qualidade da decisão administrativa ou das decisões judiciais. Tal limitação foi contornada com uma análise qualitativa, objeto do Capítulo 6, que complementa a análise quantitativa, apresentada neste capítulo. Na análise qualitativa, casos selecionados, analisados em profundidade, permitem explorar as relações causais expressas na forma de hipóteses, de modo a corroborá-las ou a redefini-las.

A análise qualitativa, entretanto, não permite a generalização das conclusões, uma vez que se baseia em número limitado de casos, os quais são, em regra, selecionados com viés deliberado de revelar as particularidades de um caso informativo e interessante. Em contraposição, a análise quantitativa é construída para permitir conclusões gerais, o que pode ser feito com relação às hipóteses que permitiam tal tratamento. Esse foi o caso, por exemplo, das Hipóteses *H2*, *H5*, *H6*, *H8* e *H9*, que, de modo direto ou indireto, puderam ser testadas empiricamente. Duas das hipóteses requereram variáveis a priori quantificáveis, mas que, no exercício da coleta de dados, mostraram-se de quantificação inviável, ao menos de modo generalizado por toda a base de dados. Este foi o caso, por exemplo, da Hipótese *H1*, que prevê a relação entre o valor da causa em jogo e a probabilidade de judicialização. Embora o valor da causa seja, em princípio, quantificável, não foi possível observá-lo em número suficiente de casos, de tal modo que a análise quantitativa restaria prejudicada em face da queda do número de observações. Ainda assim, foram construídos mecanismos alternativos para identificar os casos com maior probabilidade de judicialização.

5.2. Indicadores de custo de revisão judicial e de incerteza jurídica

Por meio da base de dados dos processos judiciais que tratam da revisão judicial de decisões administrativas, foi possível estimar o tempo de tramitação de cada caso e, quando pertinente, o seu desfecho. Nesta seção são apresentados indicadores variados do custo da revisão judicial, acessado pela variável comum e de maior objetividade: o tempo de tramitação de cada processo judicial e de grupos de processos.

Obviamente, o custo da revisão judicial não se resume ao tempo de espera, compreendendo também, no âmbito público, os custos de movimentação do Judiciário, a alocação de custos indiretos do próprio Judiciário, e, no âmbito privado, de contratação de advogados, de dedicação de recursos internos da empresa na representação judicial e de perda social por pendência de decisão. Em sua maior parte, esses custos são de difícil mensuração direta, mas estão fortemente correlacionados com o tempo de tramitação do caso. Por este motivo, esta pesquisa optou por tratar o tempo de tramitação como variável objetiva de representação do custo da revisão judicial, o que, ademais, permite o benefício de quantificação e interpretação mais simples dos resultados.

Tão ou mais importante do que os custos associados ao tempo é a incerteza jurídica associada à revisão judicial, sobretudo se dela decorrer pendência e imprevisibilidade da aplicação definitiva da norma regulatória.

É emblemático o caso da Concentração no Mercado de Chocolates, um dos casos objeto de análise qualitativa no Capítulo 6, em que uma decisão do CADE pela desconstituição da operação – decisão esta aplicada apenas quando se identifica prejuízo irreparável à concorrência decorrente de uma fusão de empresas – permanece pendente após 7 anos de trâmite no Judiciário. Empresas envolvidas, concorrentes e a própria autoridade concorrencial permanecem à espera da decisão final, que sinalizaria aos administrados o padrão de *enforcement* da norma de regulação concorrencial.

Como agravante, a pendência é frequentemente acompanhada de mudança de entendimento do Judiciário a respeito da matéria, seja entre a primeira e a segunda instância, seja em uma mesma instância. Por exemplo, ao conceder um liminar suspendendo efeitos de uma decisão administrativa, um juiz emite um sinal à sociedade, expressando um entendimento, ainda que preliminar, sobre o caso em questão.

Tal ato, ao suspender a decisão administrativa, modifica liminarmente seus efeitos. Se, ao final de sua análise, o mesmo juiz (ou um juiz substituto) entender que as preocupações que ensejaram a concessão da liminar não subsistem após exame minucioso da matéria e concluir para confirmação da decisão regulatória, um novo sinal – conflitante com o primeiro – é emitido pelo Judiciário, o que será também explorado na análise qualitativa do Capítulo 6. Em outras palavras, embora a decisão judicial final confirme a decisão administrativa, durante o período de revisão judicial foram emitidos sinais conflitantes aos administrados e à autoridade regulatória, sinais estes que cumprem o papel central das normas de orientar comportamentos.

Em síntese, à medida que as manifestações do Judiciário modificam o seu próprio entendimento, até então prevalecente, sobre a decisão administrativa, diminui-se a previsibilidade sobre o modo de aplicação da norma regulatória ou concorrencial, o que implica, em última análise, um aumento da incerteza jurídica. A fim de captar esse efeito da revisão judicial – o qual é separável do tempo de tramitação de um dado processo –, foram construídos indicadores de mudança do *status* da decisão administrativa, os quais foram denominados indicadores de insegurança jurídica. Esse mesmo aspecto da revisão judicial é abordado posteriormente, no Capítulo 6, também em uma perspectiva qualitativa e aprofundada em um caso particular, a qual complementa a análise quantitativa aqui empreendida.

5.2.1. Indicadores de custos da revisão judicial

Esta seção apresenta indicadores para cada uma das autarquias selecionadas, com o propósito de diagnosticar mais precisamente quais são os custos da revisão judicial de decisões administrativas de colegiados de agências regulatórias e do CADE. A Tabela 5.1, a seguir, apresenta uma primeira estimativa do custo relacionado ao tempo de tramitação desses casos no Judiciário. Nessa primeira abordagem – que, como se verá adiante, é insuficiente – foram avaliados apenas os casos transitados em julgado, para os quais a duração do processo é uma variável conhecida. Este procedimento é comum e foi também utilizado em pesquisa de Almeida (2011).

A Tabela 5.1 condensa todas essas informações, separando os casos transitados em julgado por autarquia e por forma de desfecho, havendo, para tanto, seis categorias. Em três delas o processo é concluído com exame do mérito: anulação da decisão administrativa, confirmação, reforma parcial. Em outras três, o processo é encerrado sem que haja julgamento de mérito: perda de objeto, abandono da causa e desistência da ação. Por fim, a tabela explicita o número de casos observados para cada categoria, o tempo médio de trâmite em dias e em meses, e a proporção de cada forma de desfecho em relação ao total de transitados em julgado. Na coluna final, "tota", a participação indica a proporção de casos transitados em julgado em relação ao total da amostra.

Tabela 5.1. Transitados em Julgado: tempo médio de tramitação por tipo de desfecho da decisão judicial

Autarquia	Variável	Anula	Confirma	Reforma Parcial	Perda de Objeto	Abandono da Causa	Desistência da Ação	Total
ANA	Número de Casos	0	1	0	0	0	0	1
	Média em Dias		9					9
	Média em Meses		0,3					0,3
	%	-	100%	-	-	-	-	6,3%
ANAC	Número de Casos	0	2	0	4	3	11	20
	Média em Dias		551		268	424	247	308
	Média em Meses		18		9	14	8	10
	%	-	10%	-	20%	15%	55%	32,3%
ANATEL	Número de Casos	1	11	0	0	0	0	12
	Média em Dias	746	638					647
	Média em Meses	25	21					22
	%	8,3%	91,7%	-	-	-	-	10,8%
ANCINE	Número de Casos	1	6	0	0	0	1	8
	Média em Dias	1.167	1.682				142	1.425
	Média em Meses	39	56				5	47
	%	12,5%	75%	-	-	-	12,5%	44,4%
ANEEL	Número de Casos	0	23	0	5	0	9	37
	Média em Dias		988		709		196	758
	Média em Meses		33		24		7	25
	%	-	62,2%	-	13,5%	-	24,3%	34,3%
ANP	Número de Casos	0	5	0	0	0	2	7
	Média em Dias		492				716	556
	Média em Meses		16				24	19
	%	-	71,4%	-	-	-	28,6%	5,5%

Autarquia	Variável	Anula	Confirma	Reforma Parcial	Perda de Objeto	Abandono da Causa	Desistência da Ação	Total
ANS	Número de Casos	0	6	0	3	0	1	10
	Média em Dias		1.644		1.456		8	1.424
	Média em Meses		55		49		0,27	47
	%	-	60%	-	30%	-	10%	6,5%
ANTAQ	Número de Casos	0	10	1	2	0	1	14
	Média em Dias		1.167	1.162	1.569		92	1.147
	Média em Meses		39	39	52	-	3	38
	%	-	71,4%	7,1%	14,3%	-	7,1%	37,8%
ANTT	Número de Casos	0	9	1	0	0	0	10
	Média em Dias		1.039	1.063				1.042
	Média em Meses		35	35				35
	%	-	90%	10%	-	-	-	9,3%
ANVISA	Número de Casos	1	8	2	1	0	12	24
	Média em Dias	1.030	1.342	2.841	600		609	1.056
	Média em Meses	34	45	95	20		20	35
	%	4,2%	33,3%	8,3%	4,2%	-	50%	22,4%
CADE	Número de Casos	9	34	3	0	0	0	46
	Média em Dias	3.301	1.173	1.568				1.615
	Média em Meses	110	39	52				54
	%	19,6%	73,9%	6,5%	-	-	-	15,6%
CVM	Número de Casos	6	12	0	3	0	3	24
	Média em Dias	1.540	1.414		1.661		1.325	1.465
	Média em Meses	51	47	0	55	0	44	49
	%	25%	50%	0%	12,5%	0%	12,5%	13,6%

(continua)

(continuação)

Autarquia	Variável	Anula	Confirma	Reforma Parcial	Perda de Objeto	Abandono da Causa	Desistência da Ação	Total
PREVIC	Número de Casos	0	0	0	0	0	0	0
	Média em Dias							
	Média em Meses							
	%	-	-	-	-	-	-	-
Total	Número de Casos	18	127	7	18	3	40	213
	Média em Dias	2.327	1.117	1.801	984	424	436	1.093
	Média em Meses	78	37	60	33	14	15	36
	%	8,5%	59,6%	3,3%	8,5%	1,4%	18,8%	16,1%

Fonte: Pesquisa de campo.

A primeira informação que chama a atenção é a pequena proporção de casos transitados em julgado para todas as autarquias. Em algumas, como no caso da PREVIC, nem sequer há essa espécie de caso; enquanto em outras, como ANA, ANP e ANS, a proporção de transitados em julgado é inferior a 10% do total de casos observados. Esse resultado é consistente com a criação relativamente recente das agências regulatórias no Brasil, à semelhança de outros países em desenvolvimento, como exposto no Capítulo 3. As agências têm aproximadamente 10 anos de existência, e mesmo o CADE, que, embora tenha sido constituído em 1962, ganhou condições de atuação efetiva apenas após 1994, quando da promulgação da Lei 8.884/1994, que lhe conferiu poderes e condições de atuação.

A incipiência do modelo de regulação de mercados baseado em agências regulatórias e conselhos administrativos impede um exame completo da revisão judicial baseada em casos transitados em julgado, o que poderia ser feito em uma jurisdição centenária como a norte-americana. Por esse motivo, esta pesquisa recorre também às informações, por vezes muito ricas, presentes nas decisões de primeira instância e nos casos em andamento, como se verá mais adiante nesta seção.

Por meio da Figura 5.1, extraída a partir dos dados da Tabela 5.1, é possível notar que a taxa de confirmação é elevada, pois cerca de 60% das decisões administrativas, ao final, são confirmadas pelo Judiciário. A anulação da decisão, bem como a reforma parcial, são muito menos representativas, visto que apenas 11,7% das decisões administrativas sofreram algum tipo de alteração, tendo sido 8,5% anuladas e 3,3% reformadas parcialmente.

Figura 5.1. Transitados em Julgado por Tipo de Desfecho

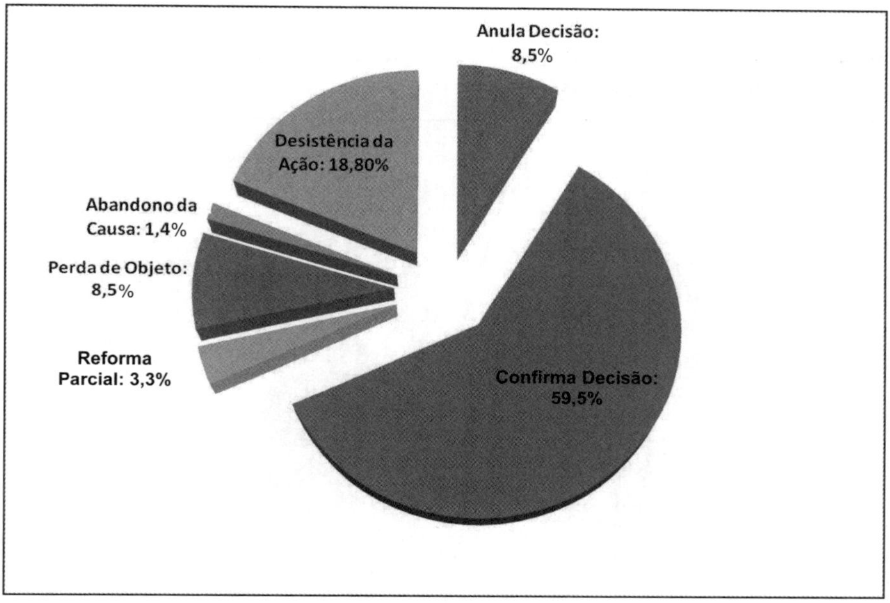

Gráfico de pizza com os seguintes valores:
- Anula Decisão: 8,5%
- Desistência da Ação: 18,80%
- Abandono da Causa: 1,4%
- Perda de Objeto: 8,5%
- Reforma Parcial: 3,3%
- Confirma Decisão: 59,5%

Fonte: Pesquisa de campo.

Em relação aos casos em que houve decisão sobre o mérito, a taxa de confirmação é mais expressiva, perfazendo mais de 80% dos casos, mesmo se não incluídos os casos em que o Judiciário reforma apenas parcialmente a decisão administrativa (Figura 5.2). Essa informação indica, ainda que de modo indireto e precário, que os benefícios diretos da revisão judicial não parecem substanciais. Não se discutem, em abstrato, os benefícios e o papel da revisão judicial em assegurar direitos e maior qualidade do *enforcement* das normas regulatórias e concorrenciais, como nos exemplos discutidos no Capítulo 6.

Entretanto, no caso concreto da revisão judicial no Brasil, a baixa taxa de atuação como revisora de decisões administrativas indica que esse papel não é de relevância expressiva. Tal resultado, aliás, confirma a percepção geral nas agências de que o Judiciário raramente modifica suas decisões, conforme apresentado no Capítulo 4.

Em uma hipótese extrema de perfeita revisão judicial – i.e., que toda modificação das decisões administrativas é adequada –, apenas 17% das decisões são modificadas, diante do custo de postergar o *enforcement* regulatório dos restantes 83% das decisões administrativas. Como se verá adiante, o problema é ainda mais acentuado quando se observam as divergências na taxa de modificação das decisões administrativas entre os transitados em julgado e as decisões em primeira instância.

Figura 5.2. Taxa de Confirmação de Transitados em Julgado com Julgamento de Mérito

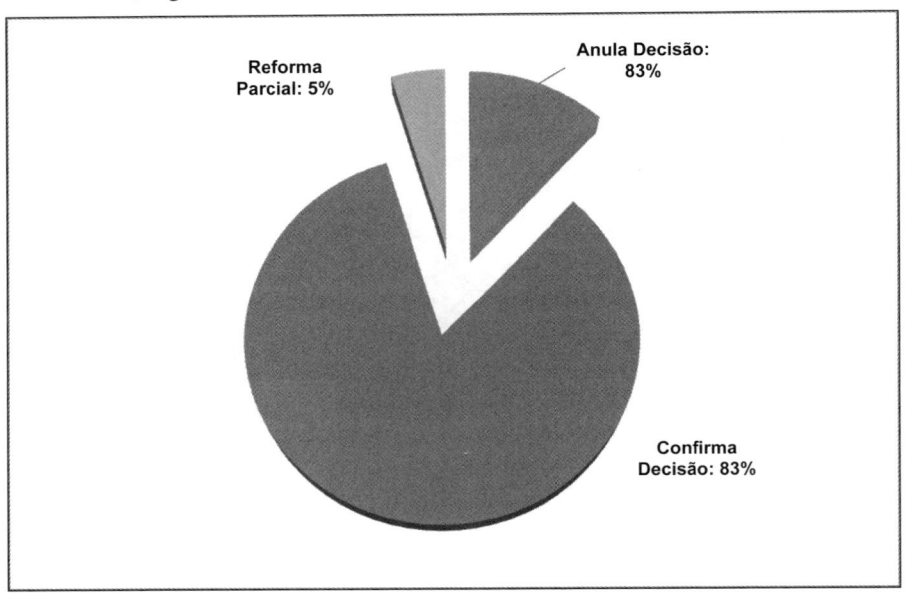

Reforma Parcial: 5%
Anula Decisão: 83%
Confirma Decisão: 83%

Fonte: Pesquisa de campo.

O estudo dos casos transitados em julgado permite identificar uma grande dispersão dos resultados entre as 13 autarquias analisadas. Há, particularmente, três dimensões em que essas diferenças são mais significativas, a saber: (i) número de casos; (ii) taxa de confirmação *versus* anulação da decisão administrativa; e (iii) tempo para a decisão. Cada uma dessas dimensões é aprofundada a seguir.

Número de casos transitados em julgado

Conforme ilustra a Figura 5.3, há grande disparidade entre as várias autarquias na proporção de casos transitados em julgado, o que é mais uma evidência de que o problema da revisão judicial está longe de ser uniforme, de tal modo que indicadores gerais para a revisão judicial, para o conjunto de autarquias, alguns utilizados ao longo deste trabalho, devem ser apreciados com reservas Duas autarquias sequer foram incluídas na análise porque praticamente não têm casos dessa espécie – situação da ANA, com apenas um processo transitado em julgado (e absolutamente atípico, visto que foi concluído em apenas 9 dias), e da PREVIC, que não conta ainda com nenhum caso. Obviamente, com relação a essas autarquias, a restrição da análise aos casos transitados em julgado pouco ou nada informa sobre os custos da revisão judicial.

Figura 5.3. Proporção de Transitados em Julgado por Autarquia

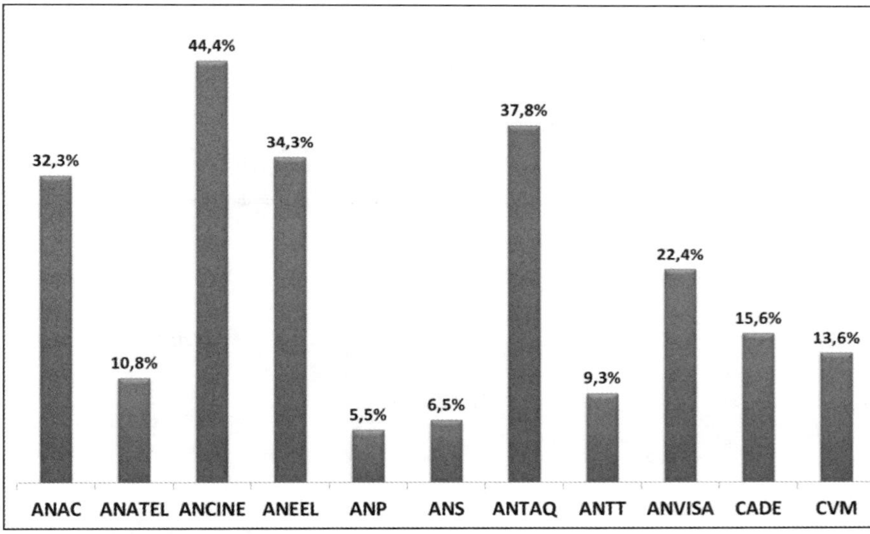

Autarquia	Proporção
ANAC	32,3%
ANATEL	10,8%
ANCINE	44,4%
ANEEL	34,3%
ANP	5,5%
ANS	6,5%
ANTAQ	37,8%
ANTT	9,3%
ANVISA	22,4%
CADE	15,6%
CVM	13,6%

Fonte: Pesquisa de campo.

A análise dos resultados, por autarquia, também revela grande variação entre a proporção de decisões anuladas e confirmadas no Judiciário. Há evidentemente resultados que estão distorcidos pelo tamanho insignificante da amostra. A ANA, por exemplo, possui uma taxa de confirmação de 100% de suas decisões. Esse resultado, entretanto, não permite qualquer conclusão acerca da qualidade de suas decisões, nem do ganho com a revisão pelo Judiciário, pois há apenas um único caso acessível e pertinente à pesquisa, o qual, conforme já mencionado, é incontroversamente atípico.

Com relação à taxa média de confirmação, em relação ao total de casos transitados em julgado, há também grande dispersão entre autarquias, conforme mostra a Figura 5.4. Acima da média de 60%, encontram-se as seguintes autarquias: ANA (100%), ANATEL (92%), ANTT (90%), ANCINE (75%), CADE (74%), ANP (71%), ANTAQ (71%), ANEEL (62%) e ANS (60%). De outro, abaixo da média total, encontram-se: CVM (50%), ANVISA (33%) e ANAC (10%).

Figura 5.4. Taxa de Confirmação de Transitados em Julgado por Autarquia

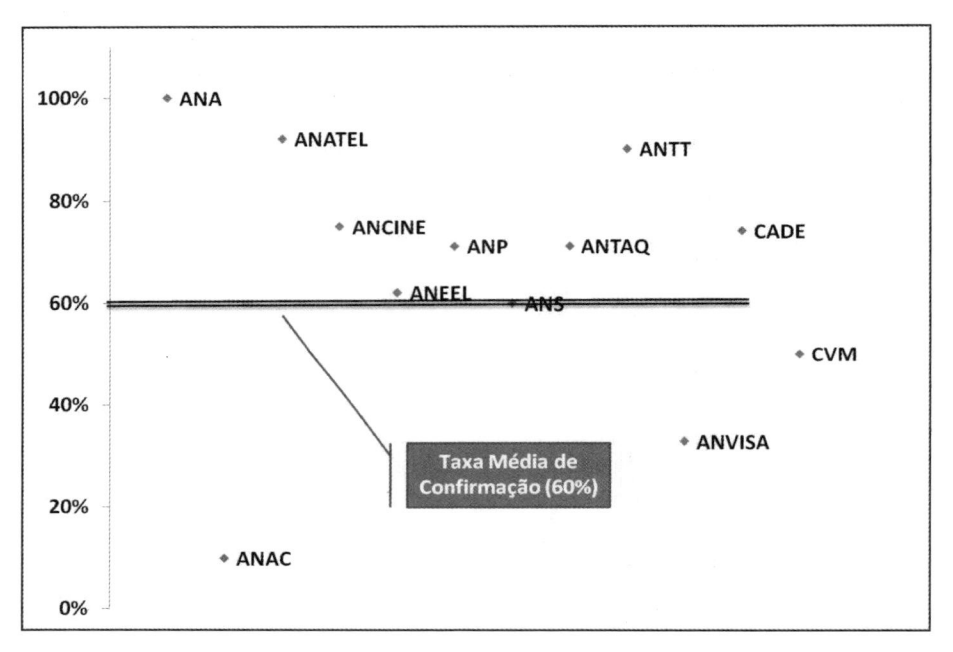

```
100%   ◆ ANA
              ◆ ANATEL              ◆ ANTT
 80%
                    ◆ ANCINE                      ◆ CADE
                         ◆ ANP    ◆ ANTAQ
 60%                  ◆ ANEEL  ◆ ANS
                                          ◆ CVM
 40%
                                   ◆ ANVISA
              Taxa Média de
 20%          Confirmação (60%)
         ◆ ANAC
  0%
```

Fonte: Pesquisa de campo.

A análise da taxa de confirmação estrita, restrita aos casos em que houve análise de mérito, embora informativa, não revela plenamente a magnitude da intervenção judicial. Nas demais cinco formas de desfecho do processo judicial, há três que também não implicam diretamente modificação da decisão administrativa. Abandono da causa, desistência da ação e perda de objeto podem decorrer da constatação de que os motivos para litigar não mais subsistem, sem que tenha havido, necessariamente, modificação da decisão administrativa. No exame detalhado dos processos, há casos em que a perda de objeto, por exemplo, decorre do pagamento da multa devida pelo administrado, em desfecho favorável à autarquia. Não se pode, entretanto, descartar a ocorrência de situações em que a administração, antecipando possível decisão judicial desfavorável, modifique o ato administrativo, implicando o desfecho do processo judicial na forma de perda de objeto[1].

Mesmo não sendo possível concluir que os casos de solução sem julgamento de mérito foram favoráveis à administração, é forçoso reconhecer que neles não houve modificação direta por parte do Judiciário. Por isso, é importante avaliar também a taxa de modificação da decisão administrativa por meio da proporção de processos judiciais que resultam em anulação ou reforma parcial da decisão contestada. Essas informações constam na Figura 5.5, discriminando, mais uma vez, as diferenças entre as autarquias[2].

Figura 5.5. Taxa de Modificação (Anulação e Reforma Parcial) de Transitados em Julgado por Autarquia

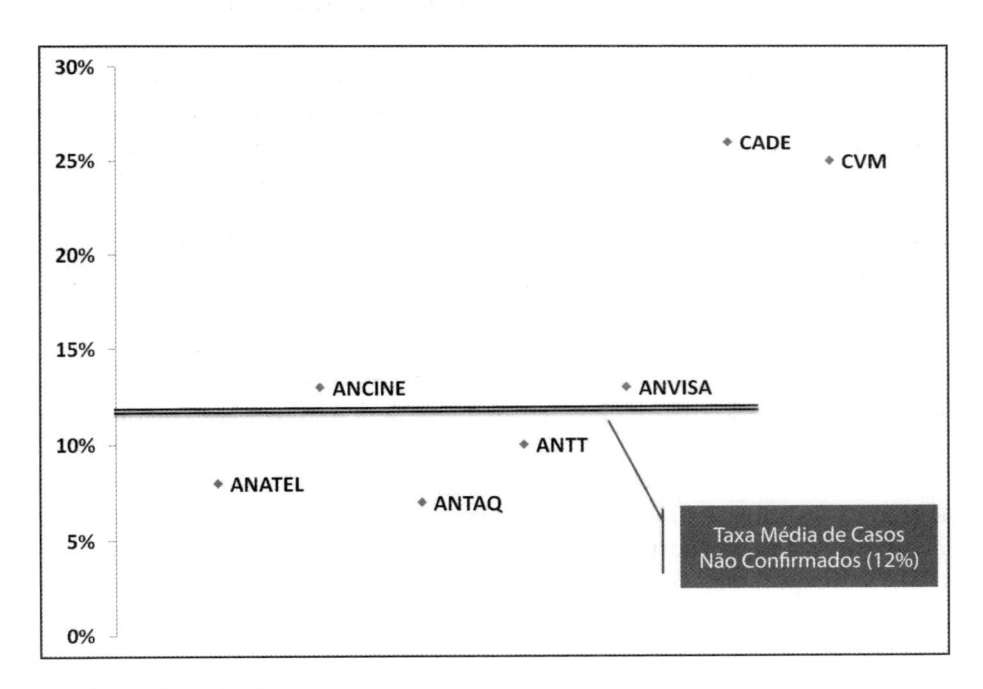

[Gráfico de dispersão mostrando:
- CADE: ~25%
- CVM: ~25%
- ANCINE: ~12%
- ANVISA: ~12%
- ANTT: ~10%
- ANATEL: ~8%
- ANTAQ: ~8%
- Taxa Média de Casos Não Confirmados (12%)]

Fonte: Pesquisa de campo.

1. O Capítulo 6 apresenta análise de um caso concreto que ilustra esse problema com maior detalhamento.
2. Cabe observar que nesta figura aparecem apenas as agências em relação às quais se observou ao menos um caso de anulação ou reforma parcial.

Uma importante evidência trazida pela análise das Figuras 5.4 e 5.5 é de que as agências consideradas mais transparentes são as que mais sofrem com a judicialização de suas decisões, em contradição frontal com a hipótese inicialmente levantada pela pesquisa (*H4*), segundo a qual a falta de transparência explicaria a maior demanda pelo Judiciário. CADE e CVM são autarquias consideradas por fontes diversas como de maior transparência, quando comparadas, por exemplo, a agências como a ANATEL. Objetivamente, as primeiras realizam suas sessões de julgamento publicamente, bem como as transmitem, no caso específico do CADE, em tempo real e de forma completa pela internet, enquanto a ANATEL sequer abre ao público as suas sessões de julgamento. Adicionalmente, por meio das entrevistas realizadas ao longo dessa pesquisa, foi possível constatar essa impressão generalizada de que há diferentes graus de transparência entre as autarquias, estando tipicamente o CADE e a CVM em um extremo, e a ANATEL em outro.

Mesmo tendo o CADE e a CVM um maior grau de transparência, aqueles que questionam a decisão administrativa têm melhor sucesso justamente no caso dessas autarquias, ocorrendo exatamente o oposto com a ANATEL, que tem apenas 8% de suas decisões anuladas. Essa evidência é, entretanto, ainda insuficiente para se concluir em definitivo que o nível de transparência conduz a uma maior judicialização ou maior probabilidade de revisão da decisão contestada. A ANEEL, agência que também é tida como transparente, por ter sido a primeira a tornar públicas as suas sessões de julgamento, não conta com nenhum caso de modificação pelo Judiciário (e, por isso, não consta na Figura 5.5), em amostra representativa do universo de casos. De qualquer modo, não há elementos na base de dados para corroborar a Hipótese *H4*, inicialmente levantada, que associava maior transparência a menor judicialização. Embora a hipótese não seja corroborada, é importante lembrar que a transparência é uma virtude em si na aplicação das normas regulatórias e de concorrência, mesmo que torne a revisão judicial mais intrusiva. A Figura 5.6 condensa as informações de confirmação e modificação de decisão por autarquia.

Figura 5.6. Taxa de Confirmação e de Modificação em Processos Transitados em Julgado[3]

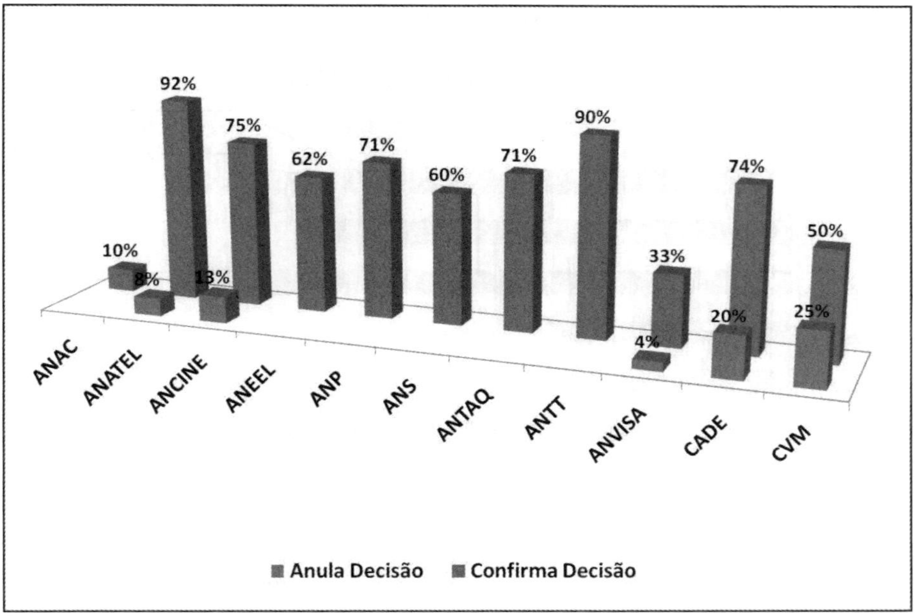

Agência	Anula Decisão	Confirma Decisão
ANAC	10%	92%
ANATEL	8%	75%
ANCINE	13%	62%
ANEEL	—	71%
ANP	—	60%
ANS	—	71%
ANTAQ	—	90%
ANTT	—	—
ANVISA	4%	33%
CADE	20%	74%
CVM	25%	50%

Fonte: Pesquisa de campo.

Tempo para o julgamento por agência

O tempo médio de trâmite dos processos transitados em julgado é de 36 meses, ou seja, 3 anos. Há, entretanto, grande dispersão na amostra, seja entre autarquias, seja por tipo de desfecho da decisão, conforme mostrado na Figura 5.7. As decisões do CADE, por exemplo, demoraram cerca de 50% a mais do que a média das demais autarquias, totalizando 54 meses. Por outro lado, o tempo para análise parece não guardar relação com a tecnicidade do tema tratado. ANATEL, ANEEL e ANP, por exemplo, cujos temas tratados, em geral, possuem elevada dificuldade técnica, possuem tempo de julgamento bastante inferior à média total: na ANATEL é de apenas 22 meses (49% menor do que a média), na ANEEL é de 25 meses (31% menor do que a média); e na ANP é de 19 meses (49% menor do que a média).

---

3. Excluídas a ANA e a PREVIC, por contarem com número insuficiente de transitados em julgado.

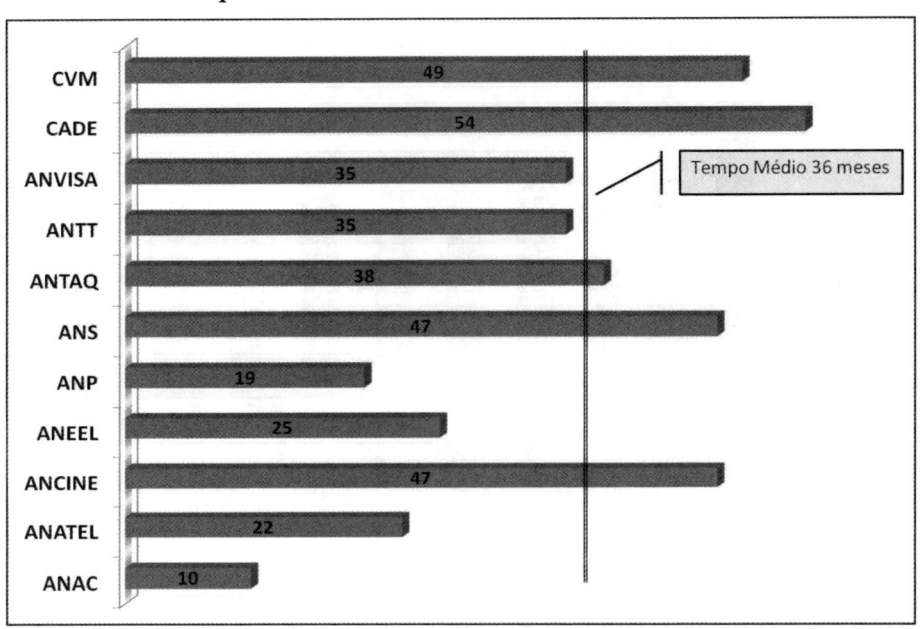

Figura 5.7. Tempo Médio de Trâmite de Transitados em Julgado por Autarquia[4]

Autarquia	Meses
CVM	49
CADE	54
ANVISA	35
ANTT	35
ANTAQ	38
ANS	47
ANP	19
ANEEL	25
ANCINE	47
ANATEL	22
ANAC	10

Tempo Médio 36 meses

Fonte: Pesquisa de campo.

A análise do tempo transcorrido para a decisão final é um resultado particularmente importante na proposta inicial da pesquisa. Em síntese, há a percepção generalizada de excessiva morosidade para as decisões definitivas do Judiciário. Essa morosidade seria, ademais, particularmente grave na revisão das decisões das autarquias estudada na amostra, decisões estas que são feitas por colegiado e cujos objetos são sensíveis ao tempo concorrencial, ou seja, à urgência da aplicação da norma regulatória ou concorrencial, sob pena de sua ineficácia.

As evidências obtidas a partir dos processos transitados em julgado indicam não ser tão elevado o tempo de trâmite, como seria a expectativa construída pelo senso comum. Uma vez que, em média, o tempo total foi de 36 meses, essa espécie de processo tende a apresentar menor duração do que a média dos processos judiciais. Essa constatação, entretanto, não permite concluir que não haja espaço para racionalização de tarefas e ganho de eficiência. Ao contrá-

---

4. Excluídas a ANA e a PREVIC, por contarem com número insuficiente de transitados em julgado.

rio, as evidências anedóticas são abundantes nessa direção, conforme obtido em entrevistas e na análise qualitativa. Além disso, como aprofundado mais adiante neste capítulo, o tempo médio dos casos transitados em julgado, já observado, subestima o tempo esperado de trâmite da revisão judicial, uma vez que os casos observados tendem a ser mais simples e de trâmite mais rápido. Portanto, o tempo médio esperado é certamente superior a 36 meses.

É também importante notar que, tomando-se como referência a experiência internacional de revisão judicial de decisões regulatórias (Capítulo 3), a duração média de 3 anos é considerada excessiva, devendo-se esperar uma duração de apenas 1 ano. Tal particularidade desse tipo de processo decorre da relevância do tempo concorrencial, já citada, bem como do fato de o processo judicial de revisão das decisões das autarquias já vir instruído, sendo de se esperar um tempo médio para a sua conclusão inferior à média dos processos judiciais.

Outro resultado que deve ser destacado é o tempo de análise nos casos onde houve decisão de mérito. Nesses, como se observa na Figura 5.8, o tempo de análise é sensivelmente superior, cerca de 6 anos (58 meses), tempo este que aumenta para 69 meses nos casos em que o Judiciário não confirma a decisão administrativa (anula ou reforma parcialmente).

Figura 5.8. Duração Média em Casos com Decisão de Mérito

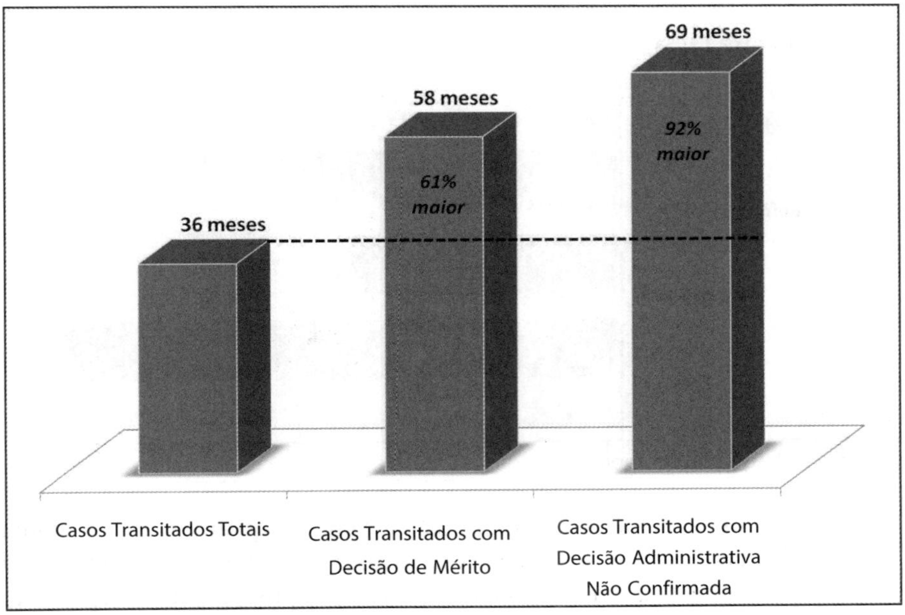

Fonte: Pesquisa de campo.

A discrepância no tempo de análise é ainda maior quando se estratifica a amostra por tipo de desfecho do processo judicial, conforme mostra a Figura 5.9. Há grande variação no tempo total, a depender da decisão final do caso. Casos onde há anulação da decisão ou reforma parcial da decisão administrativa são muito mais demorados, respectivamente 78 meses (117% acima da média) e 60 meses (67% da média). Em outros termos, casos onde houve efetiva intervenção do Judiciário, o tempo para análise foi de aproximadamente 69 meses (5,7 anos), mais de 90% maior do que o tempo médio total (36 meses). O tempo relativamente menor para os casos em que o Judiciário confirma a decisão administrativa deve-se, em parte, à incidência de casos muito simples, cujo desfecho é rápido. Isso pode ser observado na elevada variância do tempo incorrido nesse tipo de decisão, sendo o exemplo do único caso da ANA, concluído em apenas 9 dias, a mais clara evidência anedótica dos extremos que podem ser observados.

Figura 5.9. Duração Média por Tipo de Desfecho

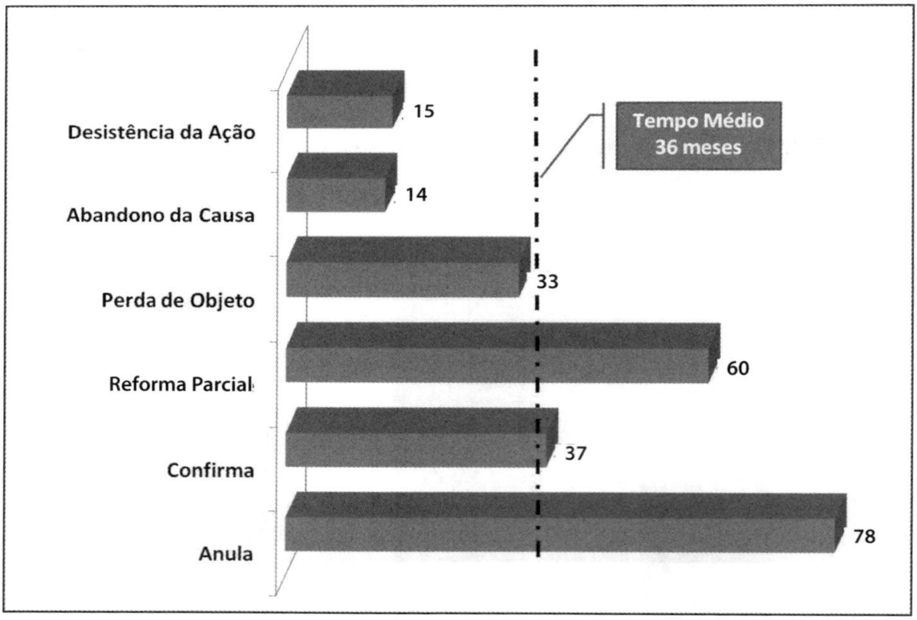

Tipo de Desfecho	Meses
Desistência da Ação	15
Abandono da Causa	14
Perda de Objeto	33
Reforma Parcial	60
Confirma	37
Anula	78

Tempo Médio 36 meses

Fonte: Pesquisa de campo.

As conclusões até agora apresentadas devem ser qualificadas, por conta da possível falta de representatividade dos casos transitados em julgado, dada a incipiência da atividade das autarquias objeto da pesquisa, conforme apontado em estudo da International Competition Network (ICN), citado no Capítulo

3. Como já mencionado, o número de casos transitados em julgado é pequeno (16%) e é possível que se trate de grupo com característica distinta dos demais casos. Por exemplo, é razoável admitir que os casos transitados em julgado sejam mais simples que os demais, e exatamente por esse motivo tenham sido concluídos. Sendo esta hipótese verdadeira, a estimativa aqui apresentada poderia subestimar o tempo de trâmite total. Como se verá, este é, de fato, o caso, o que torna particularmente valioso observar as decisões de primeira instância e, de modo mais geral, os processos ainda em andamento.

A Tabela 5.2 traz as informações detalhadas das decisões em primeira instância, estratificadas por autarquia e por tipo de desfecho do caso. A exemplo da Tabela 5.1, a tabela traz informações sobre o número de observações em cada categoria, tempo médio de tramitação em dias e em meses, e a proporção de cada tipo de desfecho em relação ao total. O ganho de representatividade na amostra é expressivo, visto que, conforme se observa na última coluna da tabela, aproximadamente metade dos casos da amostra têm decisão em primeira instância, em um total de 626 casos, enquanto apenas 16% são transitados em julgado.

Tabela 5.2. Decisões em Primeira Instância: número de casos, tempo médio de tramitação e proporção de casos por tipo de desfecho da decisão judicial

Autarquia	Variável	Anula	Confirma	Reforma Parcial	Perda de Objeto	Abandono da Causa	Desistência da Ação	Total
ANA	Número de Casos	1	5	1	0	0	0	7
ANA	Média em Dias	514	744	1178				773
ANA	Média em Meses	17	25	39				26
ANA	Participação no Total de Casos	14,3%	71,4%	14,3%	-	-	-	43,8%
ANAC	Número de Casos	3	6	0	4	3	10	26
ANAC	Média em Dias	686	213		268	367	232	301
ANAC	Média em Meses	23	7		9	12	8	10
ANAC	Participação no Total de Casos	11,5%	23,1%	-	15,4%	11,5%	38,5%	41,9%
ANATEL	Número de Casos	5	24	0	1	0	3	33
ANATEL	Média em Dias	1781	653		2553		611	878
ANATEL	Média em Meses	59	22		85		20	29
ANATEL	Participação no Total de Casos	15,2%	72,7%	-	3%	-	9,1%	29,7%

(continua)

(continuação)

Autarquia	Variável	Anula	Confirma	Reforma Parcial	Perda de Objeto	Abandono da Causa	Desistência da Ação	Total
ANCINE	Número de Casos	2	12	1	0	0	1	16
	Média em Dias	148	562	204			142	462
	Média em Meses	5	19	7			5	15
	Participação no Total de Casos	12,5%	75%	6,3%	-	-	6,3%	88,9%
ANEEL	Número de Casos	23	42	2	5	0	9	81
	Média em Dias	1195	807	886	709		109	835
	Média em Meses	40	27	30	24		4	28
	Participação no Total de Casos	28,4%	51,9%	2,5%	6,2%	-	11,1%	75%
ANP	Número de Casos	2	13	2	1	0	4	22
	Média em Dias	184	908	1325	493		419	773
	Média em Meses	6	30	44	16		14	26
	Participação no Total de Casos	9,1%	59,1%	9,1%	4,5%	-	18,2%	17,2%
ANS	Número de Casos	4	41	1	5	0	1	52
	Média em Dias	858	1052	682	759		8	982
	Média em Meses	29	35	23	25		0	33
	Participação no Total de Casos	7,7%	78,8%	1,9%	9,6%	-	1,9%	33,8%
ANTAQ	Número de Casos	1	17	1	0	0	3	22
	Média em Dias	2392	649	1162			118	679
	Média em Meses	80	22	39			4	23
	Participação no Total de Casos	4,5%	77,3%	4,5%	-	-	13,6%	59,5%
ANTT	Número de Casos	14	24	5	0	0	6	49
	Média em Dias	957	768	602			77	721
	Média em Meses	32	26	20			3	24
	Participação no Total de Casos	28,6%	49%	10,2%	-	-	12,2%	45,4%
ANVISA	Número de Casos	25	40	5	1	0	12	83
	Média em Dias	749	844	798	600		609	776
	Média em Meses	25	28	27	20	0	20	26
	Participação no Total de Casos	30,1%	48,2%	6%	1,2%	0%	14,5%	77,6%

Autarquia	Variável	Anula	Confirma	Reforma Parcial	Perda de Objeto	Abandono da Causa	Desistência da Ação	Total
CADE	Número de Casos	48	135	13	1	0	2	199
	Média em Dias	906	1015	1410	53		432	1004
	Média em Meses	30	34	47	2		14	33
	Participação no Total de Casos	24,1%	67,8%	6,5%	0,5%	-	1%	67,5%
CVM	Número de Casos	13	16	1	3	0	3	36
	Média em Dias	1587	1256	1712	1661		1325	1428
	Média em Meses	53	42	57	55		44	48
	Participação no Total de Casos	36,1%	44,4%	2,8%	8,3%	-	8,3%	20,3%
PREVIC	Número de Casos	0	0	0	0	0	0	0
	Média em Dias							
	Média em Meses							
	Participação no Total de Casos	-	-	-	-	-	-	-
Total	Número de Casos	141	375	32	21	3	54	626
	Média em Dias	1005	898	1084	814	367	369	880
	Média em Meses	33	30	36	27	12	12	29
	Participação no Total de Casos	22,5%	59,9%	5,1%	3,4%	0,5%	8,6%	47,3%

Fonte: Pesquisa de campo.

De modo geral, as conclusões sobre as diferenças entre autarquias no que se refere à duração dos processos é confirmada também na análise das decisões em primeira instância. CADE e CVM têm tempo médio de trâmite consideravelmente superior à media das autarquias, a exemplo do que se observava para os casos transitados em julgado. Em contraposição, ANAC e ANCINE têm os seus casos solucionados em cerca de um terço do tempo das duas primeiras autarquias.

A informação mais relevante extraída das decisões em primeira instância refere-se ao tipo de desfecho, substancialmente distinto daquele observado nos casos transitados em julgado. Na primeira instância, a taxa de anulação da decisão administrativa é sensivelmente maior, como pode ser observado na Figura 5.10.

Figura 5.10. Taxa de Anulação da Decisão Administrativa em Primeira Instância e em Transitados em Julgado

[Gráfico de barras:
- Anula Decisão Administrativa: 1.ª Instância — 22,5%
- Anula Decisão Administrativa: Transitados em Julgado — 8,5%]

Fonte: Pesquisa de campo.

Outro resultado que merece destaque é a diferença no número de casos em que não há o julgamento de mérito, conforme apresentado na Figura 5.11. Em primeira instância esses casos representam 12,5% do total da amostra, percentual que aumenta para 28,7% entre os casos transitados em julgado.

Figura 5.11. Decisões sem Julgamento de Mérito em Primeira Instância e em Transitados em Julgado

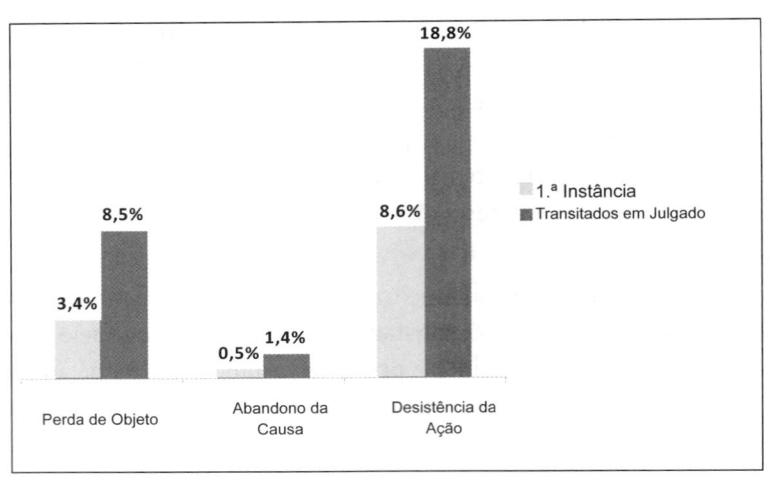

[Gráfico de barras comparando 1.ª Instância e Transitados em Julgado:
- Perda de Objeto: 3,4% / 8,5%
- Abandono da Causa: 0,5% / 1,4%
- Desistência da Ação: 8,6% / 18,8%]

Fonte: Pesquisa de campo.

Levando em conta apenas os casos em que houve julgamento de mérito, é nítida a diferença entre as decisões em primeira instância e em processos transitados em julgado. Conforme mostra a Figura 5.12, nos casos em que o Judiciário se manifestou sobre o mérito, a taxa de confirmação em decisão final é bastante superior à das decisões em primeira instância. Esse resultado é de grande relevância para a estimativa de custos de revisão judicial, sobretudo no que se refere à incerteza jurídica. O fato de a taxa de confirmação final ser elevada e haver maior nível de decisões contrárias às autarquias em primeira instância revela que, no curso da revisão judicial, há mudança de entendimento do Judiciário entre as duas instâncias.

Em síntese, o Judiciário se pronuncia em primeira instância de modo mais restritivo às agências regulatórias e ao CADE do que o faz em suas decisões finais. A consequência desse fato é deletéria à adequada aplicação da norma, uma vez que transmite, ao longo do curso do processo, sinais conflitantes à sociedade. Como agravante, a forte tendência de confirmação da decisão administrativa ao final indica que não há benefícios relevantes do estado de incerteza a que empresas, concorrentes e a própria autoridade regulatória são submetidos.

Figura 5.12. Taxa de Confirmação da Decisão Administrativa em Primeira Instância e em Transitados em Julgado: apenas decisões de mérito

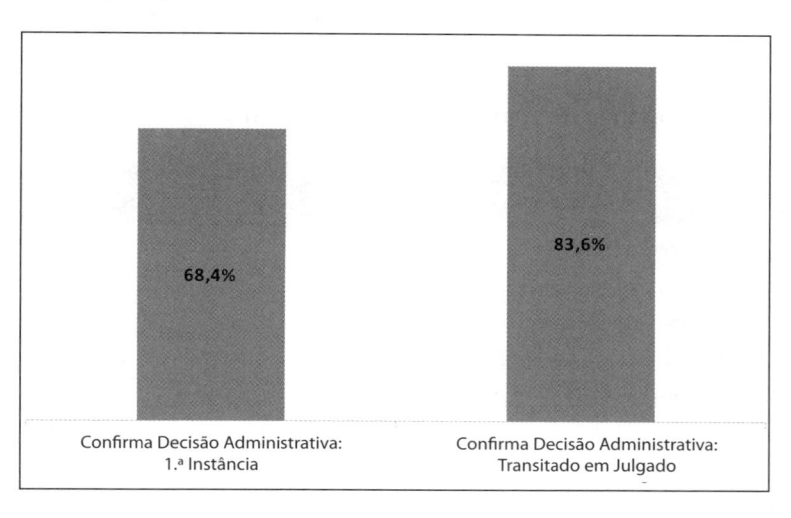

Fonte: Pesquisa de campo.

Entretanto, conforme antecipado neste capítulo, observar apenas casos em que tenha ocorrido alguma decisão pode introduzir o que os econometristas denominam *viés de seleção*, mesmo se consideradas apenas as decisões em primeira instância. Isso ocorre porque há uma probabilidade maior de que os casos mais complexos não tenham sido concluídos e, por isso, não tenham sido incorporados à análise.

Ciente dessa limitação, esta pesquisa recorreu finalmente ao conjunto total da amostra, a fim de avaliar o tempo médio de trâmite dos casos ainda em andamento, informações estas constantes na Tabela 5.3. Nela se encontram as informações, estratificadas por autarquia, sobre o tempo de trâmite dos processos transitados em julgado e aqueles ainda em andamento. É surpreendente notar que o tempo de trâmite, em média, para os casos ainda em andamento é superior aos transitados em julgado, regularidade observada em todas as autarquias, com exceção da ANS. Por construção, quando a revisão judicial entrar em regime (o que os economistas denominam por *steady state*), ao passar de uma ou duas décadas, necessariamente os processos transitados em julgado terão uma duração maior do que aqueles em andamento, mas isso ainda não ocorre, como mostram os dados empíricos.

Com a finalidade de ter uma medida do tempo de duração mais próxima do real, evitando a elevada subestimação que ocorre ao observar apenas os casos transitados em julgado, a Tabela 5.3. apresenta uma estimativa de tempo de trâmite mínimo, considerando a hipótese extrema de que todos os casos em andamento fossem concluídos instantaneamente no momento da pesquisa. Pode-se observar que, no mínimo, o tempo de duração supera os 4 anos (50 meses).

Tabela 5.3. Estimativa de Tempo Mínimo de Trâmite

Autarquia	Variável	Transitados em Julgado	Em Andamento	Estimativa de Tempo Mínimo de Trâmite
ANA	Número de Casos	1	15	16
	Média em Dias	9	1126	1056
	Média em Meses	0	38	35
	Participação no Total de Casos	6,3%	93,8%	
ANAC	Número de Casos	20	42	62
	Média em Dias	308	475	421
	Média em Meses	10	16	14
	Participação no Total de Casos	32,3%	67,7%	
ANATEL	Número de Casos	12	99	111
	Média em Dias	647	1071	1025
	Média em Meses	22	36	34

Autarquia	Variável	Transitados em Julgado	Em Andamento	Estimativa de Tempo Mínimo de Trâmite
ANCINE	Participação no Total de Casos	10,8%	89,2%	
	Número de Casos	8	10	18
	Média em Dias	1425	1909	1694
	Média em Meses	47	64	56
ANEEL	Participação no Total de Casos	44,4%	55,6%	
	Número de Casos	37	71	108
	Média em Dias	758	2163	1681
	Média em Meses	25	72	56
ANP	Participação no Total de Casos	34,3%	65,7%	
	Número de Casos	7	121	128
	Média em Dias	556	913	893
	Média em Meses	19	30	30
ANS	Participação no Total de Casos	5,5%	94,5%	
	Número de Casos	10	144	154
	Média em Dias	1424	1169	1185
	Média em Meses	47	39	40
ANTAQ	Participação no Total de Casos	6,5%	93,5%	
	Número de Casos	14	23	37
	Média em Dias	1147	1369	1285
	Média em Meses	38	46	43
ANTT	Participação no Total de Casos	37,8%	62,2%	
	Número de Casos	10	98	108
	Média em Dias	1042	1134	1125
	Média em Meses	35	38	38
ANVISA	Participação no Total de Casos	9,3%	90,7%	
	Número de Casos	24	83	107
	Média em Dias	1056	1624	1497
	Média em Meses	35	54	50
CADE	Participação no Total de Casos	22,4%	77,6%	
	Número de Casos	46	248	294
	Média em Dias	1615	2506	2237
	Média em Meses	54	84	75
CVM	Participação no Total de Casos	15,6%	84,4%	
	Número de Casos	24	153	177
	Média em Dias	1465	1894	1835
	Média em Meses	49	63	61

(continua)

(continuação)

Autarquia	Variável	Transitados em Julgado	Em Andamento	Estimativa de Tempo Mínimo de Trâmite
PREVIC	Participação no Total de Casos	13,6%	86,4%	
	Número de Casos	0	3	3
	Média em Dias	não há	1487	1487
	Média em Meses	não há	50	50
	Participação no Total de Casos	0	100%	0
Total	Número de Casos	213	1110	1323
	Média em Dias	1093	1611	1498
	Média em Meses	36	54	50
	Participação no Total de Casos	16,1%	83,9%	

Fonte: Pesquisa de campo.

Conforme se verifica na Figura 5.13, o tempo médio transcorrido nos casos ainda pendentes de decisão definitiva é de 54 meses, enquanto o tempo médio dos transitados em julgado é de apenas 36 meses. Por isso, estima-se que, no mínimo, o tempo médio de duração é de 50 meses.

Figura 5.13. Viés de Seleção em Transitados em Julgado

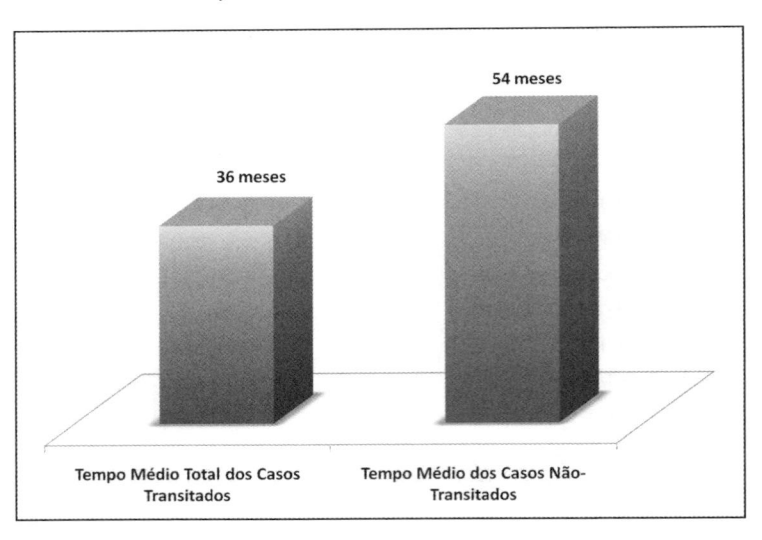

Fonte: Pesquisa de campo.

5.2.2. Indicadores de incerteza jurídica

Na introdução deste capítulo foram apresentados os dois principais tipos de indicadores de custo da revisão judicial. O primeiro, tratado na seção 5.2.1, trazia uma versão estrita de custo, dado pelo tempo de trâmite do processo judicial e taxas de confirmação e modificação das decisões administrativas. O segundo, relativo à incerteza jurídica, é agora apresentado. Para captar esse efeito da revisão judicial foram utilizados indicadores de mudança do *status* da decisão administrativa, ou seja, uma medida da quantidade de sinais conflitantes emitidos pelo Judiciário com respeito à apreciação da mesma decisão administrativa.

Entrevistas com advogados e com procuradores federais das autarquias de regulação e de concorrência indicaram que a observância apenas das decisões finais, mesmo que separadas em primeira e segunda instância, não revelaria uma das maiores dificuldades da revisão judicial. Ao longo do curso de um processo em uma mesma instância, há decisões liminares que suspendem ou alteram o efeito da decisão administrativa. Para fins da avaliação dos custos da revisão judicial, é necessário distinguir os processos que, embora tenham exatamente a mesma duração e desfecho – sendo, portanto, idênticos quando considerados os critérios de tempo de trâmite –, diferem na quantidade de decisões liminares conflitantes entre si e com a decisão final. Por isso, o indicador base utilizado foi o número de decisões do Judiciário que implicavam a mudança de *status* da decisão administrativa, ou seja, que modificavam ou suspendiam a decisão administrativa contestada em juízo.

Esse indicador, entretanto, é sensível à duração dos processos, que, conforme já visto, é bastante variável de acordo com a autarquia e o tipo de caso. Para evitar a superestimação da incerteza jurídica das autarquias que têm processos mais antigos e longos, foi criado um indicador alternativo, que mostra o número de mudanças de *status* da decisão administrativa por unidade de tempo[5]. Ambos os indicadores são apresentados na Tabela 5.4, tendo sido incluídos nos cálculos todos os processos analisados, em trâmite ou transitados em julgado.

---

5. Mais precisamente, o número de mudanças de *status* da decisão administrativa é dividido pelo tempo de trâmite do processo, em mil dias.

Tabela 5.4. Indicadores de Incerteza Jurídica

Autarquia	Número de Observações	Número Médio de Mudanças de *Status* da Decisão Administrativa	Indicador de Incerteza Jurídica
ANA	16	0,81	1,49
ANAC	61	0,56	2,69
ANATEL	111	0,25	0,38
ANCINE	18	0,61	0,57
ANEEL	108	1,19	0,98
ANP	128	0,20	0,23
ANS	155	0,43	0,55
ANTAQ	37	0,89	1,16
ANTT	108	0,67	0,59
ANVISA	107	0,88	2,53
CADE	183	1,45	0,80
CVM	176	0,25	0,14
PREVIC	3	0,33	0,08
Total	1211	0,67	0,83

Fonte: Pesquisa de campo.

Tendo por critério o primeiro indicador, CADE e ANEEL são as autarquias mais sujeitas aos sinais conflitantes emitidos pelo Judiciário. Em ambos os casos, há mais mudanças de *status* da decisão administrativa do que processos judiciais, o que é especialmente gravoso tendo em conta que a grande maioria das decisões administrativas é confirmada ao final. Uma atuação perfeitamente consistente do Judiciário levaria a um nível médio de mudança de *status* da decisão administrativa idêntico à proporção de decisões finais que anulam ou reformam a decisão administrativa, que, conforme já exposto, é de aproximadamente 20% para o CADE e inexistente para a ANEEL. Em contraposição, ANATEL, ANP e CVM estão menos sujeitas a esse tipo de custo da revisão judicial.

Os resultados se alteram um pouco quando considerado o segundo indicador, que retira o efeito de uma autarquia possuir processos mais antigos e de maior duração média. Sendo este tipicamente o caso do CADE, seu indicador de incerteza jurídica retorna à média, que é de 0,83. Por outro lado, ANA, ANAC e ANVISA, que têm processos mais novos e/ou de menor duração, apresentam indicadores mais elevados, ou seja, estão sujeitas a uma taxa de variação do *status* de suas decisões que é mais intensa no tempo. Tomando-se os dois indicadores em conjunto, as autarquias mais sujeitas à incerteza jurídica (na média ou acima nos dois indicadores) são ANA, ANEEL, ANTAQ, ANVISA e CADE. Mais uma vez, não há indícios de que a transparência das autarquias limite o escopo ou intensidade da revisão judicial.

5.2.3. Distribuição dos processos no tempo

A análise aqui empreendida assumiu implicitamente que não houve alterações relevantes na revisão judicial ao longo dos anos analisados. Em outras palavras, os indicadores apresentados retratam uma média do período e não um valor para cada ano. A necessidade de trabalhar com amostras estratificadas por autarquias torna inviável também estratificá-las por ano. Adicionalmente, nos primeiros anos de revisão judicial não havia casos suficientes para permitir inferências estatísticas.

Com o intuito de informar sobre o padrão de evolução da revisão judicial ao longo do tempo, esta seção mostra a distribuição de processos por autarquia ao longo dos anos. A Figura 5.14 discrimina essa evolução em cinco das mais importantes autarquias, evidenciando um movimento ascendente de judicialização, ao menos em termos absolutos. É também digno de nota o contraste entre a quantidade de casos judicializados da ANATEL e do CADE nos últimos três anos da pesquisa, sendo observado um forte crescimento, no caso de primeira, e uma substancial redução, no caso do segundo.

Não é possível inferir mais do que isso por não haver informação sobre o total de decisões passíveis de judicialização. Em outras palavras, pode ser que o aumento de processos judiciais em todas as agências apenas reflita uma atuação mais restritiva por parte destas. Se as agências decidem mais, por demanda da sociedade, e/ou impõem maiores restrições, em média, aos casos que lhes são apresentados, haverá, naturalmente, um maior número de decisões administrativas contestadas judicialmente. Para um aprofundamento da análise, que, ademais, permita identificar os determinantes da judicialização, é necessário observar todas as decisões administrativas passíveis de judicialização, mesmo que não judicializadas. Nesta pesquisa, foi possível tal tratamento para o caso do CADE, cuja base de dados mais rica permitiu um estudo aprofundado das causas da judicialização, bem como de sua dinâmica. Este estudo é apresentado na seção subsequente.

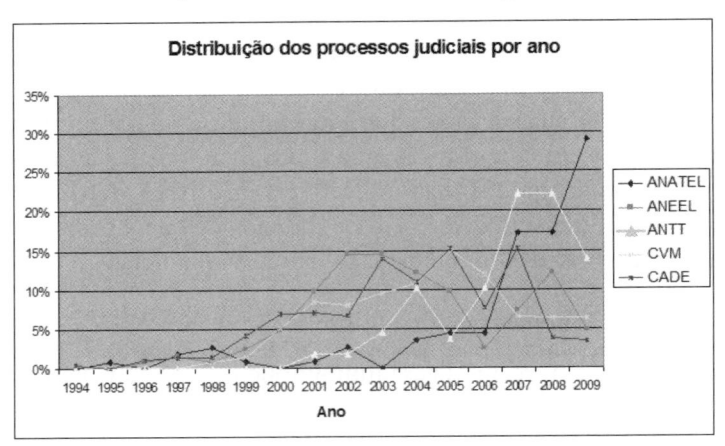

Figura 5.14. Distribuição dos Processos Judiciais por Ano

[Gráfico: Distribuição dos processos judiciais por ano, 1994-2009, com séries ANATEL, ANEEL, ANTT, CVM, CADE]

Fonte: Pesquisa de campo.

5.3. Determinantes da probabilidade de judicialização

Para o Conselho Administrativo de Defesa da Concorrência (CADE) foi possível estimar um modelo que relaciona as características de cada decisão administrativa com a probabilidade de judicialização, bem como explorar com maior profundidade a dinâmica e as causas da judicialização.

Foram colhidas as informações sobre 655 casos administrativos, que correspondem ao total de processos em que o Conselho, entre 1992 e 2010, determinou alguma constrição aos administrados, sendo, portanto, o conjunto de casos passível de judicialização. Entre tais casos, 334 foram judicializados, tendo as suas informações servido de base para os indicadores de custo de revisão judicial apresentados na seção anterior.

Além da informação a respeito da ocorrência ou não de judicialização, foi possível coletar várias informações sobre cada caso, como a data de entrada, o ano da decisão administrativa, o número de recursos e o número de processos judiciais, além de variáveis indicando se a decisão foi por unanimidade ou maioria, em acordo ou unilateral, se houve cláusula acessória, se houve multa, entre outras. Em alguns casos não foi possível coletar o conjunto completo de informações, mas a quantidade de dados faltantes é relativamente pequena.

Como primeiro exercício, é interessante notar que as impressões de crescente judicialização das decisões de agências regulatórias e de concorrência, sugeridas pela Figura 5.14, não se sustentam com o aprofundamento da análise, ao menos para o caso do CADE. A Figura 5.15 traz o número de processos judiciais (em barras) que contestam decisões do Conselho, por ano, desde

1994, quando a política de defesa da concorrência, em decorrência de mudança legal, passou a ser mais atuante. Esse número é confrontado com o número de decisões do Conselho, no mesmo ano, que eram passíveis de judicialização, ou seja, que geravam alguma constrição ao administrado. A proporção dos casos judicializados foi denominada "taxa de judicialização" e é representada pela linha constante na Figura 5.15. Para observar mais claramente a linha de tendência, foi utilizada a média móvel de 3 anos para o cálculo da taxa de judicialização.

Figura 5.15. Evolução da Judicialização no CADE

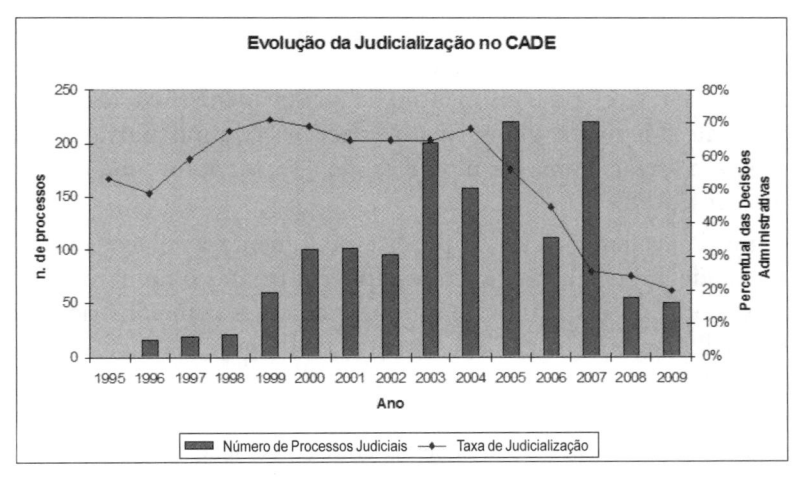

[Gráfico: Evolução da Judicialização no CADE — Número de Processos Judiciais e Taxa de Judicialização, 1995–2009]

Fonte: Pesquisa de campo.

Duas evidências saltam aos olhos. Primeiro, observa-se uma queda, em 2008 e 2009, do número absoluto de decisões do CADE que são contestadas no Judiciário. A mesma tendência é observada em 2010, mas pelo fato de os dados terem sido coletados até setembro, não há plena comparabilidade com os demais anos. Mais interessante é notar que a taxa de judicialização vem decrescendo desde 2004, de modo consistente. A elevação do número de processos judiciais decorreu do aumento de decisões restritivas por parte do Conselho, resultado, em parte, da própria dinâmica da economia, que fez chegar ao CADE mais casos para a sua decisão. É interessante notar também que até 2004 a judicialização das decisões do Conselho foram sempre muito elevadas. Ou seja, no início da vigência da Lei 8.884/1994, o CADE poucas vezes impôs restrições às empresas, e essas poucas vezes foram majoritariamente levadas ao Judiciário.

Sendo a questão que orienta esta pesquisa os custos da revisão judicial de decisões de agências de regulação, a experiência do CADE é inspiradora para se avaliar o que pode ter causado a redução da judicialização de suas decisões. A análise da literatura a respeito da revisão judicial, constante nos Capítulos 2 e 3, e, sobretudo, as entrevistas com agentes-chaves do Sistema Brasileiro de Defesa da Concorrência (Capítulo 4) indicaram duas possíveis hipóteses. A primeira é a política recente do Conselho em promover soluções negociadas na forma de Termos de Compromisso de Desempenho, em casos de Atos de Concentração, e de Termos de Cessação de Conduta, no caso de Processos Administrativos. Essa política materializou-se na criação da Comissão de Negociação do CADE, em 2008, inspirada na experiência bem-sucedida da CVM. Além disso, decisões do Judiciário confirmando decisões do Conselho afetaram o comportamento das partes, reduzindo o interesse em litigar. A segunda hipótese refere-se à consolidação da jurisprudência, em algumas matérias recorrentes, de modo a confirmar as decisões administrativas, reduzindo o interesse em litigar. Ambas as hipóteses são a seguir aprofundadas por meio dos dados do CADE.

A fim de avaliar o efeito da política de fomento a soluções negociadas sobre a taxa de judicialização, é interessante confrontar o número de acordos realizados pelo Conselho com o número de decisões com constrição aos administrados[6]. Essa informação é apresentada na Figura 5.16, a partir da qual é possível extrair duas conclusões de interesse. Primeiro, embora tenha havido crescimento da proporção de acordos, estes ainda representam uma parcela pequena das decisões do Conselho com constrição – aproximadamente 10%. Segundo, diferentemente da percepção mais generalizada, a proporção de acordos era bastante superior no início do período. Em outras palavras, no início da vigência da Lei 8.884/1994, o Conselho impunha menos restrições (porque era relativamente pouco acionado) e, ainda assim, os processos terminavam predominantemente em acordo e/ou judicializados[7].

O que se nota no período recente é uma mudança qualitativa do tipo de acordo, que tende a ser mais restritivo do que era na década de 1990 e ocorre justamente em casos de elevado potencial de judicialização. Contribuições pecuniárias em Termos de Compromisso de Cessação (TCC) em casos de cartel

---

6. Embora o acordo seja, por definição, voluntário, como ele carrega explicitamente uma restrição ao administrado, soluções por acordo foram incluídas entre aquelas em que há alguma constrição.
7. A existência de acordo não impediu a judicialização de alguns casos, daí a utilização das modalidades de união e de intersecção dos conjuntos "judicializados" e "conclusos em acordo".

entre 2008 e 2010 aproximam-se da multa esperada no caso de condenação (Azevedo e Henriksen, 2010), muito diferente do padrão utilizado nas primeiras experiências dessa modalidade de acordo. O mesmo pode ser dito com relação a TCCs em casos de conduta unilateral e de Termos de Compromisso de Desempenho. Segundo apresentação do Procurador-Geral do CADE, em Seminário Internacional do IBRAC em 2010, credita-se em parte à política de acordos o aumento da eficácia das decisões do Conselho e a redução da judicialização.

Figura 5.16. Acordos e Judicialização

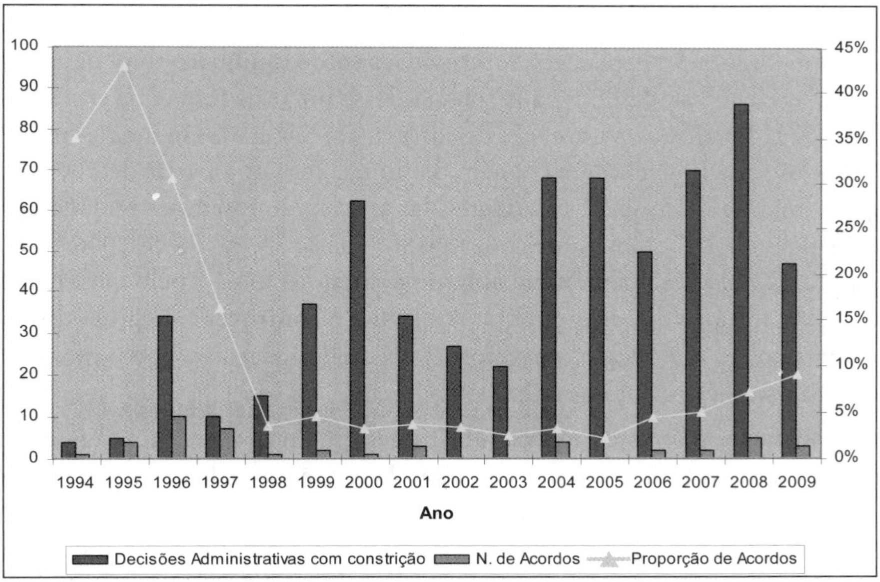

Fonte: Pesquisa de campo.

Outro elemento concorre para explicar a queda da judicialização das decisões do CADE a partir de 2004, época em que a política de acordos ainda estava longe de ser implementada. Esse ano foi marcado por dois eventos de relevo na experiência de revisão judicial das decisões do Conselho. De um lado, a paradigmática decisão do *Caso Concentração no Mercado de Chocolates*, que resultou na desconstituição da operação em esfera administrativa e subsequente judicialização por anos, com evidentes prejuízos a todas as partes envolvidas. Dessa experiência pode ter emergido o interesse em evitar o litígio no Judiciário de ambas as partes, o que se materializa por uma maior demanda por acordos, bem como por maior cuidado por parte da autoridade de defesa da concorrência em evitar vícios formais que possam ensejar revisão judicial. Este foi, ao que tudo indica, um dos propósitos da revisão do Regimento Interno do CADE, em 2008.

O ano de 2004 também foi um divisor de águas no modo como o Judiciário passou a tratar um tipo de caso em particular: a multa por intempestividade na notificação de atos de concentração, conforme disposto no art. 54 da Lei 8.884/1994. Após algumas decisões divergentes a respeito da Resolução 15/1998 do CADE, que disciplinava a aplicação da multa de intempestividade, assim como sobre qual deveria ser o momento de notificação obrigatória de ato de concentração, algumas decisões judiciais entre 2002 e 2004 passaram a confirmar as decisões do Conselho. O resultado é nítido na Figura 5.17, que traz informações sobre o número total de multas aplicadas e contestadas judicialmente. Pode-se notar na linha que representa a taxa de judicialização desse tipo de constrição, calculada em médias móveis de 3 anos, que houve intensa queda da judicialização a partir de 2003. Até aquele momento, a quase totalidade das multas de intempestividade aplicadas pelo CADE eram contestadas no Judiciário. A partir de 2006, a taxa de judicialização estacionou em aproximadamente 30%, e, pelo que se pode constatar, trata-se de casos em que se discute o controverso assunto do tipo de contrato em que recai a obrigatoriedade de notificação, e não o momento de notificação e o valor da multa.

Por fim, é interessante notar que esse exemplo revela uma faceta pouco conhecida do Judiciário e, em particular, da revisão judicial de atos administrativos. Ao ser apresentado a um problema novo e estranho à jurisprudência, o Judiciário gerou, inicialmente, algumas decisões conflitantes que foram, posteriormente, depuradas nas instâncias superiores. Com o passar de cerca de 4 anos – um período relativamente curto – formou-se um entendimento dominante, o qual foi rapidamente assimilado pelos administrados, que passaram a cumprir a restrição (no caso, o pagamento de multa de intempestividade) na esfera administrativa. Esse funcionamento relativamente eficiente do Judiciário nesse caso específico pode ser creditado ao perfil do caso, relativamente de menor complexidade e maior repetição, e ao estabelecimento de critérios explícitos de decisão por parte do Conselho, na forma de resolução. Ambos os motivos concorrem para explicar a rápida convergência de expectativas e a consequente redução da judicialização.

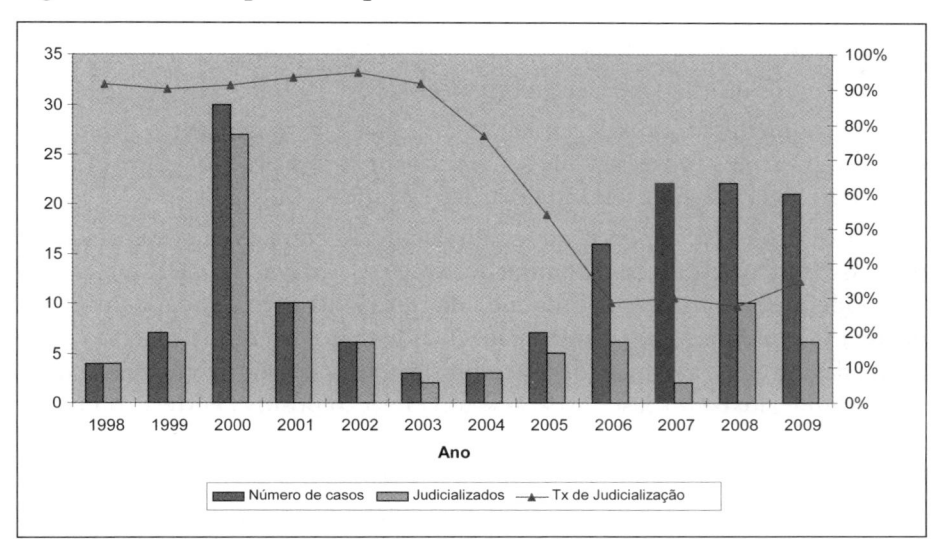

Figura 5.17. Multa por intempestividade

[Gráfico: Número de casos, Judicializados, Tx de Judicialização, 1998–2009]

Fonte: Pesquisa de campo.

Modelo econométrico

As análises anteriores padecem de um limite típico das análises descritivas. Não havendo um controle de todas as variáveis que podem afetar a judicialização, as regularidades observadas podem decorrer de correlações espúrias, não sustentadas em métodos estatísticos mais elaborados. Para tanto, com o objetivo de estimar como as características de cada processo se relacionam com a probabilidade de judicialização, foi usado um modelo econométrico conhecido como modelo *probit* (Maddala, 1983). A especificação do modelo se baseia nas seguintes equações:

$$P(judicialização = 1) = F(\beta'x);$$
$$P(judicialização = 0) = 1 - F(\beta'x);$$

onde a variável *judicialização* é uma variável binária que é igual a 1 quando o processo foi judicializado e é igual a 0 quando o processo não foi judicializado. Portanto, *P(judicialização=1)* corresponde à probabilidade de o processo ser judicializado e *P(judicialização=0)* corresponde à probabilidade de o processo não ser judicializado. As probabilidades são funções de um vetor de características do processo, que corresponde ao vetor x. O vetor β é um vetor de parâmetros a ser estimado, sendo que o sinal de cada parâmetro indica em que direção cada característica do processo afeta a probabilidade de judicialização. Finalmente, vale esclarecer que, no caso do modelo *probit*, a função F corresponde à função de distribuição normal acumulada, conhecida e descrita em todos os livros de estatística e econometria.

Inicialmente foram selecionadas 12 variáveis para compor o vetor x de características dos processos que se relacionam com a probabilidade de judicialização. Essas 12 variáveis são descritas e explicadas a seguir:

i) Tempo: Corresponde ao tempo decorrido entre a data de entrada do processo e a data da decisão administrativa. Essa variável foi selecionada porque poderia ser considerada uma medida (*proxy*) da complexidade do caso e da intensidade do esforço de instrução. Quanto maior o tempo decorrido entre a data de entrada e a data da decisão administrativa, supõe-se que maior deva ser a complexidade do caso. Espera-se uma relação positiva entre a complexidade do caso e a probabilidade de judicialização, ou seja, quanto maior for a complexidade de um caso, maior deve ser a probabilidade de judicialização.

ii) Unilateral: Variável binária igual a 1 para decisão unilateral e igual a 0 para decisão em acordo. Espera-se que os casos em que a decisão foi unilateral apresentem maior probabilidade de judicialização.

iii) Unanimidade: Variável binária igual a 1 para os casos em que houve unanimidade na decisão e igual a 0 para os casos em que isso não ocorreu. Espera-se que casos em que a decisão foi unânime apresentem menor probabilidade de judicialização.

iv) Acessória: Variável binária igual a 1 para os casos em que houve restrição à cláusula acessória e igual a 0 para os casos em que houve cláusula acessória. Espera-se que os casos em que a restrição refere-se unicamente à clausula acessória sejam de menor custo de cumprimento e, portanto, estejam associados a uma menor probabilidade de judicialização.

v) Desinves: Variável binária igual a 1 para os casos em que houve decisão que impõe desinvestimento ao administrado, tais como venda de ativos, e igual a 0 para os casos em que não houve. Decisões de desinvestimento são tidas como as de intervenção mais profunda, implicando custos elevados para o seu cumprimento (Joskow, 2002). Assim, espera-se uma relação positiva entre esse tipo de intervenção e a probabilidade de judicialização.

vi) Recursos: Número de recursos que cada caso apresentou na esfera administrativa. Espera-se que quanto maior o número de recursos, menor seja a probabilidade de judicialização, uma vez que teria sido dada ao administrado a oportunidade de revisão na esfera administrativa.

vii) Infringen: Variável binária igual a 1 para os casos em que houve efeitos infringentes, e igual a 0 para os casos em que não houve. A exemplo da variável "Recursos", esta variável expressa a oportunidade efetiva de revisão da decisão administrativa antes da judicialização, sendo esperado um efeito negativo sobre a probabilidade de judicialização.

viii) Condenação: Variável binária igual a 1 para os casos em houve condenação, reprovação ou desconstituição e igual a 0 para os outros casos. Essa variável revela o tipo de restrição mais forte em processos administrativos, tendo sido a ela agrupados os poucos casos de desconstituição de atos de concentração. Por agruparem restrições fortes aos administrados, espera-se que aumentem a probabilidade de judicialização.

ix) Aprov_multa: Variável binária igual a 1 para os casos em que houve aprovação com multa de intempestividade e igual a 0 para os outros casos. Espera-se que os casos em que houve aprovação com multa apresentem maior probabilidade de judicialização por haver explícita contestação de resolução do CADE a esse respeito.

x) Aprov_rest: Variável binária igual a 1 para os casos em que houve aprovação com restrição e igual a 0 para os outros casos. Por se tratar de modalidade de restrição, em média, relativamente mais branda, espera-se um efeito negativo sobre a probabilidade de judicialização.

xi) Tipo_judic: Variável binária igual a 1 para os casos em que houve judicação repressiva (processo administrativo) e igual a 0 para os casos em que houve ato judicante residual (ato de concentração). Trata-se de variável de controle, a fim de estimar eventuais diferenças entre essas duas modalidades de intervenção.

xii) Período2: Variável binária construída com base no ano da decisão final. A variável é igual a 1 para todos os casos cuja decisão final ocorreu no período 2005-2010 e é igual a 0 para os casos cuja decisão final ocorreu antes desse período. Conforme já exposto, o ano de 2004 é marcado por dois eventos que podem afetar a taxa de judicialização: judicialização de importantes decisões (*e.g.*, *Caso Concentração no Mercado de Chocolates*) e decisões favoráveis no Judiciário referentes à aplicação de multas de intempestividade.

Sendo um dos eventos que justifica a separação do período a convergência de entendimento a respeito da legalidade da Resolução 15/1998 do CADE, considerou-se que a partir do ano de 2005 o efeito da aprovação com multa sobre a probabilidade de judicialização poderia se reduzir.

Para testar essa hipótese, o modelo foi reestimado com a inclusão de uma variável que corresponde à interação (ou multiplicação) entre as variáveis "aprov-multa" e "período2". A essa variável foi dado o nome de "multa_período".

Resultados

A Tabela 5.5 resume os resultados das análises econométricas sobre a probabilidade de judicialização. São apresentados três modelos, com diferentes especificações, cumprindo a função de análise de robustez e, mais especificamente, de teste de hipótese adicional, referente à mudança observada nas estatísticas descritivas sobre a judicialização de decisões em que o Conselho aplicou multa por intempestividade. A primeira regressão dos modelos *probit* estimados, denominada Modelo I, contém a especificação básica, sem a variável que distingue os períodos antes e após decisões favoráveis no judiciário em relação a casos de multa de intempestividade. A segunda regressão, denominada Modelo II, inclui esta variável, a fim de verificar se há uma mudança no padrão de judicialização. Finalmente, a terceira regressão, denominada Modelo III, apresenta adicionalmente a interação entre esta variável e a de multa de intempestividade, buscando identificar se a mudança de padrão de judicialização é específica aos casos de intempestividade.

Tabela 5.5. Modelo *Probit* Estimado para a Probabilidade de Judicialização

Variáveis explicativas	Coeficientes (Modelo I)	Coeficientes (Modelo II)	Coeficientes (Modelo III)
Tempo	0,0002* (0,0001)	0,0002 (0,0001)	0,0002 (0,0001)
Unilateral	0,7862** (0,3165)	0,9655*** (0,3153)	0,8756*** (0,3162)
Unanimidade	0,0616 (0,1965)	-0,1420 (0,2017)	-0,0649 (0,2025)
Acessória	0,0083 (0,1822)	-0,0307 (0,1887)	0,0558 (0,1906)
Desinvestimento	0,3888 (0,3217)	-0,0307 (0,1887)	0,3667 (0,3338)
Recursos	0,4568*** (0,1335)	0,6556*** (0,1414)	0,6493*** (0,1415)
Infringentes	-0,6341** (0,3197)	-0,7643** (0,3329)	-0,6549** (0,3319)
Condenação	1,5491*** (0,2750)	1,2760*** (0,2803)	1,3660*** (0,2818)

Variáveis explicativas	Coeficientes (Modelo I)	Coeficientes (Modelo II)	Coeficientes (Modelo III)
Aprov_multa	0,4171 (0,2672)	0,5175* (0,2725)	1,0987*** (0,3296)
Aprov_restr	-0,5569* (0,2858)	-0,5715** (0,2893)	-0,6962** (0,2917)
Tipo_judic	-0,0032 (0,3165)	0,1360 (0,3209)	-0,0107 (0,3252)
Constante	-1,6022** (0,6480)	-1,2915** (0,6541)	-1,1901 (0,6572)
Período 2004-2005	-	-0,9082*** (0,1405)	-0,6014*** (0,1671)
Aprov_multa*período	-	-	-1,0345*** (0,3176)
Pseudo R^2	0,2956	0,3526	0,3671

Obs.: (i) Os desvios-padrão dos coeficientes estão entre parênteses.
(ii) ***, ** e * indicam nível de significância de 1%, 5% e 10%, respectivamente.
Fonte: Pesquisa de campo.

Ao estimar um modelo econométrico, obtemos simultaneamente as estimativas dos coeficientes e seus respectivos desvios-padrão, o que nos permite testar se as variáveis explicativas incluídas são de fato determinantes da variável dependente, que no caso deste trabalho corresponde à probabilidade de judicialização.

Conforme pode-se observar na Tabela 5.5, muitas das variáveis explicativas que foram construídas têm efeito significativo sobre a probabilidade de judicialização e, além disso, esse efeito apresenta a direção esperada. Também pode-se observar que diferentes especificações do modelo praticamente não alteram a maior parte dos coeficientes, o que indica robustez das estimações obtidas.

Assim sendo, os modelos estimados revelam que a ocorrência de decisão unilateral, em comparação com decisão por acordo, como esperado, aumenta a probabilidade de judicialização de um processo. Outro resultado bastante esperado é a elevada judicialização associada à variável condenação, que reúne os casos em que houve condenação em processo administrativo e reprovação ou desconstituição de atos de concentração. Nessas situações, o grau de intervenção é pleno, sendo a estratégia dominante do administrado contestar a decisão administrativa no Judiciário. Também esperada é a relação negativa entre probabilidade de judicialização e a ocorrência de aprovação com restrições em atos de concentração. Em comparação com uma decisão de condenação ou reprovação da operação, esse tipo de decisão é de menor grau de intervenção, estando, portanto, associado a uma menor probabilidade de que a decisão seja contestada no Judiciário.

Resultados mais interessantes podem ser extraídos dos coeficientes mais do que das oportunidades de revisão da decisão da autarquia ainda na esfera administrativa. Contrariamente ao esperado, o número de recursos apresenta o efeito significante de aumentar a probabilidade de judicialização, ou seja, os casos em que são concedidas mais oportunidades de revisão da decisão tendem a ser mais judicializados. Esse resultado deve ser visto em conjunto com o de ocorrência de efeitos infringentes, que apresenta o esperado efeito de reduzir a probabilidade de judicialização. Isso significa que o número de recursos está correlacionado com maior probabilidade de judicialização por uma via direta, que não passa pela ocorrência de efeitos infringentes. Em outras palavras, o que faz reduzir a probabilidade de judicialização é a modificação da decisão administrativa, e não os recursos concedidos para reexame da matéria sem que produza efeito de modificação da decisão. Deve-se também qualificar que não é possível concluir que um maior nível de recursos causa maior probabilidade de judicialização. Muito provavelmente os casos que demandam recursos na esfera administrativa são exatamente aqueles mais propensos a serem judicializados, por uma característica do caso e não por consequência da concessão de recursos. Também é digno de nota que a existência de unanimidade, a imposição de desinvestimento e o tipo de judicação (ato de concentração ou processo administrativo) não têm efeito significante. Isso indica que a decisão (desinvestimento), a complexidade do caso (tomando-se a unanimidade *versus* decisão por maioria como *proxy* para o grau de controvérsia) e o tipo de procedimento administrativo, diferentemente do que normalmente é mencionado por participantes e experts em defesa da concorrência, não são relevantes para explicar a judicialização. Essa conclusão é consistente com os resultados observados para o tempo de duração da instrução, também uma *proxy* para a complexidade do caso, que é pouco ou não significativa a depender da especificação do modelo econométrico. Desse modo, não se pode concluir que há alguma relação confiável entre o tempo de instrução (i.e., complexidade do caso) e o grau de judicialização.

Uma vez que a complexidade do caso não implica maior judicialização, um típico motivo para a revisão judicial não se verifica em um número considerável de casos. Seria de se esperar que fossem judicializados os casos mais controversos, que mais tendem a se beneficiar do duplo grau de jurisdição, pois estão mais sujeitos aos erros tipo I e tipo II. Entretanto, não é o que se observa para o caso das revisões de decisões do CADE, em que mesmo casos simples e de menor controvérsia são objeto de contestação no Judiciário.

Aparentemente, para explicar a judicialização é mais importante o modo como uma decisão é implementada (em acordo e os procedimentos observados, como a ocorrência de efeitos infringentes) do que a complexidade da decisão, se houve desinvestimento (maior grau de intervenção) ou se a restrição incide sobre cláusula acessória (menor grau de intervenção).

Finalmente, os Modelos II e III permitiram testar a hipótese levantada no exame dos dados descritivos, que sugeriam uma mudança no nível de judicialização das decisões do CADE após 2004, mudança esta possivelmente associada aos casos de multa de intempestividade. Observa-se, de acordo com o esperado, que a probabilidade de judicialização é menor para os processos cuja decisão ocorreu no período 2005-2010 do que no período anterior, revelando uma evolução do sistema de defesa da concorrência no sentido de redução do grau de judicialização.

Também corroborando a análise histórico-descritiva, a inclusão da variável de interação "multa_período" permitiu que se confirmasse a hipótese levantada de que a partir do ano de 2005 o efeito da aprovação com multa sobre a probabilidade de judicialização teria mudado, por conta da convergência de expectativas a respeito do entendimento do Judiciário. Os resultados revelam que, para o período anterior a 2005, o efeito marginal da variável "aprov_multa" é determinado pelo coeficiente -1,09. Isso indica, conforme já foi ressaltado, que a aprovação com multa aumenta a probabilidade de judicialização nesse período. Já para o período posterior a 2005, o efeito marginal da variável "aprov_multa" é dado pela soma dos coeficientes 1,09 e -1,034, o que resulta num coeficiente próximo a zero. Isso revela que no período posterior a 2005 a aprovação com multa de intempestividade deixou de ter relevância na determinação da probabilidade de judicialização, o que provavelmente decorre da convergência de entendimento a respeito da legalidade da Resolução 15/1998 do CADE, que disciplinava os procedimentos para aplicação dessa multa.

5.4. Síntese das implicações dos resultados

A revisão judicial de decisões administrativas é um problema certamente mais complexo do que se sugere à primeira vista. Os resultados empíricos indicam grande diversidade entre tipos de desfecho dos processos judiciais e, sobretudo, entre as diferentes autarquias. No que se refere ao tempo de trâmite dos processos, considerando-se o conjunto de indicadores, CADE, CVM, e ANEEL são aquelas que mais incorrem nos custos da revisão judicial. No que se refere à taxa de confirmação, as duas primeiras também estão entre as mais desafiadas pelo Judiciário, sendo a ANEEL incorporada ao grupo quando são tomadas as decisões em primeira instância. No que toca aos indicadores de incerteza jurídica, mais uma vez CADE e ANEEL aparecem entre aquelas mais sujeitas ao ônus da insegurança de decisões conflitantes do Judiciário, de tal modo que o longo período de pendência da decisão é acompanhado de maior indefinição a respeito de seu possível desfecho.

Enquanto essas três autarquias, consensualmente tidas como relativamente mais transparentes, seja por características objetivas, como a realização de sessões de julgamento públicas, seja pela impressão subjetiva daqueles que atuam na área, enfrentam maiores custos da revisão judicial, outras, como a ANATEL, apresentam indicadores satisfatórios. Tais resultados sugerem que a transparência da autarquia, embora um bem incontroverso, por redução de riscos de captura e garantia de controle por parte da sociedade, não resulta em menor judicialização. Pelo contrário, há evidências do efeito oposto. A pesquisa qualitativa, apresentada no Capítulo 6, aponta algumas explicações para esse resultado. Eventualmente, a falta de transparência impede a maior efetividade da revisão judicial, inibindo a revisão do juiz a respeito de pontos relevantes e de mérito da operação.

Mais do que o tempo transcorrido, cuja estimativa é de, no mínimo, 4 anos, chama a atenção a intensidade com que o Judiciário modifica o *status* de decisão administrativa, muitas vezes por meio de liminares, diante de uma taxa de confirmação final muito elevada. Em outras palavras, há evidências de que a revisão judicial tem proporcionado poucos benefícios, visto que frequentemente não revê, de fato, a decisão administrativa, mas impõe custos expressivos de tempo e de incerteza jurídica. Em particular, é curioso notar que a taxa de modificação (participação das decisões por anulação ou reforma parcial da decisão administrativa) em primeira instância é substancialmente maior do que em segunda instância. Isso significa que o duplo grau de jurisdição, tão relevante em processos que se originam no Judiciário, não tem a mesma função depuradora na revisão judicial. Há um conjunto de decisões administrativas que são anuladas em primeiro grau e depois confirmadas no segundo. No todo, a decisão administrativa prevaleceu, como ocorreria na ausência de revisão judicial, mas com os custos de emissão de sinais conflitantes sobre a aplicação adequada das normas regulatórias e concorrenciais.

No que se refere à probabilidade de judicialização das decisões administrativas, a riqueza de informações da base de dados sobre o CADE possibilitou a realização de estudo específico e mais aprofundado. Entre os resultados, pode-se destacar dois fundamentais. Primeiro, a complexidade do caso, mensurada pelo seu grau de controvérsia (decisão unânime *vs* por maioria) ou pelo tempo de instrução, não se mostrou relevante para explicar a ocorrência de judicialização. Isso significa que a busca do Judiciário para a revisão de erros de decisão, esperados quanto maior a complexidade do caso, não é motivo relevante para a judicialização. Esta é mais uma evidência de que o benefício direto da revisão judicial – o aprimoramento da decisão – não parece ser relevante para explicar o nível de judicialização. Segundo, a concessão de inúmeras oportunidades de recursos em esfera administrativa não raro leva processos no CADE a prolongarem o seu trâmite na autarquia em mais de 1 ano. Tais oportunidades são concedidas pela autoridade na tentativa de evitar a judicialização. Ocorre que, mesmo fazendo o controle por tipo de decisão, restrição imposta e grau de controvérsia, a concessão de tantas oportunidades de recurso administrativo não se traduz em redução da judicialização. O que importa para a definição de uma política é que os inúmeros recursos em esfera administrativa custam à sociedade e não se traduzem no benefício de evitar a judicialização.

Finalmente, a política de fomento a decisões negociadas e a explicitação de normas de decisão por meio de resoluções está associada à redução da judicialização das decisões do CADE, sobretudo a experimentada após 2008, quando essa política foi explicitada pelo Conselho, com a constituição da Comissão de Negociação do CADE e o treinamento de seus membros. Tais ações foram baseadas, em parte, na bem-sucedida experiência de acordos em procedimentos administrativos da CVM, desde 2006. Observou-se também a diminuição de processos judiciais envolvendo a CVM no período recente. Entretanto, a ausência em nossa pesquisa de uma base de dados dessa autarquia que compreendesse todas as decisões administrativas, incluindo as não judicializadas, impede a imputação causal, como a que foi possível obter no caso do CADE.

Do ponto de vista metodológico, a pesquisa revela duas importantes contribuições. Primeiro, a observação apenas de casos transitados em julgado pode acarretar grande viés nas conclusões em casos em que estes são ainda pouco representativos em relação ao total de processos. Nessas circunstâncias, algumas variáveis, como o tempo de trâmite, são subestimadas, indicando a necessidade de observar também processos em andamento. Segundo, a observação das decisões administrativas não judicializadas é fundamental para a compreensão do que leva à judicialização e, portanto, para a definição de políticas públicas direcionadas à redução de seus custos. Dado que o CADE é uma autarquia especial e que há diferenças substanciais entre autarquias, os resultados obtidos no estudo sobre probabilidade de judicialização não podem ser generalizados para as demais autarquias. Como consequência, seria desejável a realização de estudos similares ao aqui empreendido também para as demais autarquias, com a finalidade de conferir maior generalidade aos resultados obtidos nesta pesquisa.

Capítulo 6

Análise qualitativa de casos selecionados

6.1. Introdução

Este capítulo procede a uma análise qualitativa de casos discutidos na esfera administrativa e posteriormente apreciados no plano judicial com sua evolução até agosto de 2010[1]. O objetivo é ilustrar problemas encontrados nos casos judiciais examinados ou fatores provocadores de revisão judicial que não podem ser detectados por meio de uma apreciação quantitativa, mas que são apontados na avaliação comumente feita do Judiciário – conforme a análise macroscópica desenvolvida no Capítulo 2. A análise macroscópica aponta elevado grau de insegurança da Justiça no Brasil, em função de características do processo civil (oportunidade para recursos e possibilidade de mesmo pleito em diferentes foros), ausência de uniformização de jurisprudência sobre competência, excessiva preocupação legalista etc. Agora em análise microscópica das agências, buscamos ilustrar problemas comuns à visão macro, bem como apontar problemas específicos dessas agências. A análise qualitativa partiu, no início da pesquisa, de um conjunto de hipóteses, elencadas abaixo, submetidas ao crivo dos pesquisadores quando da leitura dos casos:

H3: A existência de falhas processuais, em particular a ofensa ao devido processo legal, constitui causa relevante para recurso ao Judiciário.

H4: A qualidade, a legalidade e a transparência das decisões administrativas reduzem a contestação judicial.

H6: "Eventual inação da Administração Pública, dado o problema do tempo decisório, deve causar recurso ao Judiciário, como forma de acesso a direito não garantido na esfera administrativa".

---

1. Não houve preocupação em atualizar o andamento para a publicação neste livro, pois o que interessa aqui não é o conteúdo dos casos mas a forma como ilustram vícios ou virtudes processuais apontados.

H7: "A suspensão da atividade administrativa pelo Judiciário é um obstáculo à eficácia da decisão administrativa e amplia os incentivos para se recorrer ao Judiciário como expediente protelatório".

H8: "A *suspensão cautelar de decisões administrativas finais* pelo Judiciário igualmente dificulta a eficácia da decisão administrativa e pode amplificar a incerteza jurídica".

H9: Peculiaridades do sistema processual brasileiro criam incentivos à ocorrência de recursos protelatórios, reduzindo a eficiência da decisão judicial.

H10: A ausência de expertise técnica sobre matéria regulatória e concorrencial tem implicações sobre a qualidade das decisões judiciais, o que, por sua vez, pode amplificar a incerteza jurídica, quando há decisão de mérito, ou restringir a decisão judicial a questões processuais/procedimentais.

Das hipóteses acima, a *H3* e a *H4* não foram, em geral, ilustradas pelos casos examinados. Trata-se evidentemente de uma generalização, já que os casos não são exaustivos e foram selecionados com viés deliberado, mas sua análise permitiu apurar que, aparentemente, a falta de transparência dos procedimentos nas agências e a existência de falhas processuais não são fatores importantes como causas efetivas de recursos ao Judiciário. As questões de transparência e respeito ao devido processo são mais propriamente instrumentos eficazes de convencimento para a revisão perante juízes pouco propensos a examinar questões de mérito do que efetivamente inconformismo com ofensas flagrantes ao devido processo.

Isso porque, em boa parte dos casos, nota-se que as preliminares processuais, muitas vezes bem acolhidas, exploram aspectos formais que ou decorrem de falta de conhecimento dos procedimentos das agências, ou tentam passar a impressão de ofensa ao contraditório e ampla defesa a juízes que têm pouca familiaridade com os processos e o conteúdo efetivo dos atos de defesa. Por vezes, usa-se o estratagema de não levantar questões processuais perante a administração para tentar obter a anulação posterior da decisão no Judiciário. Há, inclusive, certa tolerância dos juízes com relação a abusos cometidos quanto a questiúnculas processuais, ou mesmo falsas alegações de desrespeito ao processo, que talvez merecessem punição por litigância de má-fé. Nos casos abaixo examinados são destacados exemplos nesse sentido, que questionam essas hipóteses como causas efetivas de judicialização.

A exploração de questões formais e processuais, aliada a certo preconceito de parte dos juízes com relação à informalidade habitual nos processos administrativos e à insegurança para adentrar em questões técnicas, acaba por resultar em liminares que suspendem decisões de amplo impacto econômico ou setorial por questões meramente formais. Tal sinalização pelo Judiciário é negativa, pois pode incentivar a judicialização com fim protelatório ou minar a eficácia de intervenções ou atos normativos por parte das agências.

As demais hipóteses foram, em geral, ilustradas pela análise dos pesquisadores nos diferentes casos examinados e levaram a uma seleção que foi considerada ilustrativa dos principais problemas qualitativos da revisão judicial das decisões das agências reguladoras e do CADE. Esses casos foram agrupados em cinco problemas:

i. Omissão ou demora das agências como causa de recursos: a inação ou o transcurso excessivo de tempo na agência para deslinde de uma questão é fator importante a causar recursos ao Judiciário, dada a insegurança jurídica que traz aos agentes. Todavia, o recurso ao Judiciário não tem, em geral, colaborado para a diminuição dessa contingência, uma vez que os atores de mercado encontram aí hesitação e posicionamentos conflitantes. Esse problema é nítido no caso das rádios comunitárias, no qual se percebe indefinição quanto à possibilidade de o Judiciário suprir a omissão da agência ou apenas determinar prazo para que a agência solucione a questão. O caso da Operadora de TV a Cabo mostra, por outro lado, a importância do controle judicial, que constrange a agência a agir.

ii. Intervenção do Judiciário na atividade instrutória das agências: o recurso ao Judiciário na fase instrutória ou de investigação apareceu como uma das principais queixas das Procuradorias das agências e por parte da Secretaria de Direito Econômico (Capítulo 4), que desempenha o papel de investigador no Sistema Brasileiro de Defesa da Concorrência e que tem encontrado dificuldades em empregar os mecanismos de instrução mais recentes de busca e apreensão e leniência. É comum a concessão de liminares por vezes sem ouvir a Administração, com a suspensão da investigação por anos: quando caducam, o que não é raro, a investigação já perdeu completamente sua eficácia e é grande a dificuldade em colher novas provas de fatos ocorridos há muito tempo. Como apontado no Capítulo 3, vale notar que nem todos os países permitem que o Judiciário intervenha na fase de investigação. O *Caso dos Peróxidos*, em que se questiona o uso dos acordos de leniência, é uma boa ilustração desse problema apresentado na Hipótese H7 de pesquisa.

iii. Suspensão liminar da decisão das agências: as liminares suspendendo os efeitos das decisões das agências e do CADE, ou de atos normativos de agências, criam um sério problema de eficácia, que, dado o tempo concorrencial inerente à dinâmica de mercado, acaba por minar a decisão administrativa, mesmo que, ao final, esta venha a ser confirmada judicialmente[2]. Esse problema, ilustrando a Hipótese *H8*, aparece já no *Caso Concentração no Mercado de Chocolates*, que, após quase uma década da integração das empresas, cria um fato consumado com custos elevados para uma eventual decisão de desconstituição da operação. O problema é bem ilustrado também com a condenação pelo CADE do chamado Cartel dos Genéricos, suspensa pelo Judiciário a partir de questões menores, como a data de publicação do acórdão e regularidade ritual do processo administrativo, com impactos imediatos sobre a economia e o bem-estar do consumidor. Novamente, no *Caso da Intervenção em Operadora de Plano de Saúde*, a suspensão judicial por questões processuais formais, não refletidas pelo que efetivamente ocorreu no âmbito administrativo, (alegação de falha de ato formal de notificação como grave ofensa ao contraditório, quando a empresa claramente se manifestou e se defendeu em diversas oportunidades perante a agência) permitiu a atuação de empresa com várias irregularidades, colocando em risco o atendimento a pacientes.

iv. Multiplicação e demora na revisão permitida pelo sistema processual e recursal: o sistema processual brasileiro, apesar dos mecanismos de inibição, como a conexão e prevenção de juízo, permite que a mesma questão seja levada diversas vezes, por vias e ações variadas, a diferentes juízes, que, não raro, emitem posicionamentos conflitantes ou geram uma série de revisões de liminares, o que traz insegurança jurídica e protela demasiadamente a produção de efeitos das decisões das agências. Esse problema é retratado na Hipótese *H9*. O enfoque, aqui, evidentemente não é o genérico, de crítica trivial à lei processual, e aborda a questão sob a perspectiva do direito econômico. Nela, diante da agilidade de interações dos agentes no mercado, o fator *tempo* é ainda mais sensível, donde mais problemático o atraso imposto pelo Judiciário à atividade administrativa. Dois exemplos, os *Casos de Cooperativas de Saúde* e o *Caso da Resolução da ANTT* sobre imposição de multas e apreensão de veículos por irregularidades para transporte de passageiros, ilustram bem esse problema.

v. Qualidade das decisões judiciais: a falta de expertise técnica do Judiciário sobre a matéria concorrencial e regulatória e mesmo sobre detalhes do processo e oportunidades de defesa no âmbito das agências é um incentivo ao questionamento protelatório das decisões no Judiciário. Por

---

2. Como visto na análise quantitativa, a taxa de confirmação das decisões administrativas pelo Judiciário é elevada: do total de decisões judicializadas, cerca de 60% são ao final confirmadas pelo Judiciário. No subconjunto das decisões com resolução de mérito, a taxa de confirmação é ainda mais expressiva, perfazendo mais de 80% dos casos (Capítulo 5, Figura 5.2 e Tabela 5.5).

outro lado, traz insegurança jurídica ao mercado e aos agentes regulados e acaba por ter efeito negativo na própria atuação das agências, que podem ficar reféns da ameaça de judicialização e do risco de uma decisão revisora que não atente para as questões centrais da política regulatória[3]. O problema da baixa qualificação e aparelhamento insuficiente do Judiciário para lidar com questões econômicas e técnicas de cada setor ilustra a Hipótese *H10*, mas selecionamos quatro casos que mostram sintomas distintos: *a) falta de conhecimento de conceitos fundamentais de economia ou técnicos do setor* (ilustrado pelo *Caso dos Cegonheiros*, em que o Judiciário condenou por cartel um caso absolvido pelo CADE, justamente por ter sido incapaz de analisar as evidências à luz da estrutura e dinâmica do mercado envolvido na prática); *b) viés privatista que trata as ações de agências reguladoras como intervenções indevidas no domínio privado* (ilustrado pelo *Caso da Distribuição pela ANAC dos Slots*, variável chave de organização da concorrência no mercado aeroviário, mas que foi tratado pelo Judiciário como um ativo pertencente à empresa aérea, emperrando por tempo significativo uma melhor organização da competição); *c) refúgio dos juízes no formalismo como forma de solucionar a questão sem enfrentar critérios presentes na política regulatória* (ilustrado pelo *Caso dos Consumidores de Baixa Renda*, no qual se questiona Resolução da ANEEL redefinindo o critério de baixa renda para tarifa favorecida; o *Caso Concentração no Mercado de Chocolates* é também um exemplo nesse sentido); *d) insensibilidade no exame da política regulatória envolvida no conflito submetido ao Judiciário* (ilustrado pelo *Caso do ProPass* da ANTT, uma política voltada para regularizar as concessões de serviço de transporte de passageiros, que foi ignorada pelo Judiciário).

O quadro a seguir busca sintetizar os problemas ilustrados por cada caso analisado, mapeando cada um em relação às hipóteses que retrata e exemplifica. Cada caso trata de mais de um problema, marcado com x. Os problemas centrais ilustrados por cada caso são destacados em negrito.

---

3. Deve-se reforçar que, como exposto acima, a revisão judicial que se imuniza contra estratégias de chicana processual de alguns agentes econômicos e é ciente dos objetivos regulatórios do Estado traz efeitos positivos ao controle interno das agências, que passam a trabalhar para que as razões de revisão não se verifiquem nas novas decisões administrativas. Cf. Capítulo 3, seção 3.2.1.3.

Tabela 6.1. Cruzamento entre os Casos e as Hipóteses Confirmadas e Exemplificadas

Casos	H6	H7	H8	H9	H10
I – Anuência Prévia para Aquisição de Empresa (ANATEL)	x				
II – Rádios Comunitárias (ANATEL)	x			x	x
III – Cartel dos Peróxidos (CADE)		x			x
IV – Concentração no Mercado de Chocolates (CADE)	x		x		x
V – Cartel dos Genéricos (CADE)			x	x	x
VI – Intervenção em Operadora de Plano de Saúde (ANS)			x		x
VII – Operadoras de Plano de Saúde Associadas sob o Modelo de Cooperativa (CADE)				x	
VIII – Resolução 233/03 ANTT				x	
IX – Cartel dos Cegonheiros (CADE)					x
X – Distribuição de *Slots* (ANAC)			x		x
XI – Consumidores de Baixa Renda (ANEEL)			x		x
XII – Programa ProPass (ANTT)			x		x

Ao final, é feita análise da intervenção do Judiciário sobre o tema das metas de universalização pela ANATEL em relação à instalação de redes de banda larga (*backhaul*). O caso mostra a importância do controle judicial de atos das agências, ainda que normativos, dada a incoerência do diploma final com o processo de consulta pública, que pode revelar tanto um equívoco e uma falha de fundamentação por parte de agências, quanto o risco de captura pelos interesses dos agentes regulados.

6.2. Análise dos casos

6.2.1. Inação da Administração como fator de insegurança jurídica e recurso ao Judiciário

6.2.1.1. Caso da Anuência Prévia para Aquisição da Operadora de TV a Cabo

a) Sumário

Imediatamente após fechar oferta de aquisição de operadora de TV a cabo em julho de 2006, um grupo econômico (ao qual pertencem a operadora de STFC e a operadora de SMP) entrou com pedido de anuência prévia perante a ANATEL, que não se manifestou. Em dezembro de 2006 o grupo recorreu ao Judiciário, impetrando mandado de segurança para que a Agência se manifestasse sobre o pedido. O pedido liminar foi negado em primeira instância, mas o grupo obteve tutela antecipada ao recorrer da decisão de primeira instância junto ao TRF. O TRF determinou que a ANATEL se manifestasse em 10 dias. A ANATEL se manifestou em março de 2007, negando o pedido de anuência prévia. O grupo apresentou pedido de reconsideração perante a ANATEL. Em outubro de 2007, a ANATEL deu provimento ao pedido de reconsideração, reverteu sua decisão anterior e outorgou anuência prévia para a operação. O *Caso da Anuência Prévia para Aquisição da Operadora de TV a Cabo* mostra a importância do controle judicial, que constrange a agência a agir.

b) Análise do caso:

A compra da operadora de TV a cabo ocorreu no final de julho de 2006, quando uma sociedade de dado grupo econômico ofereceu R$ 130 milhões em leilão realizado na Bovespa. No início de agosto de 2006, o grupo entrou com um pedido de anuência prévia para obter aprovação da operação pela ANATEL, mas a agência não se pronunciou. Tal anuência era necessária para efetuar a transferência do controle acionário da operadora para o grupo econômico em questão.

Diante da inação do órgão administrativo, o grupo recorreu ao Judiciário. A petição esclarece que, "caso denegada a autorização, o Contrato será tido como não celebrado e os recursos depositados na Conta Vinculada para a aquisição das ações serão liberados em favor do comprador". Por isso a urgência do grupo em obter uma resposta da agência. O mandado de segurança (distribuído em dezembro de 2006) pedia que a ANATEL se manifestasse sobre o pedido de anuência prévia, alegando que a inação da agência resultava em insegurança jurídica, "uma vez que mantém suspensos os efeitos do 'Contrato de Compra e Venda de Ações e Outras Avenças' e pode vir a significar mesmo a sua desconstituição, implicando ainda grave ônus e incertezas relativas à administração da operadora de TV a cabo, a seus investimentos e à continuidade regular dos serviços por ela prestados em face da incompreensível indefinição acerca de seu controlador às vésperas do encerramento do ano fiscal". O pedido de liminar foi negado em primeira instância, no final de fevereiro de 2007.

O grupo recorreu da decisão de primeira instância, ingressando com um agravo de instrumento (AI) no TRF. Em março de 2007, o TRF deferiu tutela antecipada no agravo, determinando que a ANATEL se manifestasse sobre o pedido de anuência prévia em 10 dias. Ainda em março, o Conselho Diretor da ANATEL se manifestou, negando o pedido de anuência prévia à operação, com base no artigo 14.4 do Contrato de Concessão, que impediria que uma prestadora de STFC tivesse outorga de TV a cabo em sua área de concessão.

Os autos não permitem determinar, todavia, se a ANATEL se manifestou por causa da decisão do TRF. A decisão do Conselheiro Diretor da ANATEL faz menção apenas à decisão de primeira instância, que indeferiu o pedido de liminar. Essa decisão não diz que a manifestação foi provocada pela decisão do TRF. Segundo os documentos analisados, a publicação da decisão do Agravo de Instrumento ocorreu em 27 de março de 2007 e a decisão da ANATEL que negou provimento ao pedido ocorreu em 19 de março de 2007 (data da reunião do Conselho Diretor). Porém, a data da decisão do Agravo de Instrumento é 6 de março de 2007. Portanto, a decisão do TRF pode ter sido conhecida pela ANATEL antes de sua publicação, ainda que isto não seja explicitado nos documentos analisados.

A decisão da ANATEL negando a anuência prévia foi revista em outubro de 2007 pela própria agência. O grupo apresentou pedido de reconsideração da decisão proferida em março e o Conselho Diretor da ANATEL conheceu o pedido de reconsideração e deu provimento a ele, outorgando a anuência prévia. Logo em seguida, foi proferida sentença extinguindo o mandado de segurança, sem julgamento do mérito, por perda de objeto em razão de a ANATEL já haver se manifestado em março. A sentença transitou em julgado já em março 2008.

Apesar de o conteúdo do processo administrativo não ser o foco desta análise, apenas a titulo de esclarecimento vale mencionar que na análise do pedido de reconsideração o Relator entendeu que o Contrato de Concessão não havia sido descumprido. Seu voto foi acompanhado por dois Conselheiros – um que, na primeira votação, em março, havia rejeitado a anuência prévia, e o então novo Presidente da agência. Os dois Conselheiros que haviam votado contra a operação reiteraram seu posicionamento.

Quanto à ação judicial, vale mencionar que o objeto da disputa e o motivo das divergentes decisões em primeira instância e em instância recursal eram relativos à causa da demora por parte da agência. Enquanto o grupo argumentava que a ANATEL dispunha de todos os documentos para tomar uma decisão, a agência alegava que a demora era necessária para que fossem efetuadas diligências internas que garantissem a segurança jurídica do processo.

Mais especificamente, a disputa no âmbito judicial parece girar em torno do momento em que termina a instrução do processo, uma vez que a Lei 9.784/1999 determina que a Administração Pública tem 30 dias para decidir a partir do momento em que terminar a instrução do processo. O grupo alegou que, uma vez coletados os documentos, sua análise faria parte do processo decisório – e não do processo de instrução, como alegava a ANATEL. Sem tratar diretamente dessa questão, o TRF baseou sua decisão no seguinte argumento: "era ônus da ANATEL a indicação concreta e minuciosa das diligências probatórias ainda pendentes para justificar o excesso de prazo, não bastando – como foi feito – a alegação genérica da necessidade de análises, cujo prazo de conclusão nem se prevê. Em razão do exposto, defiro em parte o pedido de antecipação de tutela recursal".

O caso ilustra que a eventual inação da Administração causa recurso ao Judiciário, como forma de acesso a direito não atendido na esfera administrativa. Fica em aberto, todavia, se efetivamente o Judiciário pode suprir deficiências do processo administrativo e da atuação da Administração Pública. Ainda que possamos comprovar que a ANATEL foi motivada pela decisão do TRF, deve-se considerar os benefícios de tal poder judicial com bastante cautela. Por um lado, é saudável que o Judiciário intervenha nos casos em que uma agência está injustificadamente impondo delongas que afetam negativamente as partes envolvidas. Por outro lado, é desaconselhável que o Judiciário o faça quando a agência efetivamente necessita de extensão dos prazos para garantir a própria instrução do processo, a minuciosa análise das questões[4]. Em suma, as preocupações com o devido processo legal e seus prazos devem ser sopesadas à luz das preocupações com segurança jurídica e precisão do processo decisório. Balancear essas preocupações sempre envolverá *trade-offs* (Capítulo 3, seção 3.2.1.3).

Diante desses *trade-offs*, a melhor forma de garantir atuação efetiva e eficaz do Judiciário é afastar o risco de uma análise formalista e procedimental que estimule as Cortes a aplicar estritamente a letra da lei ou a focar em discussões conceituais etéreas. No presente caso, por exemplo, seria altamente questionável a utilidade da decisão judicial se a Corte decidisse definir se a análise de dados faz parte da instrução processual ou do processo decisório, usando isso para determinar a partir de quando se efetuaria o início da contagem do prazo de 30 dias.

Ao contrário, a pergunta feita pela Corte é se a ANATEL ofereceu argumentos substantivos para justificar a demora na análise de dados e, mais importante, se ela havia indicado qual a previsão para o término dessa mesma análise. Esse tratamento indica que a Corte estava efetivamente avaliando a real necessidade da agência de contar com uma extensão e, ao não encontrar motivos para tanto, obrigá-la a agir imediatamente. Trata-se, portanto, de um excelente exemplo de como o Judiciário pode balancear os *trade-offs* que informarão esse tipo de intervenção judicial. Outra questão está na possibilidade de

---

4. É interessante notar a ambivalência do fator "tempo": por vezes, é a agilidade de mercado, refletida em uma decisão da agência, que é obstada pelo Poder Judiciário, que possui um *timing* diverso – mais lento – do que a Administração.

o Poder Judiciário suprir a omissão administrativa e regular positivamente a situação. Esse tema é mais delicado, mas de qualquer forma essa possibilidade deveria ser considerada como última instância, i.e., após a omissão em atender determinação judicial para realização do ato administrativo.

6.2.1.2. Caso das Licenças para Funcionamento de Rádios Comunitárias

a) Sumário:

Discute-se a possibilidade de manutenção em funcionamento de rádios comunitárias cujas autorizações para operar foram requeridas ao Ministério das Comunicações porém ainda não outorgadas. Três associações culturais comunitárias de difusão e comunicação ajuizaram ações pleiteando que o Judiciário determine à ANATEL que se abstenha de praticar atos tendentes ao fechamento ou apreensão de seus equipamentos até a outorga definitiva da licença necessária para atuarem como rádios comunitárias. As associações alegam que protocolaram pedido de autorização para funcionamento como rádios comunitárias perante a ANATEL, que não havia se manifestado. Além disso, a agência procedeu à autuação das Associações e determinou a interrupção de suas atividades. No âmbito da ação ajuizada por uma delas (RC3), instaurou-se divergência dentro do STJ. Em Embargos de Divergência, assentou-se que o Judiciário poderia apenas fixar prazo para a ANATEL decidir, mas não decidir em seu lugar.

b) Análise dos casos:

Os casos analisados tratam da questão do tempo decisório da ANATEL a respeito da concessão de autorizações para o funcionamento de rádios comunitárias. Com a Lei 9.612/1998, foi criado novo sistema de radiodifusão que facilitou a concessão desses serviços. No entanto, não houve dispensa de autorização prévia da agência para o regular funcionamento das operadoras. Diante da ausência de manifestação da ANATEL, as associações passaram a atuar de forma irregular e foram autuadas pela própria ANATEL, por estarem funcionando sem a autorização. Ameaçadas de fechamento ou apreensão de equipamentos de radiodifusão por parte da agência, as associações recorreram ao Judiciário. As ações analisadas obtiveram diferentes soluções em sua análise pelo Poder Judiciário.

b.1) Associação RC1

Na ação cautelar preparatória ajuizada pela Associação RC1 contra a União e a ANATEL, busca-se o deslacramento dos equipamentos de determinada emissora, bem como seu livre funcionamento até a conclusão do procedimento administrativo, mediante a abstenção de atos que impliquem interrupções em suas atividades. O pedido liminar foi indeferido, porém sobreveio sentença que julgou procedente o pedido não somente para obstar a apreensão dos equipamentos da associação pela União ou pela ANATEL, como também para autorizar a manutenção de funcionamento da rádio comunitária e a restituição dos equipamentos até a conclusão do procedimento administrativo.

A União apelou arguindo a invasão de competência por parte do Judiciário em caso de procedência do pedido. Alegou também que a Lei 9.612/1998 não estipulou prazo para conclusão do ato de delegação. Disse ainda que a autorização pela via judicial, diante da exigência de licitação, violaria o princípio constitucional da igualdade. Afirmou que a utilização da radiofrequência de modo desordenado poderia colocar em risco a segurança das pessoas, por interferir nas comunicações aeronáuticas e nos sinais das emissoras. Asseverou que a autora omitiu-se no cumprimento das diligências necessárias para o deferimento da autorização.

A ANATEL interpôs apelação suscitando a falta de interesse de agir em razão da natureza satisfativa da cautelar e da ausência de seus pressupostos. Arguiu a impossibilidade jurídica do pedido por violação ao princípio da separação dos poderes. Aduziu que eventual mora do Ministério das Comunicações não enseja a outorga da autorização, mas sim o direito à análise do pedido. No mérito, defendeu a possibilidade de os equipamentos da rádio serem lacrados.

A decisão do TRF4 entendeu que a autorização do funcionamento provisório dos serviços de radiodifusão, mesmo quando decorrido longo prazo entre o protocolo do pedido e a resposta da Administração, acaba por ferir o princípio da separação dos poderes. Além disso, julgou que a determinação de prazo para a conclusão do processo administrativo também seria indevida interferência do Judiciário no livre exercício da função administrativa. Por fim, quanto ao pedido de retirada dos lacres, esclarece que o conceito de poder de polícia é inerente à própria função administrativa, e o pedido da impetrante vai de encontro à legislação. Por unanimidade, foi dado parcial provimento às apelações, julgando improcedente o pedido inicial.

A associação apresentou recurso especial (REsp 944.430-RS) contra o acórdão do TRF4, a fim de que lhe fosse garantida a execução do serviço de radiodifusão até a decisão do processo administrativo. A decisão da 2.ª Turma do Superior Tribunal de Justiça sopesa as questões suscitadas pelas partes:

> Efetivamente, cabe ao Executivo, por disposição constitucional, autorizar, conceder e fiscalizar o serviço de radiodifusão, não podendo o Judiciário imiscuir-se na esfera de um serviço eminentemente técnico e complexo, como se vislumbra pelas exigências da lei à obtenção de permissão.

Por outro ângulo, o funcionamento das rádios comunitárias é de importância à sociedade, especialmente às comunidades mais carentes, devendo o Estado, pelo Poder Executivo, prestar contas de um serviço que lhe está atribuído. Em outras palavras, a competência exclusiva de um órgão não lhe outorga o direito de fazer ou não fazer, a seu bel prazer. Ao contrário, a competência exclusiva impõe ao órgão o dever de prestar os serviços que lhes estão afetos, ao tempo em que outorga aos destinatários do serviço o direito de exigi-lo. Daí deixar o legislador assinalado em lei o prazo para o desenvolvimento da atividade administrativa, quando chamada a examinar o procedimento de outorga de uma rádio comunitária[5].

Porém, acaba por negar provimento ao recurso. A decisão enfatiza que nenhuma emissora de rádio pode funcionar sem autorização do ente administrativo, conforme previsto na legislação específica, não sendo competência do Judiciário concedê-la.

b.2) Associação RC2

Esta associação protocolizou junto ao Ministério das Comunicações pedido de autorização para funcionamento da rádio comunitária, e a ANATEL, além de permanecer omissa quanto à análise de tal requerimento, procedeu à autuação da requerente e determinou a interrupção de suas atividades. A associação impetrou então mandado de segurança (MS 2006.71.00.017505-0/RS) contra ato de gerente da ANATEL, requerendo a concessão da segurança para determinar à agência que se abstivesse de praticar atos tendentes ao fechamento ou à apreensão de seus equipamentos de radiodifusão até a outorga definitiva da licença necessária para atuar como rádio comunitária. A segurança foi negada em primeiro grau, por entender que o Judiciário não pode substituir o Poder Executivo. A associação apresentou recurso de apelação.

A 3.ª Turma do TRF4, por maioria, diferentemente do que havia decidido em 26 de setembro de 2006, quando julgara improcedente o pedido da Associação RC1, dessa vez deu provimento ao apelo, em 27 de março de 2007. A relatora daquele caso, porém, manteve sua posição anterior, restando vencida.

O voto do Desembargador Relator afirma que, apesar de a legislação específica não fixar prazo determinado para a instrução e conclusão do procedimento administrativo, isto não significa que a autoridade possa postergar a sua prática indefinidamente, frustrando o exercício do direito. Recorre, portanto, ao art. 49 da Lei 9.784/1999, que assinala prazo máximo de 30 dias (prorro-

---

5. REsp 944.430-RS – Inteiro teor do acórdão.

gável por mais 30) para decisão da Administração, após concluído o processo administrativo, observadas todas as suas etapas (instrução etc.):

> *In casu*, quando do ajuizamento do *writ* em maio de 2006, noticiou a impetrante a procolização [sic] de pedido administrativo, em assim sendo, já houve o decurso de mais de nove meses, sem notícia sequer da fase instrutória ter sido levada a termo. É certo que não existe, como ressaltado, determinação legal de prazo para conclusão do procedimento, senão para a emissão da decisão. No entanto, parece-me que tal transcurso se revela demasiado, a despeito da demanda de outras entidades interessadas no serviço, bem como do excessivo número de processos submetidos à apreciação da ANATEL, sendo o prazo decorrido mais do que suficiente ao implemento das providências pertinentes[6].

Foi apresentado pela ANATEL o REsp 1.062.390-RS, cujo provimento foi negado pela 1.ª Turma do STJ. Segundo a decisão:

> Já tendo transcorrido prazo razoável para que houvesse um pronunciamento acerca da providência aguardada, tem-se que a atitude da Administração contraria o princípio da eficiência, que, no caso em apreço, implica, necessariamente, atentar-se para um criterioso exame dos processos de autorização de execução de serviços de radiodifusão comunitária aliado à observância de prazo razoável para a prolação de alguma resposta ao requerente[7].

O STJ confirmou o acórdão que julgara procedente pedido para que a ANATEL se abstivesse de impedir o funcionamento provisório dos serviços de radiodifusão até a decisão do pleito administrativo, no qual se espera uma resposta da Administração há mais de 2 anos e meio.

b.3) Associação RC3

A Associação RC3 protocolou junto ao Ministério das Comunicações, em dezembro de 2002, requerimento demonstrando interesse para o serviço de Radiodifusão Comunitária, sob o n. 53000.007840/02. Como se pode ler no voto do Juiz Federal em sede de apelação, o Ministério das Comunicações emitiu ofício, em 28 de fevereiro de 2003, informando a formalização do requerimento e comunicando "que a Entidade requerente deverá aguardar futura publicação de aviso, no *Diário Oficial da União*, que atenda a localidade e

---

6. Apelação em Mandado de Segurança 2006.71.00.017505-0/RS – Inteiro teor do acórdão.
7. REsp 1.062.390-RS – Inteiro teor do acórdão.

no prazo legal apresentar toda a documentação exigida, encaminhando-a para anexação em seu processo".

A associação propôs ação ordinária, em 31 de janeiro de 2005, ou seja, mais de 2 anos após o requerimento da autorização, para que fosse assegurado o livre funcionamento da rádio comunitária até que concluído o procedimento administrativo para a concessão definitiva do serviço de radiodifusão. Em primeira instância, foi julgada improcedente a ação ordinária apresentada pela associação.

Em sede de apelação, a 4.ª Turma do TRF4, por maioria, deu provimento ao apelo, com base no entendimento de que houve conduta omissiva da Administração, vencido o Desembargador Relator. Como destaca o voto do Juiz Federal, desde o protocolo do requerimento de manifestação de interesse na prestação de serviços de radiodifusão transcorreram-se mais de 2 anos sem que a Administração tivesse se manifestado acerca do requerimento da associação, também não tendo sido noticiado fato novo até a data do julgamento (30 de março de 2007), ou seja, após passados mais de 4 quatro anos. Confirmado o voto do Juiz Federal, decidiu-se pela autorização do funcionamento provisório da emissora até o trânsito em julgado da ação ou até que sobreviesse decisão administrativa definitiva nos autos do processo administrativo.

A ANATEL apresentou o REsp 1.100.057-RS, cujo provimento foi negado, confirmando o acórdão que julgara procedente o pedido para que a agência se abstivesse de impedir o funcionamento provisório do serviço de radiodifusão. Inconformada, a ANATEL apontou dissídio jurisprudencial sustentando que a mora da Administração em conferir solução a processo administrativo não autoriza que o Poder Judiciário interfira na questão para permitir o funcionamento da emissora de radiodifusão. O STJ deu provimento aos embargos, julgando improcedente a ação ordinária ajuizada pela Associação.

A ANATEL suscitou o seguinte precedente como paradigma:

> Processual civil e administrativo – Recurso Especial – Serviço de radiodifusão – Outorga de rádio comunitária: Lei 9.612/98 e Decreto 2.615, de 03/06/98.
>
> 1. É manifestamente inadmissível o recurso especial, no que se refere à alegada divergência jurisprudencial, se a parte recorrente não observa as exigências dos arts. 255 do RISTJ e 541, parágrafo único, do CPC.
>
> 2. A Lei 9.612/98 criou um novo sistema de radiodifusão, facilitou a concessão, mas não dispensou a autorização prévia, que é obrigatória.
>
> *3. Por disposição constitucional, os serviços de radiodifusão sofrem o crivo estatal, desde a autorização até a regularidade do funcionamento, pela fiscalização da ANATEL.*

4. Recurso especial conhecido em parte e, nessa parte, não provido[8].

Conforme o voto da Ministra Relatora, no âmbito dos embargos de divergência:

Não desconheço a existência de precedentes desta Corte que, adotando a linha de raciocínio desenvolvida no aresto impugnado, aplicam o entendimento de que a inércia da Administração em decidir, num prazo razoável, sobre pedido de autorização para funcionamento de emissora de radiodifusão contraria os princípios da legalidade, moralidade e eficiência, autorizando a atuação política do Poder Judiciário que, de modo excepcional, atue para suprir a omissão, permitindo o funcionamento da emissora até que seja ultimado o processo administrativo.
[...]
Consigno, entretanto, que a jurisprudência desta Corte evoluiu e passou a encampar o entendimento de que, caso formulado pedido pela parte interessada, pode o Poder Judiciário, constatando a omissão administrativa, fixar prazo para que o órgão competente delibere sobre o requerimento de autorização de funcionamento de emissora de radiodifusão, posição que inclusive acolhi em precedentes de minha lavra.

Portanto, entende que esta solução – fixação de prazo para que a Administração Pública delibere sobre o assunto – permite que o Judiciário não adentre na atividade do ente administrativo, mas realize sua intervenção em nome do princípio da eficiência e da moralidade. No entanto, visto que a Associação não formulou pedido para que o Poder Judiciário fixasse prazo para o pronunciamento da ANATEL sobre o requerimento, o voto conclui pela inviabilidade da adoção de tal providência, na esteira do princípio da demanda e de precedentes do STJ.

c) Algumas anotações

Observou-se na análise dos casos acima referidos que a ANATEL não se manifestou a respeito do pedido das Associações por períodos que chegaram a até 5 anos. Portanto, pode-se reconhecer a importância das demandas apresentadas. De fato, é fundamental que as organizações que tenham apresentado seus pedidos à agência possam recorrer ao Judiciário em caso de injustificada demora na decisão a respeito da autorização de funcionamento.

---

8. REsp 944430/RS, 2.ª Turma, j. 18.11.2008, *DJe* de 15.12.2008, Origem 200371140057899; 200471140031659 – TRF 4.ª Região.

No entanto, em relação à demora da ANATEL, nota-se na análise que os pedidos das Associações não estão primordialmente voltados a solicitar a manifestação da agência. Pelo contrário, ao pedirem que seja determinada a abstenção da ANATEL quanto aos procedimentos de fechamento e apreensão das rádios que funcionam sem autorização, os casos revelam que as partes buscam uma autorização para funcionamento provisório concedida pelo Judiciário. De fato, a demora para manifestação por parte da agência não parece razoável. Porém, observa-se que as rádios levaram adiante a sua operação sem que tivesse sido concedida autorização pela autoridade administrativa. Sob a ameaça de imposição de sanções, recorreram ao Judiciário. Sobre essa questão, as Cortes apresentaram decisões divergentes.

No caso da Associação RC1, os Ministros da 2.ª Turma STJ entenderam que nenhuma emissora de rádio pode funcionar sem autorização do ente administrativo, não sendo competência do Judiciário concedê-la. Já no caso da Associação RC2, os Ministros da 1.ª Turma decidiram que, já tendo transcorrido prazo razoável sem decisão da ANATEL, esta deveria se abster de impedir o funcionamento provisório dos serviços de radiodifusão até a decisão do pleito administrativo. No terceiro caso analisado, o voto da Ministra do STJ, em embargos de divergência apresentados pela ANATEL, apontou que o Judiciário somente poderia fixar prazo para o órgão.

6.2.2. Suspensão da atividade da agência como fator de ineficácia da decisão administrativa e estímulo a recursos judiciais

6.2.2.1. Caso do Cartel dos Peróxidos

a) Sumário

Foi instaurado, em 9 de setembro de 2004, pela SDE, processo administrativo visando a apurar a denúncia de prática de cartel por parte de duas empresas atuantes no mercado brasileiro de peróxido de hidrogênio, no período de 1995 a 2004. Os fatos e documentos que permitiram as investigações foram obtidos em razão de Acordo de Leniência firmado, em 8 de maio de 2004, entre a União (representada pelo Secretário de Direito Econômico), uma das duas empresas e seus executivos. Após a instrução do processo administrativo feita pela SDE, foi emitido despacho da Secretaria que sugeriu o encerramento da instrução processual. Contra o despacho, a segunda empresa investigada e dois de seus executivos impetraram três mandados de segurança, com pedidos e causas de pedir idênticos.

Os autos mencionam, ainda, a existência de outros mandados de segurança cujos pedidos e causas de pedir são também idênticos, impetrados por outras pessoas físicas ligadas novamente à segunda empresa. Foi questionada a juntada extemporânea do Acordo de Leniência aos autos, bem como o indeferimento dos pedidos de oitiva das testemunhas signatárias do acordo. Foram concedidas, em razão do deferimento do pedido, as oitivas adicionais, de modo que os autos do processo administrativo retornaram à SDE, cuja análise já havia sido concluída. Ainda não houve a decisão final do caso pelo CADE e a intervenção judicial gerou atraso de pelo menos 3 anos. Trata-se de caso que ilustra a intervenção do Judiciário interrompendo a atividade administrativa antes de sua decisão final.

b) Análise do caso

Em caráter sigiloso, anteriormente à instauração do processo administrativo, foi promovida averiguação preliminar para apuração dos indícios de infração à ordem econômica no mercado brasileiro de peróxidos de hidrogênio, fundamentada em "(i) possíveis acordos entre concorrentes para divisão de mercados/clientes, bem como para fixar preços e volume de vendas de produto; [...]" e (ii) possíveis acordos sobre vendas a serem realizadas pelas representadas, inclusive com a imposição de que os distribuidores dessas empresas não concorressem uns com os outros.

O Processo Administrativo 08012.004702-77 foi instaurado pela SDE/MJ por meio do Despacho 958, publicado no dia 16 de setembro de 2004 no *Diário Oficial da União*. O processo foi instaurado em face das duas empresas em questão e uma terceira, bem como contra diversas pessoas físicas, com base em informações obtidas por meio do já mencionado Acordo de Leniência. Por entender que já teriam colaborado com a Secretaria, a SDE cancelou a oitiva das partes signatárias do Acordo de Leniência e indeferiu o pedido de oitivas adicionais de pessoas mencionadas nos depoimentos realizados.

Em 13 de junho de 2006, a SDE indeferiu os pedidos de oitiva das testemunhas signatárias do Acordo de Leniência, encerrou a instrução processual e abriu prazo para os representados apresentarem as alegações finais. Afirmando que o ato de encerramento fere o direito ao contraditório, à ampla defesa e ao devido processo legal, foram impetrados os já referidos mandados de segurança (cujos pedidos e causas de pedir são idênticos), dos quais três são analisados a seguir.

O Mandado de Segurança 2006.34.00.020406-7 foi impetrado pela empresa em 5 de junho de 2005. O pedido de liminar foi indeferido em 7 de julho de 2006, em razão de se haver entendido que a decisão administrativa havia sido devidamente fundamentada pela autoridade, a qual entendeu que as provas colhidas eram suficientes para o julgamento.

A impetrante apresentou Agravo de Instrumento 2006.01.00.0267713-0, alcançando o deferimento do pedido de efeito suspensivo e sendo determinada a reabertura da instrução processual para a realização das provas, em 25 de julho de 2006. Lê-se, na decisão: "a autoridade impetrada, ao indeferir a produção da prova testemunhal postulada pela impetrante, limitou-se a consignar que a oitiva de algumas testemunhas seria suficiente ao esclarecimento da questão, deixando, entretanto, de apontar os motivos que dispensariam a oitiva daquelas outras arroladas". Foi deferido o pedido de efeito suspensivo, "determinando a reabertura da instrução do procedimento administrativo indicado na inicial, com a realização das provas postuladas pela impetrante, até o pronunciamento definitivo da Turma julgadora".

Por fim, após a decisão do agravo de instrumento, o processo de mandado de segurança foi extinto, em março de 2009, com resolução do mérito, visto que houve a satisfação do pedido da impetrante por meio do cumprimento da decisão do agravo, ou seja, foram realizadas as oitivas e tomados os depoimentos pretendidos no âmbito do processo administrativo.

No âmbito do MS 2006.34.00.022319-0, impetrado por um dos executivos da empresa impetrante do mandado de segurança anterior, em 19 de julho de 2006, foi concedida liminar em 20 de julho de 2006. No entanto, esta se tornou sem efeito em 8 de agosto de 2006, por decisão que reconheceu a prevenção do Juízo que havia indeferido a liminar no MS 2006.34.00.020406-7. A decisão entendeu tratar-se de ações com o mesmo pedido, sobre o mesmo ato administrativo e a mesma causa de pedir. Reconhecida a continência, foi revogada a liminar que havia sido concedida. Por fim, tal qual fora decidido nos autos do mandado de segurança impetrado pela empresa, visto que fora reconhecida a conexão entre os dois processos, o mandado de segurança impetrado por seu executivo foi extinto, em março de 2009, com resolução do mérito, em razão de terem sido realizadas as oitivas e tomados os depoimentos pretendidos no âmbito do processo administrativo.

A terceira ação analisada foi o MS 2006.34.00.023211-0, impetrado por um segundo executivo da mesma empresa, também com pedido de liminar. Tal como nas ações mandamentais anteriores, o impetrante solicitou que fossem tomados os depoimentos dos signatários do Acordo de Leniência, alegando que tal medida conferiria ao impetrante o seu direito à mais ampla defesa. Em razão de decisão de mérito proferida pelo Juízo da 20.ª Vara Federal da Seção Judiciária do DF, nos autos do MS 2006.34.00.023211-0, que manteve a liminar concedida, a SDE determinou, em despacho, a reabertura da instrução do processo administrativo para a realização das oitivas pretendidas.

Como foi possível observar, o ato administrativo atacado por diversas ações judiciais (de objeto e causa de pedir idênticas) consistia em despacho que havia sugerido o encerramento da instrução processual. Em seguida, a Secretaria deveria emitir o seu parecer e encaminhar o processo ao CADE para julgamento. No entanto, por meio de decisões judiciais, as partes alcançaram o objetivo de realização de oitivas adicionais, isto é, a reabertura da instrução do processo administrativo, realização de novas provas e novo prazo para apresentação de suas alegações finais.

O caso fora concluído pela SDE em 2006. No entanto, as representadas (a empresa atuante no mercado de peróxidos e pessoas físicas ligadas a ela) conseguiram que fossem realizadas oitivas adicionais das representadas que haviam assinado o Acordo de Leniência com a SDE, com base no direito à ampla defesa, e obtiveram esse direito no Judiciário. Somente em 4 de dezembro de 2009 foi aprovado o parecer da Procuradoria do CADE e os autos foram encaminhados ao Conselheiro-Relator. Segundo foi possível analisar, após mais de 4 anos do encerramento da instrução processual, o caso continua em andamento no Sistema Brasileiro de Defesa da Concorrência e ainda não foi julgado, encontrando-se, atualmente, concluso ao Conselheiro-Relator.

Independentemente da necessidade ou não da oitiva de testemunhas, o fato é que houve um atraso de cerca de 3 anos no processo com a intervenção judicial. A apreciação pelo Judiciário do pedido de suspensão do processo para oitiva durou cerca de 1 ano. A própria Administração foi também responsável pela demora, ao levar um período injustificável de tempo para a realização da providência instrutória pendente. Vale notar, porém, que o processo administrativo admite instrução complementar pelo Conselheiro-Relator do CADE, de forma que o pedido das acusadas ainda poderia ser apreciado em instância administrativa. O recurso ao Judiciário e a ausência de familiaridade desse último com o processo decisório e instrutório na SDE e no CADE acabou por criar uma ineficiência no tempo de análise. O processo poderia ter chegado ao CADE já em 2006, e a oitiva poderia ter sido feita pelo Conselheiro-Relator, sem necessidade de decisão judicial e reabertura do feito na Administração.

Exemplos como esse sinalizam aos acusados em âmbito administrativo que a possibilidade de recurso ao Judiciário por meio de diversas ações pode ser uma boa estratégia para interromper ou atrasar a atividade administrativa antes de sua decisão final. Em duas dessas ações, o processo foi suspenso por decisão liminar. Ao conseguirem a determinação do cumprimento do pedido na decisão de mérito proferida nos autos do MS 2006.34.00.023211-0, as demais ações foram extintas e foi reaberta a instrução administrativa.

6.2.3. Suspensão liminar da eficácia de decisões e atos normativos das agências

6.2.3.1. Caso Concentração no Mercado de Chocolates

a) Sumário

Trata-se de julgamento de ato de concentração referente à aquisição da totalidade do capital social de fabricante de chocolates nacional ("adquirida") por companhia multinacional atuante no mercado de chocolates ("adquirente"). O CADE entendeu que a operação resultaria em elevado grau de concentração do mercado relevante e que as eficiências não seriam suficientes para compensar o dano à concorrência e ao bem-estar do consumidor. Por maioria, o Conselho decidiu pela desconstituição da operação. Em âmbito judicial, o caso foi contestado por meio de ação ordinária ajuizada pelas empresas contra o CADE, alegando (i) o decurso do prazo de 60 dias para a análise do caso pelo Conselho, que resultaria em sua aprovação tácita e (ii) a nulidade do julgamento em razão de ofensa ao contraditório e à ampla defesa. Além disso, o Sindicato de Trabalhadores do Setor de Alimentação do Estado do Espírito Santo ajuizou ação civil pública argumentando (iii) a nulidade do item "C" da decisão do CADE, que não aprovou o ato de concentração, por ausência de motivação. Ainda não se obteve uma manifestação definitiva por parte do Judiciário.

b) Análise do caso

b.1) Ato de Concentração 08012.001697/2002-89

A operação de compra da empresa nacional pela companhia multinacional foi submetida ao Sistema Brasileiro de Defesa da Concorrência (SBDC) em 15 de março de 2002, e o CADE celebrou com as empresas, em 27 de março de 2002, um Acordo de Preservação de Reversibilidade da Operação, com o fim de resguardar as condições de mercado e evitar danos à concorrência até o final do julgamento do caso. Primeiramente, a análise da operação pela SEAE/MF concluiu que "os ganhos de eficiência decorrentes da operação não seriam justificáveis para aprová-la". Em seguida, a análise da SDE/MJ afirmou que "a aprovação do ato só pode se dar mediante a imposição de condições que inviabilizem o exercício do poder de mercado adquirido". A Procuradoria Federal junto ao CADE e o Ministério Público Federal manifestaram-se no mesmo sentido indicado pela SDE, isto é, concluindo que a operação poderia ser aprovada se impostas condições suficientes para impedir o exercício de poder de mercado pela adquirente.

A decisão do CADE, proferida em 4 de fevereiro de 2004, determinou a desconstituição da operação, bem como as formas segundo as quais se efetivaria a desconstituição do ato. Foram apresentados embargos de declaração pelo Ministério Público Federal, cujo provimento foi negado por unanimidade, por inexistência de contradição, omissão ou obscuridade no mérito da decisão. A adquirente opôs ao acórdão pedido de reapreciação, que foi julgado improcedente e, posteriormente, apresentou embargos de declaração. O CADE rejeitou os embargos por unanimidade, por ausência de qualquer contradição, omissão ou obscuridade nos votos do pedido de reapreciação.

b.2) Ação ordinária – Processo 2005.34.00.015042-8

As requerentes do ato de concentração propuseram ação ordinária, com pedido de tutela antecipada, contra o Conselho objetivando a anulação da decisão que desaprovou a operação (Processo 2005.34.00.015042-8). A análise a seguir será dividida conforme a relação que as questões suscitadas nos autos do processo possuem com as hipóteses aptas a ilustração.

Em 30 de maio de 2005, foi deferida medida cautelar que suspendeu o curso dos prazos estabelecidos pelo CADE. Lê-se na decisão: "a petição inicial foi ajuizada com 80 laudas e acompanhada de documentação que já totaliza 9 volumes [...]. Depois disso foram ajuizadas mais duas petições, sendo de prever-se que a manifestação do CADE, limitando-se a rebater, sucintamente, os argumentos dos autores, não será pequena, demandando mais um razoável tempo para análise, inclusive dos bastante intrincados aspectos jurídico-econômicos envolvidos". Em seguida, decide o MM. Juiz Federal, dado que os prazos fixados pelo CADE já se encontravam em vias de vencimento para algumas providências, pelo deferimento da medida acautelatória "até que se possa formar um juízo preliminar mais consistente sobre a legitimidade e legalidade de tais exigências". Ou seja, em razão da complexidade da matéria e do grande volume de documentos apresentados, decide-se pela concessão da suspensão, com base, aparentemente, no entendimento de que esta causaria menos dano ao caso. A sentença somente foi proferida em março de 2007.

Pode-se notar, desde já, que este caso ilustra a hipótese *H8*, segundo a qual a "*suspensão cautelar de decisões administrativas finais* pelo Judiciário igualmente dificulta a eficácia da decisão administrativa e pode amplificar a incerteza jurídica". De fato, observa-se que somente após concluída a análise da operação pelo SBDC as autoras ingressaram com ação judicial.

As questões levantadas na ação judicial, no entanto, não chegaram a ser levantadas em nenhum momento no curso do procedimento administrativo de análise do ato de concentração. As partes, ao contrário, deixaram que o processo fosse julgado no mérito e, posteriormente, voltaram-se para o questionamento de fatos anteriores ao julgamento. Tal possibilidade parece manter o procedimento administrativo sob permanente insegurança.

Em seu pedido, as autoras argumentam, com base no art. 54, §§ 6.º, 7.º e 8.º, da Lei 8.884/1994, que a operação teria sido aprovada por decurso de prazo. A legislação estabelece prazo de 60 dias para o CADE apreciar a operação, sob pena de aprovação automática, sendo este prazo suspenso apenas quando houver necessidade de esclarecimentos e documentos imprescindíveis à análise. De fato, foram enviados diversos ofícios pelo CADE solicitando informações que teriam esse efeito de suspensão do prazo. Porém, segundo alegaram as empresas, tais ofícios não cumpriram o requisito da imprescindibilidade. Além de afirmarem ter decorrido o prazo em relação à decisão do ato de concentração, sustentam que o mesmo se deu em relação ao pedido de reapreciação, visto que teriam passado mais de 6 meses sem causa suspensiva do prazo de 60 dias.

O pleito é relevante e justificável dentro da dinâmica das relações de mercado, visto que o julgamento ocorreu apenas 411 dias após a autuação do ato de concentração no CADE, segundo consta em manifestação do Ministério Público Federal. No entanto, as questões do tempo decisório e da inação da Administração apresentam alguns pontos que necessitam de uma apreciação mais ponderada.

Primeiramente, pode-se observar que as empresas questionam o prazo supostamente esgotado somente após a decisão final, desfavorável, já ter sido proferida pelo CADE. Em momento algum, no curso do procedimento administrativo, as partes se manifestaram em relação às diligências efetuadas pelo CADE (como indicado acima na análise da hipótese *H8*). Ademais, tais diligências são referendadas em sessões plenárias do Conselho, que as ordena com base em juízo de conveniência e oportunidade.

A decisão judicial de primeira instância considera o fato de as partes não terem questionado as diligências no curso do procedimento administrativo, conforme impugnado pelo CADE, porém aponta para o fato de não se poder falar em "preclusão administrativa", menos ainda que esta acarretaria preclusão judicial. Por um lado, observa-se que é preciso reconhecer a importância da ação do Poder Judiciário diante de eventual situação de inação da Administração Pública, conforme determinação legal, independentemente de a questão ter sido suscitada no curso do procedimento administrativo. Por outro lado, deve-se reconhecer que esta hipótese não deve ser utilizada como justificativa para se adentrar no mérito administrativo. Nesse caso, questionar o caráter de necessidade ou não de informações solicitadas pelo Conselho poderia representar uma substituição por parte do Poder Judiciário no que se refere à competência discricionária atribuída ao Conselho. No presente caso, a sentença de primeiro grau acabou por exigir do CADE a comprovação da necessidade de atos que faziam parte da própria formação de seu posicionamento.

Em primeira instância, a sentença considera as diligências nulas por ausência de motivação, o que representaria uma afronta ao devido processo legal, e considerando, portanto, o ato de concentração automaticamente aprovado por decurso do prazo para julgamento do CADE, com base no art. 54, § 7.º, da Lei 8.884/1994. Segundo esta decisão, a imprescindibilidade "de qualquer diligência, para induzir à suspensão do § 8.º, teria de ser demonstrada em motivação lógica e racional. Trata-se de manipulação da prova. Formação embrionária do que virá a ser a decisão final. E isto – demonstração lógica e racional da imprescindibilidade da prova – é perfeitamente possível, apesar da aparente subjetividade do termo". Além disso, a decisão fundamenta-se na Lei 9.784/1999, que regula o processo administrativo e aplica-se, subsidiariamente, às decisões do CADE, cujos arts. 24, parágrafo único, e 67 explicitam a exigência de comprovada motivação para suspensão dos prazos processuais.

Em sede de apelação, o CADE questionou a sentença afirmando que todos os ofícios contêm motivação, ainda que sucinta, e que "a motivação da requisição de tal informação é imanente à própria requisição: levantar dados sobre preços dos produtos, volume de produção, custos etc.". A decisão concluiu que a "disposição do art. 54, § 7.º (segunda parte), da Lei 8.884/94 não pode significar a possibilidade de aprovação automática e, consequentemente, renúncia da competência, exceto na hipótese de absoluta inércia da Administração em casos 'nos quais, por não vislumbrar qualquer risco à ordem econômica, e até para evitar os custos inerentes a uma sessão de julgamento – *e.g.* despesas das partes com advogados e deslocamento –, o órgão julgador simplesmente se abstém de qualquer providência, deixando escoar *in albis* o prazo legal' (parecer do MPF)". Além disso, contribuindo para uma compreensão ponderada da hipótese *H6*, a decisão do TRF assevera que a "aprovação automática e indiscriminada por simples decurso de prazo [...] subtrairia do Poder Judiciário o controle da omissão administrativa, que, nessas circunstâncias, teria o mesmo efeito de ato positivo".

Outra questão suscitada pelas empresas baseia-se no argumento de que haveria nulidade do julgamento do CADE por ofensa ao contraditório e cerceamento de defesa. Segundo afirmam, as empresas não tiveram acesso a alguns dados, que ficaram mantidos sob sigilo, porém foram utilizados pelo Conselho em sua decisão, ficando impedidas de contestá-los. Alegam, ainda, que novos documentos foram juntados ao processo após o pedido de reapreciação, de modo que as partes não puderam se manifestar em relação a tais informações. Outro problema da decisão apontado pelas partes refere-se ao voto do Conselheiro-Relator no Pedido de Reapreciação, cuja motivação teria sido insuficiente. Esta alegação, conforme indica a decisão do TRF, é a "pedra de toque" das várias alegações de nulidade do processo administrativo. A tese não é acatada em primeiro grau. No entanto, em sede de apelação, foi dado provimento ao pedido, determinando a reforma da sentença para que seja anulado o pedido de reapreciação.

Segundo a decisão do TRF, "é necessário verificar se, apesar de resultar algum prejuízo para a livre concorrência e para os consumidores, o ato ainda assim comporta-se dentro de limites tolerados pelo sistema jurídico. No voto do relator [...] não foi enfrentada a questão desse limite tolerável, em confronto com a solução proposta". Acrescenta, ainda, que a validade do voto do relator é também confrontada pelo fato de não ter sido confirmada por novo relator designado para o processo após sua saída do CADE, "apesar da posterior realização de audiência pública, e a juntada de documentos só após a conclusão do julgamento, irregularidade esta que contamina também os demais votos". Conclui, portanto, que a irregularidade do voto do Conselheiro-Relator determina a anulação de todo o julgamento do pedido de reapreciação, decidido por maioria de um voto.

Observa-se a importância do papel do Poder Judiciário diante de irregularidades no processo administrativo, em particular na hipótese de ofensa ao devido processo legal. No entanto, é necessário ressaltar, como discutido acima, que a decisão representou a devolução de processo ao CADE[9], para nova decisão, 5 anos após o seu julgamento, o que aumentou a incerteza jurídica. Por outro lado, deve-se questionar se a remessa dos autos ao CADE não seria condizente com o sopesamento de dois interesses conflitantes nesse caso: de um lado, a Corte quer garantir que não tenha havido violação do devido processo legal (interesse das empresas); de outro, a Corte pondera que simplesmente anular o processo por causa de vício processual pode afetar negativamente os interesses dos consumidores brasileiros. Nesse sentido, remeter o caso de volta ao CADE talvez tenha sido a melhor forma de garantir que nenhum desses interesses fossem violados. Todavia, em razão do problema

---

9. Deve-se lembrar aqui que não são todos os países que contam com revisão judicial de decisões em matéria de concorrência, e naqueles em que ela é praticada, por vezes o juiz fica adstrito ao reenvio do caso à autoridade administrativa, se verificada falha.

da demora da decisão, a situação de intervenção positiva por parte do Poder Judiciário acaba por vir acompanhada de um ônus para a resolução do caso.

Em particular, tratando-se de ato de concentração econômica, a remessa para novo julgamento é praticamente a chancela de uma operação entre as empresas que havia sido desconstituída pelo CADE. Isso porque, passados 5 anos, cria-se um *fait accompli*, aliás uma das razões pelas quais o CADE, nesse caso, havia assinado um acordo com a adquirente de suspensão da integração entre as empresas até o julgamento. Após 5 anos, já há uma integração entre as atividades das empresas que torna excessivamente onerosa, não só para estas, mas também para o mercado e os consumidores, uma desconstituição[10]. Esse será um fator adicional a ser sopesado pelo CADE.

b.3) Ação Civil Pública – Processo 2004.50.01.011423-4

Além da ação ordinária ajuizada pela pelas empresas, o sindicato atuante no setor de alimentação ajuizou ação civil pública, em 3 de novembro de 2004, questionando, especificamente, o item "c" da decisão do CADE, que não aprovou o ato de concentração. Esse item encontra-se no voto do Conselheiro-Relator, que estabelece algumas formas segundo as quais se pode realizar a desconstituição da operação. Na decisão, lê-se: "C) a alienação poderá, a critério do comprador, não incluir todos os ativos correspondentes à capacidade produtiva da empresa alienada à época da aquisição, mas deverá, necessariamente, envolver os ativos relacionados no item B. Caso o comprador opte por esta alternativa, [...] deverá alienar tais instrumentos (equipamentos e maquinarias) a outro interessado".

Portanto, por meio de sua decisão, o CADE autorizou que o comprador da empresa opte por não comprar a capacidade produtiva, ou seja, equipamentos e maquinarias. Para o sindicato, tal possibilidade representaria extrapolação da competência do CADE, requerendo a vedação da possibilidade de a adquirente vender separadamente os ativos materiais e imateriais da adquirida. O autor alega, ainda, ausência de motivação no que se refere à possibilidade de novo comprador não adquirir a parte material da empresa adquirida. Pede, portanto, que seja vedada a venda em separado dos ativos materiais e imateriais. Em sua contestação, a Procuradoria do CADE afirma que "o CADE tem,

---

10. Como já referido na pesquisa, a difusão de prejuízos a todos os *players* envolvidos no caso tornam-no emblemático, sendo tomado no Capítulo 5 (seção 5.3) como a possível explicação da queda da judicialização das decisões do CADE a partir de 2004. De um lado, os agentes econômicos passaram a buscar soluções acordadas com a autoridade, a qual, de outro lado, reforçou o cuidado com os procedimentos em torno da decisão.

não só o poder, mas o *dever* de impor obrigações às empresas, incluindo a alienação total ou parcial dos ativos envolvidos (máquinas, fábricas, marcas etc.), para restabelecer a normalidade de um mercado relevante. Nesse sentido é claro o § 9.º do artigo 54, da Lei n. 8.884/94 [...]". Ademais, a Procuradoria apontou para o risco de se adentrar no mérito do ato administrativo, com base na afirmação de que não existem vícios de legalidade no processo administrativo.

Em primeira instância, entendeu-se que teria sido violado o "princípio constitucional da moralidade dos atos administrativos, pela ausência de fundamentação, o que já seria suficiente para ensejar a anulação [...]". Em seguida, a decisão conclui que "a adoção da medida veiculada pelo item 'C' não é razoável, nem proporcional aos demais aspectos relevantes da ordem econômica que não envolve somente a livre concorrência". Afirma, ainda, "ter afrontado, o ato proferido pelo CADE, órgão da Administração Pública, os princípios da razoabilidade e proporcionalidade, por não ter levado em conta o impacto social de sua decisão [...]" e que este, "como um dos guardiões da ordem econômica deveria preocupar-se com outros aspectos de relevância maior, como as necessidades prementes dos empregados da empresa [adquirida], que ficaram à mercê, sem qualquer ato de cunho protetivo, dos atos de mera disposição econômica". Conforme a sentença, portanto, foi deferida a antecipação de tutela, suspendendo-se a exigibilidade do item "C" da decisão do CADE. Novamente, o caso toca na sensível questão do alcance da revisão judicial, em particular de revisão do mérito do ato administrativo.

Em parecer do Ministério Público Federal (MPF), apresentado após apelações do sindicato, da empresa adquirida e da Procuradoria do CADE, afirmou-se que "a decisão do CADE, no ponto impugnado na demanda, apenas 'choveu no molhado'. Ela não introduziu nenhuma inovação na esfera jurídica ou na esfera subjetiva de quem quer que fosse, nem tampouco ampliou ou restringiu direitos e deveres das empresas envolvidas ou de seus trabalhadores". Ou seja, o parecer do MPF aponta para a ausência de fundamento do principal objeto da ação, considerando-a faculdade derivada da livre-iniciativa das empresas requerentes do ato de concentração. Ainda assim, a ação já havia resultado em suspensão de parte da decisão final do CADE. O TRF decidiu pela improcedência do pedido, acolhendo o parecer do MPF e afirmando que a decisão do CADE não teria ofendido a garantia do pleno emprego, conforme o Sindicato havia alegado.

Após decisão que negou provimento aos Embargos de Declaração opostos pelo Sindicato, este apresentou ainda Recurso Especial (REsp 1.163.560/RJ), que não foi provido.

Pode-se observar que este caso ilustra a hipótese *H8*, segundo a qual "a *suspensão cautelar de decisões administrativas finais* pelo Judiciário igualmente dificulta a eficácia da decisão administrativa e pode amplificar a incerteza jurídica". Discutindo a necessidade ou não de motivação do item "C" da decisão do CADE e a competência do Conselho para incluir tal determinação, somente em 3 de outubro de 2007, praticamente 3 anos após o início desse processo judicial, foi revertida a decisão cautelar, que havia sido confirmada pela sentença.

6.2.3.2. Caso do Cartel dos Genéricos

a) Sumário

Laboratórios farmacêuticos e associação de empresas da indústria farmacêutica foram acusados de prática de ação coordenada a fim de delimitar a atuação dos distribuidores de medicamentos no Brasil e prejudicar a introdução de medicamentos genéricos no mercado brasileiro. A condenação pelo CADE desencadeou duas levas de (numerosas) medidas judiciais: a primeira foi em 2005, quando da decisão do CADE condenando os laboratórios pela prática de conduta anticoncorrencial; e, a segunda, em 2007, após o julgamento desfavorável dos recursos administrativos interpostos pelos laboratórios. Os processos judiciais iniciados em 2007, mesmo passados mais de 3 anos de sua propositura, ainda aguardam julgamento final. Os efeitos da decisão do CADE até a presente data estão suspensos por força de decisão judicial, que se agarrou a questões menores, como a data de publicação do acórdão, gerando impactos imediatos sobre a economia e o bem-estar do consumidor. Considerando as duas levas de numerosas medidas judiciais, as análises demonstram ser nítido que o Poder Judiciário não se manifestou de forma coerente e coesa, tendo proferido decisões contraditórias e com carência de análises aprofundadas sobre a matéria de direito concorrencial.

b) Análise

b.1) Breve descrição do caso no âmbito administrativo

O processo administrativo teve início com a Representação formulada por entidade de classe representativa da profissão farmacêutica do Distrito Federal contra a associação de indústrias e vinte laboratórios farmacêuticos[11],

---

11. Vale notar que nem todos os nomes das empresas listadas como Representadas pelo CADE correspondem aos nomes das empresas que questionaram a decisão administrativa judicialmente por razões societárias.

protocolada em 01 de setembro de 1999. O Conselho profissional acusou as Representadas de formação de cartel, em virtude de indícios de ação coordenada no sentido de delimitar a atuação dos distribuidores de medicamento no Brasil e prejudicar a introdução de medicamentos genéricos no mercado brasileiro.

A Representação apresentou, como prova da conduta ilícita, cópia de ata de reunião realizada em 27 de julho de 1999, na Fundação Getulio Vargas, em São Paulo, cujos participantes eram gerentes de vendas das representadas, ou cargos equivalentes. Conforme foi abordado nos autos do Processo Administrativo 08012.009088/1999-48, entre os temas presentes na pauta da reunião estavam (i) estratégias a serem adotadas quanto à forma de atuação dos distribuidores de medicamentos no mercado nacional e (ii) campanhas publicitárias contra medicamentos genéricos junto à classe médica e aos consumidores.

Em 27 de outubro de 1999, a SDE instaurou Processo Administrativo (Autos 08012.009088/1999-48) por reconhecer indícios suficientes de prática passível de ser alcançada pela Lei 8.884/1994, art. 21, incisos I, II, IV, V e XIII. Em seguida, em ato publicado no *DOU* de 8 de novembro de 1999, o Secretário de Direito Econômico adotou medida preventiva a fim de que as Representadas se abstivessem de: "(i) tomar qualquer atitude no sentido de excluir quaisquer distribuidores do mercado; (ii) adotar qualquer medida que visasse ao boicote ou discriminação de distribuidores que comercializem medicamentos similares/genéricos, garantindo-lhes o fornecimento de produtos éticos dentro das condições usuais de venda; (iii) reduzir, de forma concertada, os descontos praticados para os planos de saúde de um modo geral" e, em especial, paras operadoras de planos de saúde associadas sob a forma de cooperativa. Contra essa decisão foram interpostos os Recursos Voluntários 005/1999, 010/1999, 011/1999, 012/1999, 013/1999 e 014/1999 pelas Representadas, julgados improcedentes pelo CADE, em 1.º de dezembro 1999, que confirmou a medida preventiva.

Ao final, em novembro de 2005, no julgamento do processo principal, o CADE concluiu pela condenação dos laboratórios com base nas infrações contidas no art. 20, incisos I, II e IV c/c o art. 21, incisos I, IV, V, XIII, da Lei 8.884/1994, com exceção de uma, que, para além dos dispositivos citados, foi condenada ainda pela prática prevista no art. 21, II, da Lei 8.444/1994, em razão da sua atuação como líder do grupo. Como consequência, foram aplicadas multas no valor de 1% sobre o faturamento bruto do último exercício para todos os laboratórios e no valor de 2% para a que foi considerada líder do grupo, além da publicação de Nota Pública contendo extrato da decisão do CADE em jornal de grande circulação nacional por todos os laboratórios (Acórdão publicado em 10 de novembro de 2005 e republicado em 8 de maio de 2006).

É importante notar que, anteriormente à definição do posicionamento do CADE, o Conselheiro-Relator havia-se pronunciado pela insuficiência de provas para a condenação das Representadas. Após análise complementar solicitada por um dos Conselheiros, a fim de fazer constar nos autos informações econômicas sobre a indústria farmacêutica nacional no período imediatamente posterior à conduta imputada às Representadas, conclui-se pela existência de elementos suficientes para a condenação dos laboratórios envolvidos (cf. Relatório complementar e voto-vista, especialmente tópico 2.3.3). Em face dessa decisão, foram interpostos 19 embargos de declaração, nos quais foram levantados vícios formais largamente discutidos pelos Conselheiros em suas análises. Os embargos de declaração foram julgados parcialmente procedentes em 7 de novembro de 2007, com reformulação sobre aspectos insignificantes da decisão do CADE. O CADE deu provimento ao pedido de imprecisão quanto à definição de "jornal de maior circulação nacional", e ao equívoco quanto ao dispositivo citado no voto condutor ("onde se lê a referência ao art. 25, leia-se art. 46 da Lei 8.884/94"), estando rejeitados os demais pedidos.

b.2) A corrida aos tribunais no Caso do Cartel dos Genéricos

A profusão de medidas processuais no *Caso do Cartel dos Genéricos* respeitou as fases do procedimento administrativo no CADE, tendo sido identificadas duas levas de medidas judiciais a fim de obstar os efeitos da decisão administrativa ou anulá-la.

A *primeira leva de processos* data de *novembro de 2005*, quando da publicação do acórdão pelo CADE, durante período em que estariam suspensos prazos processuais nessa instância administrativa, em razão do término do mandato do Conselheiro Roberto Augusto Castellanos Pfeiffer. Os laboratórios ingressaram em juízo argumentando que o ato (publicação do acórdão) era inválido, uma vez que fora realizado durante período em que se encontravam suspensos os processos em trâmite no órgão administrativo diante da insuficiência de quórum (violação ao art. 4.º, § 5.º, c/c o art. 49, parágrafo único, da Lei 8.884/1994 e nas Resoluções CADE 26 e 40). Às medidas principais se seguiram recursos, em sua maioria do próprio CADE, a fim de reverter a suspensão dos efeitos de sua decisão, os quais não encontraram acolhimento pelo Poder Judiciário.

Essas medidas judiciais foram extintas sem julgamento de mérito em razão da republicação do acórdão pelo CADE em 8 de maio de 2006. Não foi por outra razão que a duração média desses processos foi de aproximadamente 167 dias (o equivalente a 5 meses e meio), exatamente o tempo normal para se levar a republicação do acórdão ao juízo e se encerrar o processo sem julgamento de mérito. A única exceção a essa regra foi o mandado de segurança impetrado por determinada fabricante de medicamentos, em que se levou 677 dias (aproximadamente 22 meses e meio) para que fosse proferida decisão final de encerramento sem julgamento de mérito, quase 1 ano e meio após a republicação do acórdão pelo CADE (MS 2005.34.00.033988-3/DF).

Destoa desse conjunto de decisões a sentença proferida nos autos do mandado de segurança impetrado por outra fabricante, que, antes mesmo da republicação do acórdão pelo CADE, indeferiu o pleito com fundamento na ausência de qualquer prejuízo à impetrante (MS 2005.34.00.033906-4/DF)[12]. Apesar da decisão de mérito proferida em 2005, o laboratório ingressou em juízo com ação anulatória de ato administrativo, em 17 de dezembro de 2007, a fim de anular a decisão do CADE – movimento que ilustra a segunda fase que será tratada a seguir. Por ora, resta ressaltar que esse procedimento ainda aguarda julgamento, tendo sido suspensa a decisão do CADE de pagamento de multa e da publicação de Nota Pública por força de liminar judicial[13].

A *segunda leva* de medidas judiciais deu-se logo após o julgamento dos embargos de declaração pelo CADE, em 7 de novembro de 2007, que, como visto, manteve a decisão tomada em novembro de 2005, com pequenos esclarecimentos. Ou seja, a simples discussão da data de publicação do acórdão no Judiciário trouxe uma demora de 2 anos para o julgamento dos embargos de declaração pelo CADE, sem qualquer alteração significativa da decisão original.

O objeto das medidas judiciais compondo a *segunda leva* variava:

(i) a suspensão dos efeitos da decisão do CADE;

---

12. *In verbis*: "... como bem anotou a autoridade impetrada em suas informações de fls. 109/121, corroboradas com o parecer ministerial de fls. 124/128, cujos fundamentos também adoto como razão de decidir, inexiste o alegado vício procedimental que, mesmo tendo sido cogitado pelo raciocínio diligente da impetrante, não lhe traria prejuízo capaz de ensejar a nulidade procedimental pretendida, máxime diante da atual conjuntura, em que o quórum mínimo do CADE, pelo decurso natural do tempo, certamente já foi recomposto para permitir a contagem de novo prazo, a partir do encerramento da interrupção automática inquinada".
13. Para as regras sobre concessão de liminares contra CADE e agências, abrangendo também as hipóteses de sua suspensão no processo, cf. Capítulo 4, seção 4.1. Oportuno lembrar que, como visto no Capítulo 3, seção 3.3.2.2, a ICN dá conta de que a maioria dos 17 países por ela investigados para pesquisa não adota sistema de revisão em que as decisões dos órgãos da concorrência são imediatamente suspensas em caso de disputa judicial (53%).

(ii) o estabelecimento de garantia do juízo nas hipóteses de concessão do pedido liminar de antecipação da tutela, já que algumas decisões não especificaram ou restringiram as formas de garantia do juízo; e

(iii) a anulação da decisão do CADE por existência de vícios formais.

Os pedidos de antecipação da tutela para suspender a exigibilidade da multa e da obrigação de veicular Nota Pública foram concedidos nas medidas processuais de 2007. Para sua concessão, foram apresentados os seguintes fundamentos: (i) quanto ao pagamento da multa, "de difícil reparação do eventual dano, que teria de submeter a parte autora ao calvário da repetição do indébito e conseqüente precatório" e (ii) quanto ao dever de veicular Nota Pública, "tal providência resulta em grande prejuízo para a empresa, sendo o caso de suspensão da obrigação até o julgamento de final desta Ação, sob pena de difícil reversibilidade do dano" (AC 2007.34.00.043998-2/DF).

Em apenas dois casos foram observadas decisões divergentes, as quais serão abordadas mais adiante. Por ora, com os fundamentos trazidos pelas decisões judiciais que analisam os pedidos liminares, é possível afirmar que as peculiaridades do sistema processual de ações e recursos, aliadas à morosidade do Judiciário, permitiram que, por meio de juízo sumário, as medidas administrativas fossem suspensas por anos, reduzindo sua efetividade (tema contemplado pelas hipóteses *H8* e *H9*).

Note-se que os argumentos de violação de direito de defesa, do devido processo legal administrativo e de outros vícios formais se repetiram, sem que fossem acrescentados quaisquer elementos novos em relação aos pleitos do período anterior (2005) e até mesmo dos processos administrativos discutidos no âmbito do CADE. Até a presente data, as medidas judiciais iniciadas em 2007, em sua maioria ações anulatórias de ato administrativo, ainda aguardam julgamento de sentença.

b.3) Caso do Cartel dos Genéricos: anotações sobre a qualidade das decisões judiciais em matéria concorrencial

Quanto à hipótese *H10*, segundo a qual "a ausência de expertise técnica sobre matéria regulatória e concorrencial tem implicações sobre a qualidade das decisões judiciais, o que, por sua vez, pode ampliar a incerteza jurídica, quando há decisão de mérito, ou restringir a decisão judicial a questões processuais/procedimentais", o *Caso do Cartel dos Genéricos* parece ilustrá-la.

As medidas judiciais iniciadas em 2005 foram extintas sem julgamento de mérito, tendo havido apenas uma exceção, a ser analisada a seguir.

Os processos judiciais iniciados em 2007, apesar de terem passado vários anos desde a sua propositura, ainda aguardam julgamento final, restando prejudicada qualquer análise profunda sobre a qualidade das decisões judiciais. Mesmo assim, algumas decisões, ainda que interlocutórias e de forma breve, apontam para a complexidade da matéria a ser tratada pelos magistrados (por exemplo, a primeira decisão interlocutória proferida nos autos da AO 2008.34.00.001816-7).

Além disso, a partir dos documentos levantados no Conflito de Competência 2008.01.00.004367-8/DF, suscitado em sede de agravo de instrumento de mesma numeração, ficou registrado que não existia, até aquele momento, clareza quanto à matéria objeto das medidas judiciais a serem analisadas pelos Desembargadores. O fato de ter sido cominada multa pelo órgão administrativo levou alguns magistrados de segundo grau a acreditarem que a competência para julgar os recursos caberia à 4.ª Seção, conforme jurisprudência mais antiga do tribunal: "*Conflito de Competência. Penalidade imposta pelo Conselho Administrativo de Defesa Econômica – CADE. Juízo competente 4.ª Seção. Art. 8.º, § 4.º, inc. VIII, RITRF. Emenda Regimental n. 5, de 20/04/2004.* 1. Compete às Turmas integrantes da Quarta Seção desta Corte o processo e julgamento de feitos relativos a multas de qualquer natureza, nos termos da redação dado ao inciso VIII do § 4.º do artigo 8.º do RITRF 1.ª Região, pela Emenda Regimental n. 5, de 20/04/2004. 2. Conflito de competência conhecido para declarar competente o Magistrado Suscitado, integrante da Quarta Seção". Contudo, em decisões mais recentes, reconheceu-se que a mera aplicação da multa não afetaria a discussão principal, a qual gira em torno de questões que envolvem processo administrativo (cf. Caso dos Shoppings Centers – CC 2004.01.00.045341-3/DF, Rel. Desembargador Federal Olindo Menezes, *DJ* de 28.09.2007). Assim, decidiu-se, ao final, que caberia à 3.ª Seção processar e julgar os recursos, por ser matéria de direito administrativo a anulação de acórdão do CADE.

Diante da ausência das decisões judiciais finais no caso ora analisado, no lugar de uma análise mais profunda quanto ao conteúdo dessas decisões, o *Caso do Cartel dos Genéricos* suscita alguns comentários sobre outras questões igualmente importantes para a qualidade das decisões judiciais sobre direito da concorrência. Exemplo disso é o fato de o Judiciário proferir decisões incoerentes, ainda que os casos sejam similares.

Seria desejável que as decisões mantidas, ainda quando tenham sido proferidas por juízos diferentes, guardassem certa coerência em sua fundamentação. É curioso notar que tanto na primeira (2005) quanto na segunda leva (2007) de medidas judiciais, os pedidos liminares de antecipação de tutela foram concedidos aos laboratórios para que, mediante apresentação de caução, fossem suspensos os efeitos da decisão do CADE. Vale assinalar que as decisões liminares que concederam a antecipação de tutela por vezes apresentavam discurso retórico sobre a presunção de legalidade e veracidade dos atos administrativos praticados pelo CADE ou o cuidado desse órgão com o processamento das medidas administrativas que culminaram na imposição de multa. Contudo, ao final, reconheciam terem sido preenchidos os requisitos para a suspensão dos efeitos da decisão administrativa mediante a garantia do juízo[14].

Identificaram-se, porém, três casos em que a convicção do magistrado foi contrária à tendência geral verificada em grande parte do conjunto analisado de medidas, segundo a qual prevaleceu a decisão de suspender os efeitos da decisão administrativa mediante a concessão do pedido liminar.

O primeiro deles foi verificado nos autos do Mandado de Segurança 2005.34.00.033987-0/DF impetrado pela empresa "Lab1". A liminar foi indeferida por não ter sido reconhecido qualquer prejuízo ao laboratório com a publicação da decisão do CADE durante a suspensão dos prazos processuais. A parte final da decisão interlocutória afirmou que "é certo que tal recurso [Embargos de Declaração contra decisão do CADE] deverá ser julgado em sessão plenária, conforme dispõe o art. 3.º, § 3.º, da Resolução n. 26/2002 do CADE, cuja deliberação só poderá ser tomada com a recomposição do numero mínimo de cinco Conselheiros, tal como dispõe o art. 49 da Lei n. 8884/94. Isto, contudo, diz respeito à economia interna do CADE e nada tem a ver com a interposição do recurso pela parte interessada. Por tais razões, *indefiro* a liminar pleiteada". Ao final, o mandado de segurança foi extinto sem julgamento do mérito, como todos os demais, conforme exposto acima.

As duas outras decisões que negaram a suspensão dos efeitos da decisão do CADE foram proferidas na segunda leva de questionamento judicial. A primeira delas se deu nos autos da Ação de Conhecimento 2007.34.00.044314-6/

---

14. A título de exemplo, vale citar trecho da decisão proferida nos autos da AO 2008.34.00.000497-4: "Por outro lado, verifico pelos documentos carreados aos autos, que foi devidamente oportunizado ao autor, na ocasião do processo administrativo ora impugnado, a plena possibilidade de defesa, em atenção ao princípio constitucional do devido processo legal. Cabe frisar que a decisão administrativa contra a qual se insurge foi, ainda que por maioria, chancelada não apenas pelo Plenário do CADE como pelos pareceres prévios da SDE e da Procuradoria Federal especializada junto àquela autarquia, situação que constitui indício de que o ato administrativo impugnado é a princípio legítimo e que a Administração Pública, na espécie, ao menos em exame inicial, agiu em conformidade com a legalidade. Assim, as afirmações da inicial e documentos juntados pelo autor não infirmam a conclusão do CADE, a revelar que a presunção relativa de legalidade e veracidade do ato administrativo não merece ser neste momento desconstituída".

DF proposta pela empresa Lab2, em que o magistrado decidiu indeferir o pedido liminar por entender que "os documentos que instruem a inicial demonstram que a medida ora impugnada foi legalmente aplicada, tendo em vista que houve regular processo administrativo instaurado. Foi obedecido o devido processo legal processual. Por conclusão, não há, ao menos nesse exame superficial, de cognição sumária, como conceder a antecipação da tutela pretendida na inicial". Note-se, todavia, que posteriormente esse mesmo magistrado concedeu a antecipação da tutela quando, em sede de pedido de reconsideração, Lab2 apresentou Carta Fiança a fim de garantir o juízo. O mesmo ocorre na medida judicial proposta por Lab3, com a peculiaridade de que a revisão da decisão interlocutória nesse caso se deu em virtude da remessa da referida medida ao juízo prevento, que já havia concedido a antecipação de tutela na ação principal (AO 2007.34.00.044419-6).

A partir dessas três decisões contrárias à convicção dos magistrados consignada na maioria das medidas judiciais, é possível identificar a possibilidade de existência de decisões contraditórias em processos que guardam significativas semelhanças entre si quanto ao objeto e ao pedido. Regras como a da prevenção e conexão auxiliaram na uniformização do entendimento judicial, como ocorreu no caso da medida proposta por Lab3. Contudo, elas ainda foram insuficientes para evitar as decisões nos autos das medidas propostas por Lab2 e, sobretudo, por Lab1, que era terminativa e tratou do mérito. Por conta da existência de múltiplos processos reunidos em fases processuais distintas, verificou-se nos processos iniciados em 2007 a suspensão da tramitação da maioria dos processos, neste caso por recomendação do Ministério Público Federal, contribuindo para a morosidade do Judiciário, que decidirá ao final se a decisão do CADE permanecerá válida ou não (cf. Decisão 265/2007 proferida nos autos da AO 2007.34.00.44419-6 proposta pela Lab3).

Outro aspecto importante diz respeito à ausência de expertise técnica dos magistrados sobre aspectos econômicos da análise concorrencial. O *Caso do Cartel dos Genéricos* mostra que nem sempre a questão se resolve por perícia judicial, e que esse instrumento tradicional, a realização de uma perícia, pode inclusive ser mais um entrave à celeridade do processo. Mais do que isso, basta que a realização de perícia seja objeto de deliberação e decisão para que haja atraso[15].

O Juízo da 4.ª Vara, reconhecido como competente para processar e julgar diversos processos semelhantes sobre o caso ora em análise, após um ano da

---

15. Com isso, não se desmerece a importância das perícias no Judiciário, já destacada no Capítulo 3, seção 3.3.6, mas, ao contrário, joga-se luz sobre a necessidade de imunizá-la contra possíveis práticas protelatórias no processo.

nomeação do perito contador/economista, deferiu pedido de exoneração por entender "não haver matéria para ser dirimida por sua esfera de conhecimento" (cf. AO 2008.34.00.000638-5). O problema identificado nesse caso guarda pouca relação com a ausência de conhecimento do magistrado sobre o tema, já que se trata apenas de mera análise de vícios em processo administrativo no âmbito do CADE, mas guarda sim com o tempo levado pelo Judiciário para considerar desnecessários os serviços do perito. Note-se que a decisão com a nomeação do perito é de 1.º de junho de 2009 e a decisão que o exonera data de 22 de junho de 2010. Essa demora de 1 ano poderia ser evitada caso já se contasse com uma Vara especializada e capaz de apreciar questões que envolvam matéria técnica econômica ou setorial, sem necessidade de deliberações sobre adequação ou não de perícia, ou mesmo de realização de perícia. Em casos de direito concorrencial, a expertise econômica tem menos a ver com a produção de uma prova pericial econômica do que com o domínio de conceitos econômicos para valoração adequada das provas.

6.2.3.3. Caso da Intervenção em Operadora de Plano de Saúde

a) Sumário

Em 2 de fevereiro de 2005, após análise dos dados econômico-financeiros, a ANS instaurou o regime de Direção Fiscal em operadora de plano de saúde e nomeou Diretor Fiscal em razão de denúncia. Em seguida, verificou que a operadora não tinha condições de continuar operando no mercado de saúde suplementar. Assim, o processo administrativo que deu origem à Direção Fiscal foi arquivado, e um novo processo administrativo foi instaurado. Esse processo determinou a alienação da totalidade da carteira de clientes da operadora, que, segundo a operadora, teria ocorrido sem ter ela sido intimada para se fazer representar ou se defender. Diante da decisão da ANS, a operadora impetrou mandado de segurança (Processo judicial 2005.51.01.019537-0). Não houve deferimento de liminar em primeira instância e o mandado de segurança foi extinto sem exame de mérito. A Impetrante apelou e ingressou com ação cautelar (Processo judicial 2005.02.01.010407-5) no Tribunal Regional Federal da 2.ª Região (TRF2) para que, até o julgamento da apelação, a ANS não promovesse a alienação de sua carteira. Esse Tribunal, liminarmente e ao final, julgou procedente o pedido cautelar.

Foram propostas sucessivas ações, atacando atos administrativos conexos da ANS, relativos à operadora. O TRF2 deu provimento ao agravo de instrumento interposto por esta última, sob o argumento de que ainda vigorava o acórdão proferido na mencionada ação cautelar, impedindo a ANS de promover a alienação de sua carteira de clientes. Em face desse acórdão, a ANS apresentou pedido de suspensão (STF/SS 3543), pleiteando o deferimento da medida para permitir a adoção de todas as providências administrativas cabíveis, inclusive a alienação da carteira e a liquidação extrajudicial da operadora. O STF concedeu em parte a suspensão de segurança, possibilitando apenas a instauração do regime de direção fiscal e o afastamento dos administradores. O caso bem ilustra a suspensão judicial por questões processual-formais não refletidas no que efetivamente ocorreu no âmbito administrativo, permitindo a atuação de empresa com diversas irregularidades, a colocar em risco o atendimento de pacientes.

b) Análise do caso

Trata-se de caso em que operadora de plano de saúde objetiva a anulação de todo o processo administrativo que deu origem à decisão de alienação da totalidade de sua carteira de clientes com base no argumento de que não foram assegurados os princípios do contraditório e da ampla defesa. Desde 2004, a ANS havia realizado reiteradas intervenções junto à operadora, buscando a regularização de problemas administrativos, econômicos e financeiros.

Segundo informações contidas no Processo Administrativo 33902.084879/2004-61 instaurado pela ANS em face da operadora, relatadas no acórdão da Medida Cautelar 2005.02.01.010407-5:

> O Regime de Direção Fiscal foi instaurado [...], pela Agência Nacional de Saúde Suplementar – ANS, por meio da Resolução Operacional – RO n. 235, de 1.º de fevereiro de 2005, publicada no *Diário Oficial da União – DOU* de 2 de fevereiro de 2005, devido à constatação de alguns pontos críticos concernentes à situação econômico-financeira da operadora, que estariam influindo no seu desempenho.
>
> [...]
>
> Impende esclarecer que o objetivo da direção fiscal é o pleno restabelecimento da operadora, sem interferência direta nos atos de sua diretoria, que permanecerá respondendo em plenitude pela condução dos seus próprios negócios.

A respeito da direção fiscal, esclarece a ANS (no contexto do seu pedido de agravo interno, que será analisado adiante):

> Salienta-se que a Direção Fiscal de uma operadora pode ser determinada quando a ANS constata irregularidades graves, como a não-aprovação ou descumprimento de plano de recuperação. A partir da sua instalação, a administração da operadora passa a ser acompanhada e controlada por

representante designado pela agência. Na direção Fiscal, também os bens dos controladores ficam indisponíveis. Esta forma de interferência pode levar, ainda, ao cancelamento de registro da operadora (nos casos em que não há usuários ou débitos com prestadores) A intervenção é encerrada quando a operadora demonstra condições de recuperação. Nos casos em que a incapacidade de recuperação da operadora fica evidenciada, é decretada sua liquidação extrajudicial, que pode ser transformada em falência por solicitação da ANS.

Portanto, ante a constatação da insuficiência da instauração da Direção Fiscal, considerando que a operadora descumpriu as exigências regulatórias da ANS, continuou inadimplente com tributos federais e municipais, permaneceu com seu patrimônio líquido negativo, entre outros fatores a ANS rejeitou o plano de saneamento e houve a necessidade de alienação da carteira da operadora para posterior liquidação extrajudicial.

Contra esse ato administrativo, a operadora de planos de saúde ingressou com o Mandado de Segurança 2005.51.01.019537-0. No mandado, afirmou não ter sido intimada pela agência para se fazer representar ou se defender no âmbito do processo administrativo instaurado. Além disso, requereu toda a documentação referente ao mencionado processo administrativo, que se encontrava em poder exclusivo da ANS.

O Mandado de Segurança 2005.51.01.019537-0 foi extinto sem julgamento do mérito, por ausência de direito líquido e certo verificável sem dilação probatória. A operadora apresentou, em seguida, a Ação Cautelar 2005.02.01.010407-5, cujo pedido foi acolhido. Segundo a decisão:

> São requisitos necessários para o manejo da ação cautelar o *fumus boni iuris* e o *periculum in mora*, elementos autorizadores que se encontram presentes *in casu*, na medida em que, num exame próprio desta delibação, como assentado na liminar deferida, "a plausibilidade do direito invocado – inobservância das regras do artigo 5.º *incisos LIV e LV, da Carta da República – e, a possibilidade de dano irreparável, ou de difícil reparação – iminência da alienação não onerosa da carteira de clientes da autora – a par de que, tal procedimento poderá ser, eventualmente, realizado posteriormente, sem prejuízo para a parte ré*" se mostram, diante da documentação acostada, patentes [...].
>
> Da documentação acostada, impõem-se a procedência do pedido exordial, para sustar-se o leilão ou qualquer outra forma de alienação da carteira de clientes do autor, até o julgamento do recurso de apelação.

A ANS interpôs agravo interno alegando que a argumentação da operadora (de que ocorrera desrespeito ao princípio da ampla defesa e do contraditório) não se sustentava, conforme demonstra a comunicação da ANS, via ofício, requerendo informações ou juntada de documentos, diligências estas respondidas pela operadora. A respeito do procedimento administrativo, a agência afirmou ainda:

> Maliciosamente afirma o autor que o processo de direção fiscal foi arquivado e aberto outro para a determinação da alienação de sua carteira, sem o seu conhecimento.
> A verdade pende para outra direção. Junta-se cópia integral do processo administrativo n. 33902.015637/2005-17 que versa sobre o regime de direção fiscal e a alienação da carteira. Cai por terra toda a alegação do autor: ausência de ciência. Não há dois processos! O processo é um só! E sempre contou com toda a ciência e participação do autor, conforme evidencia [sic] pelos inúmeros documentos juntados naquele.

Foi negado provimento ao recurso, não se vislumbrando, segundo a decisão, a assertiva veiculada pela ANS de que o processo sempre havia contado com a ciência do autor.

Foi impetrado novo mandado de segurança pela operadora (MS 2006.51.01.021059-3) contra atos conexos da ANS. Por estar impedida de alienar a carteira de clientes, a ANS iniciou novo regime de direção fiscal e, diante do descumprimento de diversas instruções do Diretor Fiscal pelos diretores da operadora, determinou o afastamento provisório de seu Diretor Presidente e seu Diretor Financeiro. O pedido da medida liminar foi denegado, assim como a apelação apresentada. Segundo a decisão, estão ausentes os requisitos ensejadores, não se encontrando presente o *fumus boni iuris*, na medida em que há previsão no *caput* e nos §§ 1.º e 2.º do art. 24 da Lei 9.656/1998, com redação dada pela MP 2177/2001 da instauração por parte da ANS, do regime de direção fiscal e imediato afastamento do administrador e do diretor da operadora de planos privados de assistência à saúde, na hipótese de descumprimento das determinações do diretor-fiscal.

A operadora apresentou, em seguida, agravo de instrumento, cujo provimento foi concedido pelo TRF2, tendo em vista o trânsito em julgado da medida cautelar que deferiu a liminar suspendendo os atos administrativos da ANS e a atitude temerária da agravada com nova intervenção, contrariando o que já havia sido deferido na decisão judicial. O acórdão determinou a suspensão das deliberações administrativas tomadas pela agência, quais sejam: instauração do regime de direção fiscal, nomeação do Diretor Fiscal, afastamento do diretor presidente e financeiro da operadora e continuidade do processo administrativo. Com o objetivo de sustar os efeitos da decisão do TRF2 nos autos do agravo de instrumento, a ANS apresentou pedido de suspensão de segurança baseado em argumentos de lesão à ordem, à economia, à segurança e à saúde públicas.

O pedido de suspensão da segurança foi deferido parcialmente, para permitir que a ANS promovesse as medidas de instauração do regime de direção fiscal e afastamento dos diretores da operadora, mantendo a proibição de a agência promover a alienação da carteira de clientes da operadora com posterior liquidação extrajudicial. A decisão ressaltou que toda discussão dos processos apresentados pela operadora impede a fiscalização da operadora pela ANS. Enfatizou, ainda, que os atos da agência estavam em conformidade com as determinações da Lei 9.656/1998. Essa decisão, portanto, buscou garantir o exercício do poder-dever institucional da agência, de modo que esta pudesse manter a adequação, o controle e a qualidade dos serviços ofertados pela operadora, conforme a regulação determinada pela Lei 9.656/1998.

c) Algumas anotações

Como observado, a operadora de planos de saúde em questão objetiva a anulação do processo administrativo que culminou na decisão de alienação de sua carteira de clientes. Afirma que não teve acesso ao processo administrativo, o qual teria transcorrido sem que tivesse sido notificada para que pudesse se fazer representar ou se defender. No entanto, a ANS apresentou documentação que evidencia a ciência da operadora, que prestou informações e respondeu pedidos da agência formulados no curso desse processo administrativo. Portanto, deve-se verificar se o presente caso ilustra a hipótese *H3*, segundo a qual "a existência de falhas processuais, em particular a ofensa ao devido processo legal, constitui causa relevante para recurso ao Judiciário".

Deve-se, primeiramente, confirmar o importante papel cumprido pelo Judiciário de corrigir eventuais irregularidades no processo administrativo, conforme a hipótese *H3*. No entanto, ainda que o argumento apresentado pela agência não tenha sido acolhido pela decisão do agravo interno, que entendeu não ter havido ciência da operadora, seria possível vislumbrar, diante da presença de indícios dessa ciência, que o recurso ao Judiciário pela operadora não se baseou somente na efetiva ocorrência de falhas processuais, mas também no interesse de alterar o mérito da decisão administrativa.

Em seguida, traz-se à análise também a hipótese *H8*, segundo a qual "a suspensão *cautelar de decisões administrativas finais* pelo Judiciário igualmente dificulta a eficácia da decisão administrativa e pode amplificar a incerteza jurídica". O caso parece ilustrar esta hipótese, visto que a demora da decisão judicial representou a interrupção da atividade regulatória da agência e, consequentemente, a exposição dos consumidores do serviço regulado ao risco de perderem a sua proteção, principalmente diante da evidência quanto à condição financeira da operadora. Além do prejuízo à eficácia da decisão administrativa, portanto, deve-se destacar que trâmite judicial marcado por decisões divergentes, ora concedendo cautelares ora revogando-as, gerou bastante insegurança jurídica, afetando negativamente não apenas a ANS, como também a empresa e os consumidores.

6.2.4. Uso do sistema processual como forma de mitigar e protelar efeitos de atos pelas agências

6.2.4.1. Caso das Cooperativas de Plano de Saúde

a) Sumário

Em diversos processos administrativos, o CADE condenou unidades regionais de determinada Cooperativa operadora de planos de saúde por infração à ordem econômica. A maioria dessas unidades se utilizava de cláusulas de exclusividade em seus contratos, impedindo que os médicos trabalhassem para outras empresas que comercializam seguros de saúde. Apesar da violação ser a mesma em todos os casos (e, por conseguinte, a decisão do CADE ter sido basicamente idêntica), as diversas unidades ingressaram individualmente no Judiciário contra as decisões do CADE, obrigando as Cortes a tratar diversas vezes de uma mesma questão.

A ausência de precedentes ou qualquer sistema de harmonização das decisões relativas a essa matéria cria a possibilidade de se discutir uma mesma questão em múltiplas e sucessivas ações judiciais, permitindo que as empresas protelem a execução da decisão administrativa (hipótese $H9$). Isso não só prejudica a eficácia do sistema de defesa da concorrência, como também provoca dispêndio desnecessário de recursos, tanto na Administração Pública quanto no Judiciário (gerando ineficiência). Os casos também ilustram que os recursos ao Judiciário independem da existência efetiva de falhas processuais e não parecem ser reduzidos pela qualidade, legalidade e transparência das decisões administrativas (contra as hipóteses $H3$ e $H4$). Isso corrobora a ideia de que os magistrados muitas vezes são condescendentes com maus usuários do sistema (seção 2.3.2).

b) Análise do caso

Segundo levantamento, há 196 processos administrativos contra unidades regionais no CADE. Para os propósitos desta pesquisa, foram analisados três processos administrativos que parecem ser representativos do universo de processos julgados pelo órgão.

b.1) Litigância infundada e magistrados cavalheiros

No primeiro caso, a unidade do Município de Blumenau foi condenada por infração à ordem econômica devido ao uso de cláusula de exclusividade em seus contratos, que previa sanções de descredenciamento para médicos que se associassem a outras empresas que comercializam seguro saúde. Como penalidade, o CADE impôs o pagamento de multa, a obrigação de comunicar aos associados o teor da decisão e a cessação da prática (sob pena de multa diária). A unidade de Blumenau entrou com um mandado de segurança contra a decisão do CADE (MS 2000.34.00.007656-9 na 17.ª Vara Federal do DF), em que requereu liminar para suspender o julgamento por questões procedimentais e de mérito. O pedido liminar foi indeferido, e o agravo contra essa decisão também.

Posteriormente, foi interposto recurso ao STJ (REsp 866.506, 2.ª Turma do STJ), alegando que a decisão do CADE seria inconstitucional. A ilegalidade decorreria do fato de que a lei das cooperativas (Lei 5.764/1971, art. 29, § 4.º) proíbe a "dupla militância", lei já considerada válida e conforme a Constituição, segundo o próprio STJ. Por sua vez, a inconstitucionalidade proveria do art. 5.º, XVIII, da Constituição, que veda interferência estatal em cooperativas. Em decisão de agosto de 2007, o STJ não conheceu o recurso. O STF também não conheceu o recurso em setembro de 2007.

As razões apresentadas pelo STJ e pelo STF para não conhecer o recurso consistiam no fato de que ele não apresentaria fundamento constitucional, conforme a jurisprudência estabelecida em súmulas de ambas as Cortes. No STJ, afirmou-se que:

> o fundamento que lastreou o julgado recorrido foi de caráter eminentemente constitucional, pois a conclusão deu-se no sentido da impossibilidade de se aplicar a Lei n. 5.764/71 na espécie, em virtude do preconizado princípio da livre concorrência. [...]
>
> Descabe o conhecimento do presente apelo, pois o reexame desse fundamento foge do âmbito de apreciação do recurso especial, por ser de competência exclusiva do Supremo Tribunal Federal, ante o teor do art. 102 da Carta Magna.
>
> Ademais, os argumentos utilizados pela recorrente para afastar a violação do princípio da livre concorrência reconhecida pela Corte de origem [...] esbarrariam no óbice da Súmula 7/STJ, pois seria necessário o reexame da matéria fática para apreciar tais assertivas que, diga-se ainda, nem sequer foram objeto de prequestionamento no Tribunal *a quo*, o que atrairia a incidência das Súmulas 282 e 356/STF (p. 4-5).

O STF, por sua vez, também apresentou razões similares para indeferir o recurso especial. Segundo a Corte:

> O acórdão impugnado não apreciou a controvérsia à luz dos preceitos da Constituição do Brasil que a parte recorrente indica como violados. Além disso, não foram opostos embargos de declaração para suprir eventual omissão. Incidem no caso, portanto, os óbices das Súmulas 282 e 356-STF. O entendimento pacificado nesse Tribunal é no sentido de que o prequestionamento deve ser explícito (Voto de Eros Grau).

Ainda no caso da unidade de Blumenau, por exemplo, para interpor mandado de segurança, a empresa alegou não ter sido intimada a comparecer ao CADE na data do julgamento, não tendo tido direito a seus 15 minutos de defesa oral, conforme o artigo 45 da Lei 8.884/1996. A decisão explicita que, nos termos da própria lei supracitada, tal procedimento não é mandatório. A cooperativa também sustentou que não sabia quantos Conselheiros estavam presentes no dia da sessão, o que violaria a Lei 8.884/1996, que exige maioria absoluta para que sejam proferidas decisões pelo CADE, devendo estar presentes no mínimo cinco membros do Conselho. Por alguma razão, a empresa não mencionou que o próprio acórdão indica que estavam presentes seis membros do Conselho, e seus respectivos nomes. Da mesma forma, o julgamento da ação ordinária da unidade do Município de Santa Maria mostra que a empresa baseou seus argumentos procedimentais em interpretações errôneas de dispositivos legais.

Em suma, as empresas geralmente propõem recursos questionando a decisão do CADE no procedimento e na substância. Todavia, boa parte dos argumentos relativos à violação do devido processo legal são infundados e provavelmente apresentados porque os advogados desconhecem a matéria e o processo administrativo concorrencial, ou porque apostam no desconhecimento da matéria por parte do magistrado local.

Tais características encontradas em ações que desafiam decisões do CADE tornam questionável a ideia de que o recurso ao Judiciário é causado por obscuridade ou falhas processuais no procedimento administrativo, pois, aparentemente, o questionamento judicial ocorre com base em pleitos infundados, na expectativa de obter algum adiamento ou suspensão da decisão. Se a condução administrativa do processo pode ser um problema (com a ocorrência de falhas e arbitrariedades), outra fonte importante de judicialização está no desconhecimento pelos advogados, ou na aposta de desconhecimento por parte do magistrado dos trâmites e regras processuais administrativas. Como não há uma reação do Judiciário no sentido de, além de indeferir, punir recursos e ações sem fundamento, vale para o agente o princípio de que "não custa nada tentar", o que acaba aumentando significativamente o número de demandas e recursos judiciais.

Os casos das unidades da Cooperativa (e um dos casos dos Shoppings Centers) sugerem que a existência, ou não, de falhas processuais pode reduzir a probabilidade de condenação do CADE em juízo, apesar de, aparentemente, não diminuir o ingresso com ações judiciais. Ao contrário, os casos ilustram que os recursos ao Judiciário independem da existência efetiva de falhas processuais e parecem não ser desmotivados pela qualidade, legalidade e transparência das decisões administrativas, em sentido contrário às hipóteses *H3* e *H4*.

Esses casos também ilustram um panorama que incentiva as partes a ingressarem com recursos protelatórios (hipótese *H9*): juízes são obrigados a rever e julgar todos os casos, mesmo com argumentos absolutamente infundados, que omitem informações relevantes e fazem interpretações escusas de disposições legais. Essa situação gera ineficiência porque exige valiosos recursos do Estado – tanto do CADE (que é intimado a responder), quanto do Judiciário, que é obrigado a emitir uma sentença. Tais recursos poderiam estar sendo mais bem empregados se estivessem alocados em causas com algum fundamento.

Uma forma de reduzir os incentivos das partes em interpor recursos infundados, de cunho meramente protelatório, é aumentar o custo desses recursos, impondo algum tipo de sanção. Inclusive, há mecanismos para punir litigância de má-fé (protelatória) no sistema brasileiro, mas os juízes hesitam em utilizá-los, mostrando-se condescendentes com maus usuários do sistema, conforme exposto na seção 2.3.2 (Análise Microscópica). Portanto, para que qualquer mecanismo que permita coibir esse tipo de ação seja efetivo, será necessária uma mudança na atitude dos juízes com relação aos litigantes de má-fé. Outra opção seria analisar se existe alguma possibilidade de "filtrar" tais pedidos, de maneira que o Judiciário possa focar nas questões pertinentes e relevantes, que merecem de fato sua análise. Por fim, uma terceira solução seria impor um custo financeiro adicional para causas infundadas, mas que seria aplicado a todos os casos (não restando os processos sujeitos à discricionariedade dos magistrados).

b.2) Múltiplas manifestações dos Tribunais sobre o mesmo tema

O segundo caso, da unidade do Município de Santa Maria, é similar ao primeiro (PA 08012.010271/98-51). Em dezembro de 2007, foi proposta ação ordinária para anulação do processo administrativo, que foi julgada improcedente (AO 2003.71.02.009633-6, no juízo substituto da Vara Federal de

Execuções Fiscais de Santa Maria). Essa ação tramitava paralelamente a duas execuções (fiscal e de obrigação de fazer) que tinham sido objeto de embargos. Isso ilustra que, dentro de um mesmo caso, as partes se utilizavam de recursos protelatórios ao ingressar com diversas ações relativas a um mesmo processo administrativo (nesse sentido, vide também o *Caso do Cartel dos Genéricos*).

O terceiro caso, da unidade do Município de Rio Claro, revela uma das características do sistema recursal brasileiro que incentivaria esse tipo de conduta. Nesse caso, após ajuizar ação ordinária contra a decisão do CADE (discutida anteriormente), a unidade de Rio Claro ingressou também com uma medida cautelar inominada (Processo 2005.34.00.004267-5), que tramitava independentemente da ação ordinária. Isso significa que a decisão de um processo não afetaria o outro, ainda que contivesse as mesmas partes e tratasse da mesma questão.

De fato, segundo a sentença da medida cautelar (emitida no mesmo dia da sentença da ação ordinária supracitada):

> No presente caso, tenho que me cabe decidir nesse momento é se a medida cautelar deferida inicialmente para suspender a exigibilidade das multas impostas pelo CADE deve permanecer ou não, apesar de, nesta data, eu ter julgado improcedente a Ação principal proposta.
>
> Pela verossimilhança das alegações da autora, não é o caso, pois essa verossimilhança é afastada pela sentença de mérito, que julgou o pedido da autora totalmente improcedente.
>
> Todavia, o fundamento da suspensão da exigibilidade das multas não foi propriamente a verossimilhança das alegações da autora, mas o depósito da multa, tendo sido aplicado, por analogia, o artigo 151 do Código Tributário Nacional (p. 5).

O juiz negou a manutenção da cautelar pela simples razão de que a unidade de Rio Claro não havia efetuado o depósito do valor integral da multa. Isso parece sugerir que, caso tal depósito tivesse sido realizado, a cautelar seria mantida, ainda que a ação ordinária fosse julgada improcedente. Isso não apenas fornece incentivos para que as partes ingressem com múltiplas ações em um mesmo caso, mas revela uma espécie de esquizofrenia judicial que parece bastante difícil de justificar.

b.3) Falta de precedentes ou qualquer tipo de harmonização jurisprudencial

Retornando ao caso da unidade de Santa Maria, a decisão que indeferiu a ação foi objeto de recurso ao TRF da 4.ª Região (Apelação Cível 2003.71.02.009633-6). O Tribunal concedeu provimento à apelação, mas, para tanto, se limitou a citar o parecer do Ministério Público Federal, que por sua vez mencionou três precedentes do STJ. Nesses precedentes, o STJ afirmou que a proibição de exclusividade não se aplicava às cooperativas. O CADE recorreu da decisão do TRF junto ao STJ (REsp 1.172.603-RS, 2.ª Turma do STJ). O voto reconheceu que há diferentes precedentes no STJ quanto à legalidade da cláusula de exclusividade para as cooperativas, mas que não se aplicariam ao caso em questão. Diante disso, a Corte pôde conceder provimento ao recurso.

As razões apresentadas pelo STJ para conceder o recurso foram, basicamente, três:

i. os precedentes do STJ que consideravam válidas as cláusulas de exclusividade da unidade operadora de planos de saúde não avaliaram a questão do ponto de vista concorrencial, mas do ponto de vista do direito privado (Voto do Min. Relator, p. 11);

ii. o dispositivo que proíbe a dupla militância não se aplica a profissionais liberais, como médicos e, ainda que se aplicasse, não poderia se sobrepor à garantia constitucional de livre concorrência (Voto do Min. Relator, p. 14);

iii. houve violação da Lei 8.884/1994 (Voto do Min. Relator, citando extensamente a decisão do CADE).

É interessante notar que o STJ, nessa decisão de 2010, parece se manifestar sobre questão sobre a qual se declarou inapto para se pronunciar em 2007 (vide o caso da unidade de Blumenau). Os pontos destacados na decisão do STJ no caso da unidade de Santa Maria foram revistos várias vezes nos diversos processos e cabe questionar por que somente em 2010 o STJ consolidou sua posição sobre o tema. Trata-se de pontos controversos na litigância desses processos que talvez pudessem ter sido esclarecidos pelo STJ em 2007.

Voltando ao caso da unidade de Rio Claro, conforme exposto anteriormente, o CADE apresentou decisão similar às demais (PA 08012.000794/2003-35). O interessante nesse caso, entretanto, é que houve um recurso administrativo no CADE, que não foi conhecido por razões procedimentais (já que não cabe recurso administrativo das decisões do CADE). Todavia, o voto indeferindo o recurso julgou-o também no mérito, e apresentou, em 2005, uma das razões que o STJ destacaria 5 anos depois: as decisões prévias do STJ não se aplicariam ao caso, pois não cuidavam da questão do ponto de vista concorrencial mas privado. Ou seja, tratava-se de médicos tentando invalidar uma cláusula que eles aceitaram ao assinar o contrato (Voto do Conselheiro-Relator).

Importa ressaltar que o ponto (i) não foi sequer mencionado na decisão de primeira instância da ação ordinária interposta pela unidade de Rio Claro

(Processo 2005.34.00.007678-1). Todavia, o juiz discutiu o ponto (ii) sobre a legalidade da Lei 5.764/1971 e a consequente validade das cláusulas de exclusividade no caso das cooperativas. Em sentença emitida em junho de 2007, o juiz federal chegou à mesma conclusão que o STJ adotaria alguns anos depois, em 2010: que tal disposição não abriria uma exceção para a unidade operadora de planos de saúde e não tornaria as cláusulas de exclusividade dessa unidade válidas. No entanto, as razões que o juiz apresentou para essa conclusão são distintas das que foram elucidadas posteriormente pelo STJ[16]:

> No presente caso aplica-se a Lei 9.656/98, que dispõe sobre planos ou seguros privados de assistência à saúde com predominância sobre a Lei 5.764/71. A uma, porque se trata de norma especial em relação à Lei 5.764/71. A duas, porque referida norma foi editada em conformidade com os princípios consagrados na Constituição Federal de 1988, dentre os quais a livre concorrência, da defesa do consumidor e da proteção à saúde.

Percebe-se que o juiz não cuidou da questão do direito privado e de direito público que havia sido mencionada no recurso administrativo do CADE e que seria posteriormente abordada pelo STJ. Na verdade, o juiz nem sequer mencionou os precedentes do STJ que consideraram tais cláusulas válidas. Isso ilustra como a falta de integração e de harmonização da jurisprudência no Brasil, relatadas no Capítulo 2 (seção 2.2), geram insegurança jurídica.

É curioso observar que o STJ apenas decidiu essa questão em 2010, mas teve a oportunidade de analisá-la em agosto de 2007, quando indeferiu o recurso da unidade de Blumenau por razões procedimentais (vide supra). Nesse caso, um órgão superior (STJ, no caso da unidade de Blumenau) e um órgão inferior (Juiz Federal, no caso da unidade de Rio Claro) não apenas estavam analisando a mesma questão simultaneamente, em meados de 2007, sem qualquer tipo de diálogo, mas havia a possibilidade, inclusive, de chegarem a conclusões absolutamente distintas sobre a validade e aplicabilidade de um artigo da Lei 5.764/1971 ao caso em questão. Isso ilustraria a ineficiência dos recursos judiciais, ao colocar múltiplas instâncias analisando o mesmo problema, como se a questão nunca tivesse sido apreciada anteriormente pelas Cortes brasileiras.

---

16. Vale esclarecer que a decisão do STJ diz, *en passant*, que "ainda que a cláusula contratual não encontrasse óbice no inciso III do art. 18 da Lei 9.656/98, questionar-se-ia a sua validade quando a multiplicidade dos seus efeitos pudesse violar direitos coletivos *lato sensu*" (p. 21).

Essas características do sistema recursal brasileiro (a possibilidade de rediscutir questões já decididas como se fossem novas, e a chance de obter uma decisão distinta de que já foi emitida) servem como forte incentivo para que as partes se utilizem do Judiciário a fim de reduzir a eficácia da decisão administrativa e judicial (hipótese *H9*).

c) Algumas anotações

Os casos examinados nesta seção ilustram a hipótese *H9* (peculiaridades do sistema recursal brasileiro criam incentivos à ocorrência de recursos protelatórios, reduzindo a eficiência da decisão judicial). Com a análise, identificaram-se, mais especificamente, quais mecanismos do sistema recursal brasileiro poderiam servir de incentivo para que as partes interpusessem recursos protelatórios:

i. falta de poder das Cortes (em especial, as superiores) para selecionar os casos que irão julgar e para se recusarem a julgar ações sem fundamentação;

ii. ausência de sanções para litigantes que propõem ações sem fundamentação;

iii. falta de integração processual, gerando a possibilidade de obtenção de decisões distintas para diferentes ações sobre um mesmo caso;

iv. ausência de um sistema de harmonização jurisprudencial ou de precedentes, provocando a possibilidade de obtenção de decisões distintas para ações idênticas com diferentes partes.

6.2.5. Qualidade das decisões judiciais

6.2.5.1. Caso do Cartel dos Cegonheiros

a) Sumário

Uma associação nacional de empresas transportadoras de veículos e um sindicato nacional de pessoas físicas e pequenas empresas transportadoras rodoviárias de veículos foram acusados de prática de condutas concertadas, apreciadas tanto na instância judicial (Justiça Criminal) quanto na administrativa (CADE), com resultados divergentes. Enquanto a decisão judicial condenou os representantes das entidades mencionadas e o empregado de uma companhia multinacional fabricante de diversas marcas de automóveis com pena privativa de liberdade, o CADE concluiu pelo arquivamento do processo administrativo diante da insuficiência de provas produzidas que levassem à configuração das práticas anticoncorrenciais imputadas. As decisões analisadas diferiram quanto à qualidade da análise do conjunto probatório e dos argumentos de defesa produzidos – nitidamente maior no CADE –, o que reflete a ausência de conhecimento do Poder Judiciário sobre as especificidades das infrações contra a Ordem Econômica. Esta falta de conhecimento, por sua vez, gera insegurança jurídica que não se restringe apenas às partes envolvidas no caso ora analisado.

b) Análise

Em razão da multiplicidade de decisões proferidas por autoridades competentes de acordo com o ordenamento jurídico brasileiro, em diferentes esferas (judicial e administrativa), o *Caso do Cartel dos Cegonheiros* permite a realização de análise comparativa quanto à qualidade dessas decisões. Isso será feito após breve descrição das acusações levadas a julgamento e do conteúdo das decisões, tomando como pontos de referência (i) o conjunto probatório que fundamenta as decisões em cada uma das esferas e (ii) o tratamento oferecido aos argumentos de defesa levantados pelas partes acusadas de prática anticoncorrencial.

Motivada pela petição inicial da Ação Civil Pública 2002.71.00.028699-1/RS, ajuizada na Justiça Federal do Rio Grande do Sul[17], a SDE instaurou processo administrativo contra a associação nacional de empresas transportadoras de veículos e o sindicato de pessoas físicas e pequenas empresas transportadoras rodoviárias de veículos a fim de investigar suposta prática de condutas concertadas visando a fechamento de mercados de prestação de serviços de transporte a concorrentes, divisão de mercado, imposição de preço excessivo e promoção de negociações conjuntas dos valores dos fretes por operadores logísticos de transporte de veículos novos e por transportadores autônomos de veículos novos (art. 20, incisos I, II, III e IV, c/c o art. 21, incisos I, II, III, IV, V, X, XXIV e XV, ambos da Lei 8.884/1994).

O CADE, ao final do julgamento, afastou as acusações da Secretaria de Direito Econômico (SDE) diante da ausência de provas nos autos que autorizassem a condenação dos Representados pela prática de conluio para extrair renda das montadoras, de fechamento do mercado de transporte de carros novos, de divisão de mercado, de imposição de preços excessivos e negociação conjunta dos preços dos fretes. Sobre essa última alegação, contudo, verificou-se que a Associação e o Sindicato, em conjunto, negociavam apenas referenciais dos preços dos fretes de veículos novos, podendo tal conduta ser justifi-

---

17. A referida ação civil pública está em trâmite perante a 6.ª Vara de Federal de Porto Alegre. Conforme disponível no sítio eletrônico do órgão, não houve até a presente data qualquer decisão relevante.

cada por necessidade de alguma coordenação de decisões, de modo a permitir reduções de custos socialmente desejáveis, ponto enfatizado nos pareceres técnicos juntados nos autos do procedimento administrativo pelas representadas.

Foi reconhecido que o funcionamento dos mercados de serviços logísticos de transporte de automóveis novos (no qual atuam as empresas filiadas à Associação) e de transporte de veículos (no qual atuam os caminhoneiros associados ao Sindicato) é, em grande medida, determinado pelas condições de competição vigentes entre as montadoras, das quais parte a exigência de (i) qualidade do serviço de transporte e (ii) tempo de entrega que as operadoras logísticas e os cegonheiros devem satisfazer. As pressões para a redução dos custos das montadoras propagam-se então cadeia acima, gerando incentivos aos operadores logísticos para que ofereçam soluções eficientes, que respondam às demandas dos clientes do modo menos custoso para o operador. Certos padrões de comportamento dos agentes envolvidos nessa complexa relação de mercado (*e.g.*, a prática de consolidação de cargas – embarque num mesmo caminhão de veículos de várias montadoras para transporte ao longo da mesma rota – e a manutenção de um *pool* de caminhoneiros próprios e autônomos como estratégia voltada à redução dos riscos associados a flutuações na demanda por serviços e à captura dos ganhos decorrentes da "especialização" adquirida pelos caminhoneiros em determinadas rotas) são respostas comerciais à necessidade de aproveitamento de ganhos de eficiência. Nesse sentido, a realização das economias de custo exige algum grau de coordenação entre os agentes envolvidos e serviria para sustentar a negociação conjunta de referências dos preços praticados entre montadoras e operadores logísticos[18].

Vale ressaltar, ainda, que a decisão de arquivamento do processo administrativo do CADE não foi proferida sem antes ter sido realizada análise do mercado relevante e da estrutura do mercado de transporte de veículos novos para, somente assim, afastar a existência de provas de que as supostas práticas teriam qualquer efeito negativo no mercado em questão.

A sentença proferida nos autos da Ação Penal 2003.71.00.007397-5/RS, por outro lado, condenou, pela prática de crime contra a ordem econômica, o diretor-presidente da Associação a 4 anos, 2 meses e 20 dias de reclusão (art. 4.º, II, *a, b, c*, e VII, da Lei 8.137/1990 c/c art. 71 do Código de Processo Penal);

---

18. O argumento apresentado no parecer do Professor Afonso Arinos segundo o qual a associação de operadores teria a natureza de uma *joint venture*, não foi acolhido diante da demonstração nos autos de que apenas houve a negociação de referenciais dos preços e, quando muito, do preço médio praticado. Mesmo assim, as razões de eficiência foram analisadas no voto do Conselheiro-Relator a fim de afastar a condenação das Representadas.

o presidente do Sindicato a pena de 5 (cinco) anos e 3 (três) meses de reclusão (art. 4.º, I, *a* e *f*, II, *a*, *b* e *c*, e VII da Lei 8.137/1990 c/c art. 71 do Código de Processo Penal); e o diretor para assuntos institucionais da companhia multinacional a 3 anos e 9 meses de reclusão (art. 4.º, I, *a* e *f*, da Lei 8.137/1990 c/c o art. 71 do Código de Processo Penal).

A partir do conjunto probatório, passa-se à analise da qualidade das decisões. O conjunto probatório que serviu de embasamento para a configuração da prática delituosa pode ser resumido aos testemunhos de pessoas interessadas na condenação dos réus concedidos durante a instrução criminal.

No âmbito do CADE, por sua vez, houve preocupação com a superação do "*standard* de prova", o que ocorre com a prova dos fatos antes de estes "servirem como premissas em inferências que conduzem a condenações em processo administrativo, prova que não se faz com a simples menção ao fato, mas que exige, da autoridade investigadora, a escolha dos meios juridicamente apropriados para um convencimento racional". Assim, aos testemunhos foram acrescentadas análises econômicas acerca do mercado em questão e das eventuais consequências das práticas relatadas, para verificar se seria efetivamente racional aos agentes se engajarem nas práticas objeto da acusação e se haveria a possibilidade de estas provocarem efetivamente efeitos deletérios sobre a concorrência. Vale mencionar também que o valor dos referidos testemunhos foi relativizado diante do claro interesse das testemunhas em verem os Representados condenados. Eram depoimentos prestados pelo representante e ex-funcionários de empresa de transporte não integrante da Associação e pelo representante de sindicato de transportadores rodoviários de veículos do Estado do Rio Grande do Sul, o qual representava motoristas não integrantes do sindicato nacional[19]. Outros depoimentos de testemunhas imparciais ao

---

19. Segundo o Conselheiro-Relator, "esses relatos, invariavelmente conducentes à condenação das representadas, foram tratados como conclusivos, mesmo diante de manifestações inequívocas de terceiros em sentido contrário. Aos relatos das demais fontes, por outro lado, não foi atribuído peso algum no âmbito da instrução". Dois exemplos significativos, apontados pelo voto do Conselheiro-Relator, estão relacionados (i) aos episódios envolvendo as duas transportadoras de veículos e (ii) à resposta a ofício encaminhado pela SDE de indústria automobilística concorrente da companhia multinacional que teve seu diretor condenado na esfera penal. No primeiro exemplo, a transportadora não integrante da Associação afirma que uma segunda empresa teria rescindido um contrato com ela por pressão da Associação e do Sindicato nacional. Contudo, essas alegações não ficaram demonstradas nos depoimentos colhidos na instrução (com exceção do depoimento da transportadora não integrante da associação), sobretudo no depoimento da segunda empresa, que justificou a rescisão contratual por motivos

deslinde do processo administrativo foram colhidos pela SDE (*e.g.*, montadoras, empresas de logística etc.), porém, quando muito, apenas apontaram indícios de infração, contribuindo, assim, para a insuficiência de provas para a condenação das representadas. Segue trecho do voto do Conselheiro-Relator, que ilustra esse aspecto do Processo Administrativo 08012.005669/2002-31:

> Essa acusação [condutas concertadas] deve ser julgada improcedente por duas razões. Em primeiro lugar pela fragilidade das provas coletadas para suportá-la, as quais são ou inconclusivas, ou então, provenientes de depoimentos de partes direta ou indiretamente interessadas na condenação; e em segundo lugar, pela falta de consistência econômica da hipótese, cuja validade pressupõe o conformismo generalizado das montadoras diante de práticas voltadas a lhes produzir excedentes econômicos nos processos de barganha e incrementar os seus custos de produção, mesmo na presença de prestadores alternativos de serviços de ambos os mercados.

Dessa forma, não obstante tenha sido aplicada pena restritiva de liberdade na Ação Penal, para a qual tradicionalmente se exige maior rigor na análise do conjunto probatório a fim de evitar qualquer erro com eventual condenação de inocentes (dessa ideia decorre o princípio do *in dubio pro reo* no direito penal), verifica-se, na decisão penal analisada, a ausência de preocupação com a consistência e robustez das provas produzidas no âmbito do processo criminal. Vale notar que essa foi uma preocupação constante nos autos do processo administrativo no âmbito do CADE, tendo sido verificado maior critério por parte desse órgão na valoração dos testemunhos oferecidos, bem como na própria análise das consequências concorrenciais que a suposta conduta reprovável acarretaria para o mercado nacional no setor de transporte de veículos novos.

No que tange ao tratamento oferecido aos argumentos de defesa, novamente se nota disparidade quanto à qualidade das decisões proferidas. Enquanto o CADE levou a cabo estudo técnico a partir das alegações que se mostraram relevantes para a formação da convicção do órgão, a Justiça

---

comerciais (*e.g.* insatisfação com a prestação dos serviços, paralisação recorrente dos serviços pelas empresas integrantes da Associação etc.). No segundo exemplo, a SDE atribuiu maior peso à declaração da concorrente da companhia multinacional, que teria confirmado o suposto "poder" da Associação e do Sindicato na negociação com as montadoras, em tratamento desigual aos depoimentos das demais montadoras e entidades ouvidas no curso da instrução do processo administrativo.

Criminal, em decisão de primeira instância, apresentou profundidade mediana na análise dos argumentos levados a juízo.

Tome-se como referência o fato de que empresas excluídas do suposto cartel (i.e., não vinculadas a quaisquer dessas entidades) podiam também prestar os mesmos serviços às montadoras no território nacional. Para a análise do CADE, esse argumento foi fundamental para a descaracterização de prática anticoncorrencial por parte da Associação e do Sindicato nacional. Com efeito, se parte significativa da oferta não está alinhada a um cartel que pratique preços excessivos, o suposto cartel está fadado ao fracasso e não poderá produzir os efeitos deletérios à competição, já que as empresas não alinhadas podem praticar preços mais competitivos e desviar para si a demanda das empresas supostamente cartelizadas. Havendo empresas concorrentes independentes, o grupo, ainda que alinhado, terá que competir com essas, não podendo praticar preços superiores.

Já na Ação Penal 2003.71.00.007397-5/RS, esse mesmo argumento foi considerado "inservível", tendo sido afastado na sentença sem que análise aprofundada do mercado, dos serviços oferecidos e dos preços praticados pelos agentes envolvidos fosse realizada. Segue trecho da decisão:

> Não merece crédito, igualmente, o argumento dos réus, para eximirem-se da acusação de monopólio, de que há várias empresas prestando serviços a montadoras e que não são vinculadas à [Associação] e nem ao [Sindicato nacional].
>
> Ocorre que, embora sem estarem formalmente ligadas àquelas entidades, a vinculação se estabelece veladamente, em forma de poder de mercado e de conduta uniforme, na medida em que a oferta de serviços é feita a preços idênticos ou muito similares aos praticados pelas associadas da [Associação] na mesma unidade fabril, contando tais transportadores com o respeito dos colegas sindicalizados ao [Sindicato nacional] no tocante à cessão daquela porção do transporte, além do que a participação destas empresas junto à montadora dá-se de modo permanente. Tais empresas, não raro, possuem vinculação com dirigentes de empresas que compõem ou compuseram os quadros da [Associação] ou com atuais ou anteriores dirigentes e prepostos do [Sindicato nacional] (Sentença proferida nos autos da Ação Penal 2003.71.00.007397-5/RS).

Ou seja, a sentença assume que mesmo as empresas fora dos sindicatos estariam "veladamente" em acordo com o suposto cartel, porém não aponta evidências testemunhais ou documentais nos autos que corroborem a nova hipótese. O único elemento de prova levantado foi que os preços seriam similares, fato de se esperar também em um mercado competitivo, notadamente quando o conjunto de clientes tem ampla informação e elevado poder de barganha, como é o caso das montadoras.

O que parece ter faltado na análise judicial foi justamente a ponderação das evidências testemunhais e documentais em conjunto com uma *análise econômica da estrutura de mercado* (percentual dos ofertantes cartelizados, capacidade de absorção de desvios de demanda em caso de elevação de preços, poder de barganha dos clientes etc.). A caracterização de uma infração à ordem econômica depende da demonstração econômica da possibilidade que os efeitos sobre o mercado sejam alcançados.

Essa disparidade técnica com que o tema foi tratado no *Caso do Cartel dos Cegonheiros* corrobora a Hipótese H10 da pesquisa, segundo a qual a ausência de expertise técnica sobre matéria concorrencial tem implicações sobre a qualidade das decisões judiciais, visto que, diante de argumentos que exigiam compreensão do tema da concorrência, em seus aspectos tanto jurídicos quanto econômicos, a Corte incorreu em uma falácia. Vale dizer, tomou a similaridade dos preços como evidência de ajuste entre empresas sindicalizadas e não sindicalizadas, quando poderia decorrer, como indicava a estrutura de mercado, da competição efetiva entre elas.

Tendo havido decisão de mérito na esfera criminal divergente da decisão de mérito na esfera administrativa, as partes envolvidas, bem como os demais atores que possam enfrentar os mesmos impasses relatados no caso, não têm como se antecipar e evitar o desfecho de qualquer uma das decisões, diante da sua imprevisibilidade. Isso porque ora o conjunto probatório é suficiente para ensejar condenação, ora não é; ora um argumento é acatado e considerado relevante para descaracterizar a prática de conduta reprovável, ora é tido como "inservível". Enfim, cria-se um ambiente de insegurança jurídica.

6.2.5.2. Caso dos slots *de companhia aérea em fase de recuperação judicial*

a) Sumário

Trata-se de processo no qual a autora, companhia aérea em processo de recuperação judicial, objetiva que não sejam disponibilizados seus *slots* em Congonhas até o fim desse processo de recuperação, apesar da disponibilização prevista em ofício da ANAC[20].

No âmbito do processo de recuperação judicial, o juiz determinou a expedição de ofício à ANAC, determinando que a Agência se abstivesse de levar a

---

20. Ofício 149/209/SSA/ANAC, de 24.07.2009.

termo a providência de disponibilização dos *slots* no aeroporto de Congonhas, até que fosse implementado o plano de recuperação apresentado, sob pena de multa diária de R$ 30 mil. A ANAC interpôs agravo de instrumento, cujo pedido de efeito suspensivo foi indeferido. Em decisão posterior, o agravo teve seu provimento negado também em relação ao mérito.

Por outro lado, a ANAC ingressou com pedido de suspensão de liminar perante o STJ para suspender a execução da decisão de primeira instância que proibira a realocação dos *slots* da companhia aérea em comento. O presidente do STJ atendeu ao pedido de suspensão da decisão que proibira a realocação dos *slots* pela ANAC em decisão publicada em 10 de dezembro de 2009. No entanto, após a Câmara reservada à Falência e Recuperação do TJSP ter julgado improcedente o mérito do Agravo de Instrumento que fora interposto pela ANAC, a companhia aérea apresentou pedido de reconsideração da decisão ao STJ e o presidente do STJ voltou atrás em relação à sua decisão anterior, determinando, "em favor da cautela necessária à questão", que a ANAC se abstivesse de distribuir os *slots* atinentes à autora do pedido de reconsideração. Foram apresentados agravos regimentais pela companhia aérea e pela ANAC, tendo sido, por fim, mantida a decisão que suspendera a proibição de realocação dos *slots*.

b) Análise do caso

A questão que emerge do caso a ser analisado trata da limitação da atuação da ANAC por parte do Judiciário, ao proibir a agência de realocar os *slots* não utilizados pela empresa em fase de recuperação judicial no aeroporto de Congonhas. Por um lado, a agência busca garantir o seu poder-dever de regular as autorizações de horários de pouso e decolagem de aeronaves civis, bem como as questões de infraestrutura aeroportuária. Por outro lado, a empresa buscava, pela via judicial, a manutenção de seus *slots* no aeroporto de Congonhas como parte de seus ativos incorpóreos. A disputa no âmbito dos processos judiciais analisados buscava definir, portanto, a natureza jurídica dos *slots*, se há direito subjetivo ao *slot* como bem incorpóreo, ou se a distribuição de *slots* é matéria de interesse público.

b.1) *Introdução ao sistema de alocação e pagamento de* slots

Segundo o art. 8.º, XIX, da Lei 11.182/2005, que criou a ANAC:

> Art. 8.º Cabe à ANAC adotar as medidas necessárias para o atendimento do interesse público e para o desenvolvimento e fomento da aviação civil, da infra-estrutura aeronáutica e aeroportuária do País, atuando com

independência, legalidade, impessoalidade e publicidade, competindo-lhe: [...]

XIX – regular as autorizações de horários de pouso e decolagem de aeronaves civis, observadas as condicionantes do sistema de controle do espaço aéreo e da infra-estrutura aeroportuária disponível.

Portanto, exercendo a competência especificada na legislação, a ANAC editou a Resolução 2/2006, regulamentando a "alocação de horários de chegadas e partidas em aeroportos que operem no limite de sua capacidade operacional em faixas de horários com alta densidade de tráfego aéreo doméstico" (art. 1.º).

Segundo a resolução, o *slot* consiste em horário estabelecido para uma aeronave realizar uma operação de chegada ou uma operação de partida em um aeroporto coordenado (art. 2.º, IV), que permanece indisponível para alocação enquanto utilizado pela concessionária (art. 2.º, V). Conforme determina o art. 4.º da Resolução, os pares de *slots* alocados ficarão disponíveis para nova alocação quando a empresa concessionária:

I – não tiver implantado o serviço no prazo de 30 (trinta) dias contado da data de alocação do par de *slot*, prorrogável por 30 (trinta) dias, mediante justificativa prévia aceita pela ANAC;

II – não atingir índice de regularidade mensal igual ou superior a 80% (oitenta por cento) da operação prevista, durante o período de noventa dias consecutivos;

III – deixar de utilizar o par de *slot* por um período superior a 30 dias consecutivos;

IV – manifestar seu desinteresse na continuidade da exploração do *slot*.

Observa-se, portanto, que a ANAC pode realocar os *slots* quando ocorrer uma das situações previstas no artigo 4.º da Resolução. A resolução prevê também a possibilidade de troca de entre as concessionárias dos *slots* que lhe foram atribuídos, desde que previamente autorizadas pela ANAC (art. 38). No entanto, o parágrafo único desse artigo enfatiza que "os *slots* só podem ser trocados um a um, vedada, por qualquer forma, a sua comercialização, sob pena de revogação da alocação do *slot* em questão".

b.2) A disputa entre a companhia aérea e a ANAC sobre o controle dos slots *do aeroporto de Congonhas*

O plano de recuperação judicial da companhia em tela previu o isolamento de parte da atividade da empresa, instituindo uma Unidade Produtiva Isolada (UPI) para ser objeto de alienação judicial. Dentre os ativos que integravam o estabelecimento empresarial a ser alienado em hasta pública, o plano de recuperação judicial, aprovado pelos credores da empresa e homologado judicialmente, incluiu os *slots* atribuídos à empresa em virtude de contrato de concessão.

A ANAC, por outro lado, em virtude da previsão de que os *slots* não podem ser comercializados, conforme a Resolução 2/2006 da agência, decidiu realocá-los por meio de sorteio, conforme indicado no Ofício 149/209/SSA/ANAC, de 24 de julho de 2009.

Nos autos da recuperação judicial[21], o juiz de falências entendeu tratar-se de abuso de direito a atitude da ANAC relativa à disponibilização dos *slots* do Aeroporto de Congonhas ainda sob responsabilidade da companhia aérea. Por meio de despacho de 31 de julho de 2009, determinou a expedição de ofício para que a agência se abstivesse de levar a termo a providência até que fosse executado o plano de recuperação apresentado nos autos desse processo. Foi emitido ofício à ANAC, em 28 de janeiro de 2010, determinando a exclusão dos *slots* do sorteio, como pretendido pela agência, até que a questão judicial fosse equacionada, sob pena de multa diária de R$ 30 mil.

A ANAC apresentou agravo de instrumento com pedido de efeito suspensivo perante a 2.ª Vara de Falências e Recuperações Judiciais de São Paulo, ressaltando que os *slots* são concedidos às empresas sob condição de efetiva utilização e que não podem ser comercializados, de modo que a previsão de alienação dos *slots* no plano de recuperação é ilegal, e a sua redistribuição entre as demais concessionárias é poder-dever da ANAC e não impedirá que a empresa continue a operar. Em relação à companhia aérea, a agência constatou, pelo monitoramento de suas operações realizadas em março, abril e maio de 2009, em face de informações fornecidas pela própria empresa, que, no Aeroporto de Congonhas, não foi atingido o índice de regularidade mensal previsto na Resolução 2/2006 da ANAC, de modo que dos 196 *slots* alocados a ela, 31 pousos e 30 decolagens ficaram disponíveis para nova alocação, conforme determina o art. 4, II e III, do Anexo da referida Resolução. Pede, portanto, que o juízo da recuperação judicial não considere os *slots* como ativos passíveis de inclusão no plano de recuperação judicial da empresa, e que esta seja intimada a apresentar novo plano de recuperação sem considerar os *slots* como ativos. Foi indeferido o pedido de efeito suspensivo, observando que o pleito seria novamente examinado após resposta da empresa.

---

21. Processo 100.08.241256-0, 2.ª Vara de Falências e Recuperações Judiciais de São Paulo.

Antes da decisão do mérito do agravo de instrumento, a ANAC apresentou ao Superior Tribunal de Justiça requerimento para suspender a execução do despacho do Juiz da 2.ª Vara de Falências e Recuperações Judiciais de São Paulo, proferida nos autos da Recuperação Judicial 100.08.241256-0. Alegou a ANAC que aquela decisão causara grave lesão à ordem administrativa, pois violava o seu poder-dever de regulação do espaço aéreo. A agência também alegou a existência de possíveis danos à economia pública. "Ao considerar os *slots* como patrimônio da empresa [...], restou afetado o sistema de livre concorrência, com prejuízo aos consumidores, ou seja, aos usuários do transporte aéreo." Ao pedir a suspensão da decisão, a agência sustentou que a proibição judicial de realocação dos *slots* representa, a cada dia, desperdício de infraestrutura aeroportuária. Segundo relata a decisão sobre o pedido para suspender a decisão impugnada, a ANAC apresentou os seguintes argumentos:

> Invoca o art. 8.º, inciso XIX, da Lei n. 11.182/2005, segundo o qual compete à ANAC "regular as autorizações de horários de pouso e decolagem de aeronaves civis, observadas as condicionantes do sistema de controle do espaço aéreo e da infra-estrutura aeroportuária disponível", e o art. 4.º, incisos II e III, da Resolução n. 02/2006 – ANAC, que torna os pares de *slots* disponíveis para nova alocação quando a concessionária "não atingir índice de regularidade mensal igual ou superior a 80% (oitenta por cento) da operação prevista, durante o período de noventa dias consecutivos" ou "deixar de utilizar o par de *slot* por um período superior a 30 dias consecutivos".

Ainda segundo a agência, o valor de aproximadamente R$ 39 milhões, que constitui o lance mínimo para arrematação da UPI, foi calculado levando em consideração, quase que exclusivamente, o suposto valor econômico atribuído aos *slots* alocados à empresa junto ao aeroporto de Congonhas, "valores que serão, em última análise, suportados pelos usuários do serviço de transporte aéreo". Observa-se, portanto, a preocupação da agência de garantir o exercício de sua competência de gerir o transporte aéreo privado, incluído o controle de linhas, horários de decolagem e pouso, de modo a evitar abusos das empresas aéreas e preservar os direitos dos usuários.

Em relação ao pedido de suspensão da decisão que determinara a expedição de ofício para que a agência não prosseguisse com sua decisão de realocar os *slots*, o presidente do STJ proferiu decisão monocrática que deferiu o pedido de suspensão, conforme decisão publicada em 10 de dezembro de 2009[22]. Segundo consta nos autos:

---

22. Suspensão de Liminar e Sentença 1.161/SP (2009/0234737-7).

Como se pode verificar, a alienação judicial referida compromete, também, os *slots* [...], chocando-se com a competência da ANAC, a quem cabe gerir o transporte aéreo privado mediante o controle de linhas, horários de decolagem e de pouso, preços de passagens e outros. Dentro dessa gestão, observo, insere-se o objetivo de evitar monopólios e abusos das empresas aéreas e, sobretudo, preservar os direitos dos usuários do transporte aéreo.

Afirmou ainda que, no caso específico de Congonhas:

com sobrecarga de pousos e decolagens, a atuação técnica da ANAC se faz ainda mais indispensável, não havendo dúvida de que a intervenção judicial para efeito de alienação de slots – vinculados à UPI – em hasta pública pode, sim, causar graves danos à organização do aeroporto e lesão à ordem e à economia públicas.

Em 26 de janeiro de 2010, a Câmara reservada à Falência e Recuperação do TJSP julgou improcedente o mérito do agravo de instrumento que fora interposto pela ANAC, mantida a decisão que proibira a realocação dos *slots* pela agência. A decisão do Agravo de Instrumento 670.247.4/3-00 reconheceu que, efetivamente, a companhia aérea não podia alienar os *slots*, visto que não eram propriedade da empresa. No entanto, entendeu que, ao contrário do que foi argumentado pela ANAC, a transferência dos *slots* em razão do trespasse do estabelecimento, do mesmo modo que outros contratos que integram um estabelecimento, constitui um dos meios da recuperação judicial, segundo decorre do art. 50, VII, da Lei 11.101/2005. Anotou o acórdão, ainda, que a eventual adquirente deverá ser cientificada de que a ANAC continuará a exercer os poderes regulatórios sobre os *slots*, devendo adequar-se às leis e regulamentos que regem a matéria, cabendo à ANAC aplicar o seu poder-dever de molde a criar condições propícias para a recuperação da empresa. O tribunal negou provimento ao agravo de instrumento.

Com base neste fato novo, a companhia aérea apresentou pedido de reconsideração da decisão ao STJ. Segundo a empresa, a alienação dos *slots* não interferiu na competência da ANAC, porém a pretensão da ANAC, sim, teria interferido na competência legal do juízo de recuperação judicial. Trouxe, ainda, fatos novos. Em primeiro lugar, a venda da integralidade das ações da empresa em fase de recuperação judicial para outra companhia aérea, esta em pleno exercício de suas atividades, afastando "de vez qualquer risco de danos à organização do aeroporto e lesão à ordem e economia públicas, além de se manterem íntegros os direitos dos usuários do transporte aéreo, até mesmo com a intenção, já oficialmente manifestada à ANAC, de que os *slots sub judice*

– designados pela Agência Reguladora como ociosos – voltassem a ser imediatamente utilizados pela companhia aérea" (fl. 244).

A empresa mencionou o julgamento do mérito do Agravo de Instrumento 670.247.4/3-00, pela Câmara reservada à Falência e Recuperação do TJSP, bem como a realização de procedimentos administrativos, marcados para o dia 1.º de fevereiro de 2010, para distribuição de alguns *slots* de Congonhas. O Presidente do STJ, em decisão publicada em 2 de fevereiro de 2010, voltou atrás em relação à sua decisão anterior e determinou, monocraticamente, "em favor da cautela necessária à questão", que a ANAC se abstivesse de distribuir os *slots* atinentes à companhia em fase de recuperação judicial no certame marcado para 1.º de fevereiro de 2010.

Foram apresentados dois agravos regimentais, um pela companhia em fase de recuperação e outro pela ANAC. Em julgamento ocorrido em 3 de março de 2010, por unanimidade, foi negado provimento ao agravo da companhia aérea e julgado prejudicado o agravo regimental interposto pela ANAC, permitindo que a agência realize a distribuição dos *slots* de Congonhas. Essa variância do *status* da decisão administrativas é bem ilustrativa do que se pretendeu quantificar, no Capítulo 5, com indicadores de incerteza jurídica (seção 5.2).

Um dos agravos regimentais fora interposto em 9 de dezembro de 2010 pela companhia aérea contra a decisão publicada em 10 de dezembro de 2009 que havia deferido o pedido de suspensão. Conforme o voto de um dos Ministros, a ANAC deve prosseguir "com seu pleno poder de gerenciamento do transporte aéreo, aí incluídos o controle e a distribuição dos *slots* no aeroporto de Congonhas". Segundo o entendimento apresentado, a alienação em hasta pública da Unidade Produtiva Isolada (UPI) "afeta negativamente a competência da ANAC, à qual cabe gerir o transporte aéreo privado mediante o controle de linhas, horários de decolagem e de pouso, preços de passagens e outros". Observou, ainda, que, dentro dessa gestão, "insere-se o objetivo de evitar monopólios e abusos das empresas aéreas e, sobretudo, preservar os direitos dos usuários do transporte aéreo". Foi negado provimento ao agravo regimental apresentado pela companhia aérea e mantida a decisão que suspendera a proibição de redistribuição dos *slots*.

O segundo agravo regimental fora apresentado pela ANAC contra a decisão publicada em 2 de fevereiro de 2010 na qual fora determinado, *ad cautelam*, "que a ANAC, no certame de distribuição de *slots*, marcado para o dia 1.º de fevereiro de 2010", se abstivesse "de distribuir os atinentes" à companhia aérea. No entanto, esse agravo foi julgado prejudicado, visto ter sido mantida a decisão que havia deferido a suspensão.

No âmbito do processo de recuperação judicial, após emitida a decisão que negara provimento ao mérito do agravo de instrumento, mantendo a designação de leilão para a venda da UPI e permitindo a cessão dos *slots*, a ANAC apresentou embargos de declaração. A agência alegou que houve omissão na apreciação do ato administrativo e da legislação de regência. Conforme a decisão dos embargos em 6 de abril de 2010, não teria havido contradição na decisão de mérito do agravo de instrumento. A competência da agência deveria ser exercida com observância aos princípios constitucionais da busca do pleno emprego (art. 170, VIII), da proporcionalidade e da razoabilidade e de acordo com as leis federais. Supridas as omissões apontadas pela ANAC e repelida a assertiva de contradição suscitada, os embargos de declaração interpostos pela agência foram acolhidos parcialmente, sem efeito modificativo.

Deve-se ressaltar, no entanto, o que afirma o voto do Desembargador do Tribunal Paulista. O recurso estava, em princípio, prejudicado, em face do julgamento do STJ ocorrido em 3 de março de 2010, que permitiu que a agência realizasse a distribuição dos *slots*. No entanto, como a ANAC reiterou os termos do recurso de embargos declaratórios, estes foram devidamente examinados pela Câmara Reservada à Falência e Recuperação do Tribunal de Justiça de São Paulo.

c) Algumas anotações

A decisão do STJ acabou por confirmar o entendimento de que a alienação da UPI em hasta pública acabaria por afetar negativamente a competência da ANAC. Observa-se, no entanto, que, em diversos momentos anteriores, as decisões judiciais confirmaram a possibilidade de alienação pela companhia aérea dos *slots* concedidos pela ANAC. Essa disputa surge, portanto, pela falta de uma clara compreensão do papel e poder da agência. Além disso, o conflito é visualizado como intervenção do Estado no domínio privado de livre-iniciativa da empresa em crise, sem considerar as consequências para o mercado regulado de serviços aéreos, ou seja, sem levar em conta a dimensão dos interesses coletivos em jogo. Segundo afirmou a agência, a vedação à redistribuição dos *slots* acabou por representar, a cada dia, desperdício de infraestrutura aeroportuária e prejuízo aos consumidores. No entanto, as decisões no âmbito do processo de recuperação judicial e do agravo de instrumento entenderam que os *slots* faziam parte do patrimônio da empresa e, portanto, não poderiam ser realocados pela ANAC antes da efetivação do plano de recuperação.

Como afirma o despacho de 31 de julho de 2009, que determinou a expedição de ofício à ANAC para que se abstivesse de levar a termo a disponibilização dos *slots* sob responsabilidade da companhia:

A notificação levada a efeito contra a sociedade autora parece desconhecer totalmente o fato de estar ela em processo de recuperação judicial, que tem por objetivo superar a sua situação de crise econômico-financeira, permitir a manutenção da fonte produtora, do emprego dos trabalhadores e dos interesses dos credores, preservando a empresa e a sua função social, na dicção do art. 47 da Lei 11.101/2005.

O caso ilustra bem a Hipótese *H10*, segundo a qual "a ausência de expertise técnica sobre matéria regulatória e concorrencial tem implicações sobre a qualidade das decisões judiciais, o que, por sua vez, pode amplificar a incerteza jurídica, quando há decisão de mérito, ou restringir a decisão judicial a questões processuais/procedimentais".

Em particular, ilustra o viés privatista do Judiciário em desconsiderar questões de interesses difusos e coletivos (concorrencial e consumidor) e com reduzida compreensão dos poderes da agência relativos a esses interesses.

6.2.5.3. Caso do consumidor de baixa renda

a) Sumário

Associação sem fins lucrativos voltada à defesa de consumidores e o PROCON ingressaram com ação civil pública para suspender a aplicação da Resolução da ANEEL 694/2003. A Resolução estabelece novos critérios para definir quem se enquadra na categoria de consumidor residencial de baixa renda, reduzindo o número total de consumidores beneficiados pela tarifa reduzida. As requerentes obtiveram medida liminar em primeira instância suspendendo a aplicação da resolução. A ANEEL promulgou então a Resolução 253/2007, com termos idênticos aos termos da Resolução 694/2003. Contra esse segundo documento normativo, as requerentes obtiveram medida cautelar, prorrogando o prazo para cadastramento dos consumidores de acordo com a nova resolução até o julgamento do recurso da apelação interposto contra a sentença proferida na ação civil pública.

O caso ilustra uma decisão que depende de comprovação de alegações fáticas que em momento algum são analisadas pelos magistrados. Alegam as requerentes que parte significativa dos atuais consumidores de baixa renda ficará desprovida do benefício conferido pela legislação atual em combinação com a Resolução 694/2003. A agência e as distribuidoras de energia, em contraste, alegam que o reenquadramento tarifário corrige distorções no sistema. Por exemplo, donos de casas de temporada e imóveis que ficam fechados durante longos períodos são beneficiados pela tarifa especial, apesar de serem consumidores de classe média. A Corte não avalia a veracidade das alegações e acaba decidindo sobre a legalidade da Resolução com base em critérios formalistas.

b) Análise do caso

Em abril de 2004, a associação de defesa dos consumidores e o PROCON (este também destinado à defesa do consumidor) ajuizaram ação civil pública para obter declaração de nulidade das Resoluções da ANEEL 485/2002 e 694/2003, que estabelecem novos critérios para classificar consumidores residenciais de baixa renda. As requerentes solicitaram também que a ANEEL reconhecesse a definição de baixa renda da Lei 10.438/2002, critério que vigorava antes da promulgação das resoluções supracitadas. Além disso, solicitavam as requerentes a retirada dos consumidores inadimplentes de cadastros de proteção de crédito, bem como a devolução em dobro da diferença cobrada desses consumidores a partir da promulgação da Resolução 694/2003. Por fim, as requerentes pleitearam a inaplicabilidade do critério monofásico/bifásico para definição de consumidor de baixa renda.

Antes de indicar o desfecho da ação e apresentar a análise do caso, é importante compreender a regulação aplicável.

b.1) A legislação e regulamentação do setor elétrico: consumidor de baixa renda e a tarifa social

No processo de privatização das distribuidoras de energia elétrica, o governo brasileiro voltou-se para o problema do consumidor de baixa renda, dado que o corte de subsídios governamentais concedidos à tarifa residencial (que vigorou no período que precedeu a privatização) gerou aumento significativo no valor daquelas tarifas, aumentando, consequentemente, os níveis de inadimplência.

A primeira medida adotada pelo governo foi a Portaria DNAEE 437/1995, que indicava que as próprias concessionárias deveriam definir os critérios para determinação dos consumidores residenciais de baixa renda, submetendo tais critérios à aprovação do órgão regulador do setor (naquela época, o Departamento Nacional de Energia Elétrica – DNAEE). Os critérios em geral eram bastante restritos (*e.g.*, 140 kWh no período de 12 meses, no Estado do Rio de Janeiro).

Após a crise energética, o governo promulgou medida provisória para regular a questão. Tal medida provisória foi posteriormente convertida em lei (Lei 10.438/2002); passou a vigorar, então, um critério nacional uniforme para definição de consumidor de baixa renda. A Lei estabelecia duas classes de consumidores: (i) aqueles que consomem de 0 a 80 kWh/mês são automaticamente considerados consumidores de baixa renda; e (ii) aqueles que consomem de 81 a 220 kWh/mês serão considerados de baixa renda, desde que possuam ligação monofásica (uma só voltagem). Uma das reportagens de jornal citada na petição inicial ilustra o que esses números significam: 80 kWh corresponde ao uso de um chuveiro elétrico por duas horas.

A Resolução da ANEEL 694/2003 estabelece critérios adicionais para enquadramento do consumidor na subclasse "residencial de baixa renda". Mais especificamente, a Resolução exige que tais consumidores estejam cadastrados nos programas sociais federais, como Bolsa Família, e possuam renda familiar per capita de até R$ 100,00 para ter direito à tarifa diferenciada.

Esta resolução é o motivo da disputa aqui analisada.

b.2) Os possíveis impactos da Resolução 694/2003

A petição inicial das requerentes apresenta uma série de dados relativos ao impacto negativo que a Resolução 694/2003 terá, devido à introdução de novos critérios para definir quais usuários podem se beneficiar da tarifa reduzida para consumidores de baixa renda (também conhecida como "tarifa social"). Por exemplo, quanto à exigência de que a ligação seja monofásica, as requerentes argumentam em sua petição inicial, citando artigo de jornal, que 98% dos consumidores em São Paulo têm ligação bifásica e estariam, portanto, excluídos do critério estabelecido pela agência.

As requerentes apresentam ainda dados do IBGE indicando que muitas famílias têm renda mensal superior a R$ 100,00 per capita ao mês, mas ainda assim não deixam de ser pobres. Argumentam, por exemplo, que "mais de 32% das famílias no Sudeste estão na faixa de mais de 2 salários mínimos, ou, no mínimo, R$ 480,00 mensais, o que significa uma família de 4 pessoas com renda de R$ 120,00 per capita, realidade que não pode ser ignorada e que demanda atenção por parte do Poder Público".

Por fim, argumentam que o cadastramento de famílias nos programas federais é feito pelas prefeituras. Todavia, há obstáculos significativos para que tais famílias consigam obter um cadastro em tais programas. As requerentes afirmam que "a maioria das prefeituras não possui convênios com a União para os requeridos programas e, quando há convênio, considerando que as verbas destinadas para os Programas estão esgotadas, as municipalidades negam-se a concentrar esforços e despesas para cadastrar quem não vai efetivamente receber os benefícios".

A agência e as distribuidoras de energia, em contraste, alegam que o reenquadramento tarifário proposto pela Resolução 694/2003 corrige distorções no sistema. Por exemplo, sob a égide da resolução precedente, os donos de casa de temporada e imóveis que ficam fechados durante longos períodos de tempo são beneficiados pela tarifa especial, apesar de serem consumidores de classe média. Portanto, foi necessária uma avaliação da renda dos beneficiados, para evitar que o sistema aloque subsídios para consumidores que não deveriam estar sendo objeto desses benefícios. Em outras palavras, a resolução visa a uma alocação mais eficiente de recursos no sistema.

Em suma, o cerne da disputa se encontra nos impactos potencialmente negativos ou positivos dos critérios definidos pela Resolução 694/2003. Enquanto a agência e a distribuidoras argumentam que os critérios serão positivos – a não concessão de benefícios para consumidores de classe média –, as requerentes argumentam que tais critérios terão consequências deletérias para consumidores efetivamente pobres, que serão privados dos benefícios da tarifa social.

Apesar de o cerne da disputa ser de natureza factual, a decisão da Corte ignora tal aspecto e baseia a decisão favorável às requerentes em uma análise extremamente formalista da regulação.

b.3) A sentença judicial: uma análise questionável das consequências da Resolução 694/2003

Em maio de 2004, o juiz da 14.ª Vara da Justiça Federal de Brasília concedeu liminar suspendendo os efeitos da Resolução 694/2003. Em abril de 2006, o mesmo juiz proferiu decisão de mérito acolhendo parcialmente o pedido formulado. A decisão declara a nulidade das Resoluções 485/2002 e 694/2003, determinando que o regime de tarifa para consumidor de baixa renda deve ser governado pela Lei 10.438/2002. Ou seja, a decisão determina que devem ser classificados como de baixa renda todos consumidores com consumo inferior a 200 kWh/mês. Todavia, o juiz indeferiu o pedido de suspensão da exigência de ligação monofásica.

Conforme indicado no item anterior, o cerne da disputa é factual e diz respeito aos impactos que a resolução teria sobre o grupo de consumidores atualmente beneficiados pela tarifa social. A análise do caso na sentença tenta considerar tais impactos, mas o faz de maneira não sistematizada e formalista. O juiz em questão indica que a Lei 10.438/2002 estabelece os critérios para definição do consumidor de baixa renda, mas também afirma que os consumidores podem ser excluídos da subclasse ("residencial de baixa renda") por outros critérios de enquadramento a serem definidos pela ANEEL (art. 1.º, § 1.º)[23]. Sobre tal dispositivo, afirma o juiz que:

---

23. Esta era a redação originária do art 1.º, § 1.º, da Lei 10.438/2002, vigente na data da sentença: "§ 1.º O rateio dos custos relativos à contratação de capacidade de geração ou potência (kW) referidos no *caput* não se aplica ao consumidor integran-

o legislador, ao reconhecer à ANEEL o poder para fixar critérios de enquadramento na subclasse Baixa Renda não pretendeu passar um cheque em branco ao ente público. Buscou orientar a Ação do administrado no sentido de estabelecer balizas técnicas para tanto – sempre afinados com a Constituição Federal e com os princípios norteadores postos no Código do Consumidor (Lei 8.078/90).

O juiz prossegue, então, para uma análise formalista das consequências da resolução. Apesar de considerar fatos concretos citados pelas requerentes, o faz de maneira pouco sistematizada e fundamentada:

> Com efeito, a permanecerem os critérios previstos na Resolução atacada, restarão violados, a um só tempo, valores como a dignidade da pessoa humana (CF/88, art. 1.º III) e o direito à adequada e eficaz prestação dos serviços públicos em geral (Lei 8.078/90, art. 6.º, X) segregando classes economicamente menos favorecidas.
>
> Ora, se dados recentes revelam que 85% das famílias brasileiras sentem dificuldades para chegar ao final do mês com seus rendimentos (fonte: IBGE) e que gastos com energia elétrica consomem 5% do orçamento das famílias com rendimento per capita de até 1 salário mínimo por mês (30% da população) e 2,5% do orçamento familiar do brasileiro segundo dados da Pesquisa de Orçamento Familiares (POF) do IBGE de 2003, é crucial que as regras limitativas concebidas pela ANEEL através das Resoluções 485/2002 e 694/2003 estão em desacordo, também, com o princípio da legalidade e da proporcionalidade (CF/88 art. 5.º).

O juiz passa então para uma fundamentação formalista da decisão. Afirma que a ANEEL poderia apenas dispor sobre questões técnicas (i.e., relativas à quantidade e à forma de consumo de energia):

> Vincular o reconhecimento do *status* de consumidor de baixa renda à participação do cidadão nos programas de distribuição de renda do governo federal não encontra substrato legal onde fincar raízes. Isso

te da Subclasse Residencial Baixa Renda, assim considerado aquele que, atendido por circuito monofásico, tenha consumo mensal inferior a 80 kWh/mês ou cujo consumo situe-se entre 80 e 220 kWh/mês, neste caso desde que observe o máximo regional compreendido na faixa e não seja excluído da subclasse por outros critérios de enquadramento a serem definidos pela Aneel". Posteriormente, a Lei 12.212/2010 veio atribuir a seguinte redação ao dispositivo: "O rateio dos custos relativos à contratação de capacidade de geração ou potência (kW) referidos no *caput* não se aplica ao consumidor beneficiado pela Tarifa Social de Energia Elétrica, integrante da Subclasse Residencial Baixa Renda".

porque, quando o art. 1.º, § 1.º, da Lei 10.438/2002 fala de "outros critérios de enquadramento a serem definidos pela Aneel", outro não pode ser o entendimento senão aquele relativo a critérios técnicos – a exemplo dos assinalados pelo legislador no mesmo parágrafo.

A não ser assim, ensejaria ao administrador atuar de forma arbitrária, concebendo como critério para o enquadramento situações fáticas pouco ou nada afinadas com aquelas hipóteses erigidas na lei formal.

Importa notar, aqui, que o juiz desconsidera as razões que supostamente motivaram a Resolução da ANEEL, ou seja, a preocupação com a alocação de subsídios para consumidores de classe média, questão de cunho social. Em vez disso, declara que a agência apenas pode regular requisito técnico. A sentença não esclarece segundo qual fundamento legal baseia-se tal limitação, e como a mesma se encaixa com as preocupações consequencialistas apresentadas pelas partes. Todavia, a ideia de que há limitações técnicas e não técnicas (ainda que ambas tenham consequências bastante concretas para o usuário final) é o que guia o juiz na negação do pedido sobre o sistema monofásico. Nesse sentido, afirma que:

> Quanto ao pedido das autoras no tocante ao afastamento do requisito ilegal de circuito monofásico por residência atendida pelo benefício, não tem como prosperar. Trata-se de requisito (técnico), previsto em lei formal, que não carrega nenhuma mácula contraria à constituição.

Ficou assim decidida a questão com base em critérios bastante formalistas que não contemplam de maneira sistemática ou significante os impactos concretos da Resolução para os consumidores de energia elétrica.

A União e a ANEEL apelaram e ainda não houve julgamento dos recursos pelo TRF da 1.ª Região.

b.4) Algumas anotações

O caso analisado ilustra a Hipótese *H10*, por não considerar e deliberar efetivamente sobre o controle de motivação da política regulatória promovida pela agência. Não foi apreciado o argumento de que, de outra forma, consumidores de classe média estariam recebendo um subsídio governamental indevido.

O argumento da autora, no sentido de que as regras da ANEEL excluiriam da categoria "baixa renda" diversos consumidores sem recursos, pareceu influenciar a sentença. Consta de sua fundamentação que "a dimensão da população de baixa renda vai muito além daquelas que atendem aos pressupostos estabelecidos nas resoluções". Em particular, esse aspecto parece ter sido relevante para a conclusão sobre violação ao princípio da proporcionalidade.

No entanto, diante da complexidade da questão, como visto, apresentou-se como fator determinante a ideia de que a ANEEL poderia tratar apenas de questões técnicas relativas ao *quantum* de energia consumido ou à forma como se dá o consumo. Deliberar sobre outros critérios para a definição de "baixa renda" excederia a sua competência. Embora esta não seja uma solução processual, é formalista por dizer respeito substancialmente à extensão da competência da agência, sem adentrar nas alegações de ordem fática apresentadas pelas partes.

Por fim, uma questão que deve ser levantada é se o Judiciário brasileiro tem apenas a opção de declarar a legalidade ou a ilegalidade da resolução. Em caso de resposta positiva, a possível solução do conflito fica bastante prejudicada. De fato, no caso em tela, a ANEEL acabou por promulgar a Resolução 253/2007 com os mesmos termos da Resolução 694/2003. A eficácia da mesma foi suspensa por meio de medida cautelar interposta pela associação de defesa dos consumidores e PROCON (Autos 2007.01.00.018823-0/DF), até o fim da disputa da Ação Civil Publica discutida anteriormente, que se encontra atualmente em sede de apelação. Ou seja, a agência continua a tentar resolver o problema da alocação de subsídios para consumidores que não deveriam estar recebendo tais benefícios.

6.2.5.4. Caso do ProPass: serviço público de transporte interestadual de passageiros

a) Sumário

Uma viação de transportes rodoviários sediada em Rondônia propôs Ação Ordinária (Autos 2008.70.12.001242-0/PR) em face da Agência Nacional de Transportes Terrestres – ANTT solicitando autorização para continuar executando transporte rodoviário de passageiros, cancelamento dos autos de infração emitidos pela ANTT, abstenção da ANTT de lavrar novos autos de infração, e devolução dos veículos aprendidos pela agência. Diante da declaração do juiz de primeira instância de falta de competência para julgar tal ação, a empresa interpôs Agravo de Instrumento, solicitando o reconhecimento da competência do Juízo Federal da Subseção Judiciária de Pato Branco/PR e requerendo antecipação de tutela recursal para que pudesse continuar executando o transporte rodoviário de passageiros, até a realização de licitação, nos termos da Resolução da ANTT 2.868/2008.

Em juízo liminar, o relator do Tribunal Regional Federal da 4.ª Região deferiu a antecipação de tutela recursal e depois reviu essa decisão. A Turma, no entanto, voltou a autorizar a empresa a prestar o serviço até a realização do processo licitatório.

A disputa ocorreu no contexto do Plano *ProPass* Brasil, uma iniciativa da ANTT para regularizar concessões de transporte público em todo o País, cuidando para que todas as empresas do setor tenham sido selecionadas por meio de licitação, como exige a Constituição. O Judiciário, todavia, foi incapaz de atentar para a política geral promovida pela agência. Além disso, adotou considerações conflitantes ao longo do processo, o que gerou incerteza jurídica para todas as partes envolvidas (empresas, consumidores e agência).

b) Análise do caso

b.1) Criação do Plano ProPass *e fatos que precederam a disputa judicial*

Em janeiro de 2009, a ANTT anunciou a implantação do Projeto da Rede Nacional de Transporte Rodoviário Interestadual de Passageiros (*ProPass* Brasil), abrindo consulta pública sobre o projeto e realizando reuniões em diversas capitais do País[24]. Tais reuniões contaram com a participação de entidades, especialistas, trabalhadores e cidadãos usuários do setor de transporte de passageiros.

A reunião relevante para o caso em questão ocorreu no dia 13 de fevereiro de 2009 em Florianópolis e englobou discussões sobre os três estados da Região Sul (Paraná, Santa Catarina e Rio Grande do Sul). No relatório do evento, a ANTT disponibilizou clipping de notícias de jornal em que se reportava o problema que a agência tenta mitigar. Sobre o caso do estado do Paraná, local onde ocorre a disputa judicial aqui descrita, lê-se:

> Há mais de meio século, ou mais exatamente desde 1952, o Paraná não realiza licitação para a exploração das linhas interestaduais e intermunicipais de transporte coletivo no Estado. Desde então, a União e os sucessivos governos paranaenses do período, incluindo a atual administração de Roberto Requião (PMDB), vem prorrogando os contratos através de aditivos, mantendo sempre as mesmas empresas na concessão das linhas dentro e fora do Paraná. O problema já vem sendo investigado pelo Ministério Público, inclusive com decisões judiciais

---

24. Os documentos relativos ao ProPass estão disponíveis em: <http://www.antt.gov.br/acpublicas/CPublica2008-01/CPublica2008_01.asp>. Acesso em: set. 2012.

de primeira instância determinando o cancelamento desses aditivos, considerados ilegais e inconstitucionais[25].

As consultas públicas foram um segundo passo na etapa do processo iniciado em 2008 pela ANTT para licitar os serviços de transporte rodoviário interestadual de passageiros. Um dos primeiros atos normativos nesse processo foi a Resolução 2.868/2008, na qual a ANTT "autorizou empresas prestadoras de serviços públicos regulares de transporte coletivo rodoviário interestadual de passageiros, com extensão superior a 75 km, a operar esses serviços por meio de autorização especial até 31 de dezembro de 2009 ou até que, por meio de processo licitatório, sejam celebrados os contratos de permissão e iniciada a efetiva operação dos serviços, o que ocorrer primeiro"[26]. A ação ordinária que iniciou a disputa judicial aqui analisada tem como base essa resolução.

b.2) A disputa judicial travada entre a viação e a ANTT

O anexo da Resolução 2.868, de setembro 2008, descrita anteriormente, contém rol de empresas com autorização especial para operar certas linhas até a realização de licitação, conforme exigido pela Constituição. Ao formular tal rol, todavia, a ANTT decidiu excluir uma série de empresas que estavam prestando serviços de transportes de passageiros há alguns anos. Esse é o caso da viação supramencionada, que prestava desde 1984 e 1985 serviços de transporte interestadual entre diversas cidades brasileiras[27]. Diante de sua exclusão do rol de empresas contempladas com autorização especial, a empresa propôs, em novembro de 2008, Ação Ordinária (Autos 2008.70.12.001242-0/PR) em face da Agência Nacional de Transportes Terrestres – ANTT, solicitando autorização para continuar executando transporte rodoviário de passageiros, cancelamento dos autos de infração emitidos pela ANTT, abstenção da ANTT de lavrar novos autos de infração e devolução dos veículos aprendidos pela agência[28].

Na ação ordinária, a empresa pediu antecipação de tutela. Para sustentar seu pedido, a empresa invocou a isonomia com as demais empresas autorizadas pela resolução da ANTT, alegando que, caso não prestasse os serviços, não te-

---

25. Disponível em: <http://www.antt.gov.br/acpublicas/CPublica200801/Divulgacao/PROPASSBRASIL_Relatorio_ _evento_Florianopolis.pdf>. Acesso em: dez. 2010.
26. Ação Ordinária 2008.70.12.001242-0/PR, de 16.12.2008.
27. Tais linhas incluem: Santa Maria/RS a Belém/PA, Santa Maria/RS a Rio Branco/AC, Porto Velho/RP a Belém/PA, Rio Branco/AC a Colatina/ES, Osasco/SP a Natal/RN, Foz do Iguaçu/PR a Fortaleza/CE e Rio Branco/AC a Mossoró/RN.
28. Ação Ordinária 2008.70.12.001242-0/PR, de 16.12.2008.

ria condições de disputar a futura licitação com as demais empresas. Ademais, alega que as comunidades servidas estavam sofrendo com a falta do serviço. O juiz de primeira instância declarou falta de competência para julgar tal ação, dado que a sede da empresa era em Roraima, não no Paraná, onde a ação tinha sido proposta, e determinou a remessa dos autos à Subseção Judiciária de Ji-Paraná/RO. A empresa interpôs agravo de instrumento solicitando o reconhecimento da competência do Juízo Federal da Subseção Judiciária de Pato Branco/PR e requerendo antecipação de tutela recursal para que pudesse continuar executando o transporte rodoviário de passageiros, até a realização de licitação. Tendo em vista decisão do relator nesse agravo de instrumento (relatada a seguir), o juiz determinou a suspensão da ação ordinária durante o transcurso do agravo de instrumento, tendo esta sido reaberta apenas em setembro de 2010[29]. Por essa razão, a presente análise focará nas decisões das instâncias superiores, que trataram do mérito da questão.

A primeira decisão no referido Agravo de Instrumento (AI 2008.04.00.046236-5/PR) ocorreu em sede de juízo liminar, por seu relator, ainda em dezembro de 2008. Nessa decisão, o relator do Tribunal Regional Federal da 4.ª região deferiu a antecipação de tutela recursal. Sua decisão se baseou em entendimento jurisprudencial do STJ e do TRF da 4.ª Região, segundo o qual se admite a manutenção de transporte público nos casos em que a empresa tenha atuado durante muito tempo na prestação de serviço, em linhas predeterminadas, e haja omissão da autoridade administrativa em abrir licitação para o setor[30]. Um dos precedentes citados tem o seguinte teor:

> No caso dos autos, não se busca em Juízo chancela de situação que contunde a ordem jurídica, mas, sim, garantia da manutenção de situação fática conformada com a complacência do Poder Público, e que com certeza traz significativos benefícios às comunidades servidas pela empresa de transporte, as quais, não fosse a ousadia da recorrente em dar início à atividade de transporte de passageiros mesmo sem expressa autorização estatal, seguiriam até hoje desprovidas do imprescindível serviço na medida em que consabidamente o Poder Concedente omite-se, há vários anos, na promoção do certame licitatório para concessão

---

29. A última consulta processual sobre essa ação, feita para os propósitos do presente relatório, foi feita em 23 de setembro de 2010. A ação então tinha sido reaberta e em 21 de setembro havia sido emitido despacho intimando as partes.
30. Agravo de Instrumento 2008.04.00.046236-5/PR, Despacho de 19.12.2008.

das linhas de transporte público. Trata-se de medida paliativa e que só deve persistir até que superada a inércia do Poder Concedente[31].

Interessa notar que o relator do caso não solicitou a manifestação da ANTT antes de julgar que havia omissão do poder concedente. Portanto, a decisão não considerou o fato de que, no presente caso, diferentemente do que se passou nos precedentes por ela citados, a decisão da ANTT foi tomada justamente no âmbito de um projeto nacional da agência para regularizar todas as linhas de transporte público do País, por meio de licitações.

Todavia, em março de 2009, o relator reviu sua anterior posição e, em decisão monocrática[32], deu provimento parcial ao agravo de instrumento. Em vez disso, passa a entender que autorizações judiciais para prestação de serviço público também ofenderiam a ordem administrativa, em função do "afastamento da Administração do legítimo juízo discricionário de conveniência e oportunidade na fixação de trecho a ser explorado diretamente ou mediante autorização, concessão ou permissão, do serviço de transporte rodoviário interestadual de passageiros"[33]. A principal razão atribuída passa a ser, então, a violação do princípio de separação de poderes, estando proibido o Judiciário de substituir o Poder Executivo, ainda em casos em que haja omissão ou demora (STJ)[34].

Nessa nova linha, o relator do caso sugere ser irrelevante saber se houve ou não omissão do poder administrativo, ou qualquer consequência positiva ou negativa que tal decisão possa gerar. O Judiciário simplesmente deveria abster-se de intervir[35].

Tal decisão do relator, todavia, foi revista pela Turma, e a empresa obteve novamente tutela antecipada para prestar os serviços de transporte público. O voto do Relator, acompanhado pelo restante da Turma, revê novamente o seu pronunciamento monocrático, retornando ao seu primeiro entendimento, que inclusive transcreve no acórdão. Como fundamentação, é citado parecer do Ministério Público Federal, a favor do provimento do agravo. O principal argumento do parecer é o de que "a situação jurídica da empresa agravante

---

31. Trecho da referida decisão citando o TRF da 4.ª Região: Agravo de Instrumento 2005.04.01.031097-4/RS, 3.ª Turma, Rel. Vânia Hack de Almeida.
32. Cf. decisão proferida em 13.03.2009.
33. Trecho da referida decisão citando STF: STA 73-AgR/SP, Plenário, Min. Relatora Ellen Gracie, *DJ* de 02.05.2008.
34. Trecho da referida decisão citando STJ: REsp 200200109096/CE. 2.ª Turma, Min. João Otávio de Noronha, *DJ* de 02.08.2006.
35. Agravo de Instrumento 2008.04.00.046236-5/PR, Despacho de 13.03.2009.

não é a mesma das empresas que sofreram os efeitos das inúmeras decisões do STF colacionadas na decisão agravada". A agravada tinha "vínculo de natureza administrativa com o poder executivo, já que legalmente autorizada com base no Decreto 71.984 e art. 136 do Decreto 90.958/1985. Portanto, a empresa havia sido autorizada, anteriormente, pelo gestor público a prestar o serviço, enquanto as decisões do STF lidavam com 'uma mera situação de fato'"[36]. Além disso, o parecer indica que tal autorização duraria apenas até a realização do processo licitatório, já agendado pela agência. Afirma o relator que o parecer confirma sua decisão inicial, indicando tratar-se de empresa que já atuava no setor, operando as linhas em questão por mais de 20 anos.

Importante observar que aqui a situação da empresa se torna relevante, mas em momento algum as razões da agência são consideradas. Nenhuma das decisões anteriormente citadas questionou, por exemplo, por que a ANTT decidiu incluir algumas empresas no anexo de sua Resolução, conferindo-lhes autorização especial para operar certas linhas até a realização de licitação, e excluir outras. A racionalidade para a decisão da agência, e o fato de que a ANTT tinha um plano para regularizar todas as linhas de transporte público no País por meio de licitação não foram em qualquer momento considerados pelo Tribunal Regional Federal.

b.3) A disputa travada entre as empresas de transporte público e a ANTT no contexto do ProPass Brasil

O único momento em que o Judiciário considerou o fato de que a questão *sub judice* estava relacionada a um plano nacional de regularização dos transportes públicos no País ocorreu no STF (STA 357/DF)[37]. Em janeiro de 2010, a ANTT ingressou com pedido de suspensão de tutela antecipada de várias decisões judiciais, inclusive a decisão do agravo de instrumento analisado anteriormente. O pedido se baseava em duas alegações: "as decisões colocariam em risco a gestão do Sistema Nacional de Transportes, ao impedir o planejamento global da distribuição das linhas pelo território nacional" e "teriam violado a ordem pública, em virtude de suposta usurpação da competência da União para exercer, diretamente ou mediante concessão, permissão ou autori-

---

36. TRF da 4.ª Região: Agravo de Instrumento 2008.04.00.046236-5/PR, de 05.05.2009.
37. A íntegra da decisão está disponível em: <http://www.stf.jus.br/arquivo/cms/noticiaNoticiaStf/anexo/STA357.pdf>. Acesso em: set. 2012.

zação, o serviço público de transporte rodoviário interestadual e internacional de passageiros"[38].

O Presidente da Corte indeferiu o pedido da ANTT. A decisão se baseou em três argumentos: (i) o indeferimento do pedido de suspensão não irá trazer prejuízos ou atrasar a implementação do denominado *ProPass* Brasil, pois "as decisões judiciais impugnadas neste incidente de contracautela garantiram às empresas demandantes a exploração do serviço, somente até a licitação das linhas"[39]; (ii) verifica-se omissão da Administração Pública no cumprimento de suas obrigações por estar atrasada com o cronograma de licitações originalmente formulado para o *ProPass* Brasil; e (iii) essa solução atende o interesse público, dado que os usuários dos serviços se beneficiam das opções oferecidas.

O primeiro argumento contraria a alegação da agência de que a concessão de tutela antecipada a essas empresas impediria o planejamento global da distribuição das linhas pelo território nacional, porém não explica como o planejamento poderia ser executado normalmente apesar da intervenção judicial. Não está claro se o STF não teve acesso a qualquer tipo de argumentação mais articulada por parte da ANTT para sustentar sua alegação, ou se decidiu não responder de maneira substantiva ao argumento fático da agência. Qualquer que seja o caso, não foi apreciada a substância da política pública que estava por trás da disputa judicial.

O segundo ponto levantado na decisão do STF é o problema da omissão e do descaso da Administração Pública, que justificariam, nesse caso, o indeferimento do pedido. O Tribunal esclareceu que, em face das notícias de que a ANTT não teria adotado as providências para a conclusão das licitações nos prazos estabelecidos, determinou a intimação da autarquia para que se manifestasse sobre essas acusações[40]. A ANTT alegou, então, que solicitou ao Tribunal de Contas da União e ao Ministério Público Federal a aprovação de novo cronograma para a conclusão das licitações, tendo em vista a inconsis-

---

38. Notícias STF, Mantidas decisões que autorizam circulação de empresas de transporte interestadual, Quinta-feira, 14 de janeiro de 2010. Disponível em: <http://www.stf.jus.br/portal/cms/verNoticiaDetalhe.asp?idConteudo=118567&caixaBusca=N>. Acesso em: set. 2012.
39. STF: STA 357/DF, p. 12.
40. "No presente pedido de suspensão, em virtude de notícias divulgadas pelos meios de comunicação, segundo as quais a Agência Nacional de Transportes Terrestres não teria adotado as providências necessárias à conclusão das licitações no prazo inicialmente estipulado, determinei a intimação da autarquia a fim de que se manifestasse sobre a veracidade de tais informações."

tência dos dados fornecidos pelas empresas permissionárias, o que colocaria em risco o êxito do programa.

Apesar da explicação oferecida, considerou-se que a agência foi omissa, dado que a exigência de licitação havia sido feita em 1993 (Decreto 952) com um prazo de 15 anos (2008). A agência nada teria feito até outubro de 2008, quando editou a Resolução 2.868/2008 prorrogando o prazo para final do ano de 2009. Como as licitações não foram concluídas, a agência editou duas novas Resoluções (n. 3.320 e 3.321), estendendo o prazo para 31 de dezembro de 2011. Essa última extensão evidenciaria a omissão da agência, segundo o STF:

> Se anteriormente deferi pedidos análogos ao ora formulado, o fiz por constatar o firme propósito da requerente de solucionar, em definitivo, o problema. A recente prorrogação do prazo de vigência das autorizações especiais evidencia exatamente o contrário: a manutenção de um quadro inconstitucional e lesivo ao patrimônio público, com o qual esta Corte não pode anuir.
>
> Por conseguinte, não são as decisões judiciais impugnadas que se revelam lesivas à ordem pública, mas o quadro de descalabro que se instaurou no setor em virtude da omissão da Administração Pública no cumprimento de suas obrigações constitucionais e legais (vide MS 27.516, *DJ* de 05.12.2008).

O STF rejeitou a alegação de que haveria incorreções nas informações prestadas pelas permissionárias, pois essas informações "já deveriam ser de conhecimento da autarquia especial responsável pela regulação e fiscalização do setor". Sobre a (arguida) falta de pessoal ou de estrutura dos órgãos e entidades públicas responsáveis pela regulação do setor, o STF afirmou que "o Poder Público teve prazo mais do que razoável (15 anos) para o cumprimento do dever constitucional constante do art. 175 da Constituição de 1988".

O TRF já havia apresentado a omissão da agência como fundamento para a sua decisão: a omissão da autoridade administrativa em abrir licitação para o setor justificaria a manutenção de linhas de ônibus circulando quando a prestação de serviço fosse derivada de algum vínculo prévio com a Administração Pública. Nesse sentido, há harmonia entre os julgados: a omissão do poder administrativo justifica a manutenção das linhas existentes. No entanto, a decisão do STF leva o *ProPass* Brasil em consideração, concluindo ainda assim pela persistência da omissão.

O terceiro ponto levantado pelo STF é o interesse público, considerado como o interesse dos usuários de serviços de transporte terrestre na continuidade de sua prestação[41]. Não há, no entanto, comprovação fática de que, de outra forma, a comunidade ficaria privada do serviço.

Por outro lado, observa a Corte que, como tais empresas operam segundo prévia autorização da Administração Pública, elas se sujeitam a fiscalização e controle das autoridades do setor. Por esse motivo, não haveria violação da ordem pública. Daí se extrai que o Judiciário está disposto a autorizar o funcionamento dessas empresas em nome do interesse público, mas não está disposto a garantir a continuidade do serviço no caso de empresas clandestinas, destituídas da necessária qualificação técnica. Isso fica evidenciado na seguinte passagem:

> Ressalte-se, ainda, que a prestação do serviço público em questão por empresa judicialmente autorizada – autorização que, repita-se, somente se justifica em virtude da inação da Administração Pública – não traz quaisquer prejuízos às populações atendidas pelo serviço, desde que, é claro, a empresa atenda às exigências de ordem técnica emitidas pela autoridade administrativa e se submeta a sua fiscalização[42].

Isso mostra que o STF se preocupa com a exigência de que a empresa tenha qualificação para prestar o serviço com segurança e se submeta à fiscalização pela agência. Com efeito, o fato de que essas empresas, de fato, prestam há anos esse serviço público não significa que elas atendem as exigências de ordem técnica emitidas pela autoridade administrativa. A decisão dá espaço para a agência cassar a autorização caso não haja o atendimento de requisitos de segurança.

b.4) O ProPass Brasil, insensibilidade relativa a política regulatória e controle de motivação

A questão central do caso e que exigiria a atuação judicial para controle de motivação foi o fato da ANTT ter concedido autorização especial para algumas empresas e não para outras. O Tribunal Regional da 4.ª Região passou ao largo dessa questão. Ademais, parece ignorar que a disputa judicial em tela ocorre no contexto do *ProPass* e faz parte de um conjunto de medidas adotadas pela agência para regularizar a prestação do serviço de transporte terrestre no país. De um lado, o Judiciário discute se é ou não competente para autorizar

---

41. "Pode-se afirmar que a existência dessas autorizações, diante do quadro acima descrito, atende ao interesse público, na medida em que gera opções de transporte e supre carências do sistema atual, acarretando, portanto, benefícios à população" (STF: STA 357/DF, p. 12).
42. STF: STA 357/DF, p. 12.

a prestação de serviço público e, de outro lado, não atenta para questões de política pública que transcendam ao litígio.

O Judiciário não considera essa questão relevante para a decisão judicial. Em qualquer uma das hipóteses, seja por não se considerar preparado para enfrentar questões técnicas, seja por não considerar questões de política pública relevantes para solucionar o litígio, parece haver resistência do Judiciário em rever o mérito de decisão administrativa ou as razões de sua decisão.

Esse posicionamento, porém, acaba por afetar a disposição do Judiciário em controlar a motivação das decisões administrativas, ou seja, pelo menos a coerência entre a fundamentação e o conteúdo da decisão, o que não necessariamente significa adentrar no espaço de discricionariedade da Administração.

Seria necessário que o Judiciário, ao se engajar no controle da motivação da decisão administrativa, atentasse para a política regulatória geral promovida pela agência. A falta de sensibilidade para questões de política regulatória setorial e economia concorrencial ilustra a hipótese 10, pois prejudica a qualidade das decisões judiciais.

Esta questão também aparece quando se adota como justificativa para a autorização conferida para as empresas o argumento de que os usuários seriam afetados pela descontinuidade do serviço. Se e em que extensão os usuários serão afetados pela descontinuidade do serviço é uma questão fática, como a exposta no caso acima (*Consumidor de Baixa Renda*). Todavia, em momento algum se observa qualquer análise de dados concretos para sustentar o argumento de que as comunidades seriam prejudicadas pela interrupção do serviço pela empresa em questão.

Além disso, os supostos benefícios que os consumidores obteriam com a manutenção do serviço deveriam ter sido sopesados com os custos que tal continuidade imporia ao plano *ProPass*. Porém, pode-se questionar até que ponto o Judiciário conseguiria sopesar os benefícios para usuários no curto e no longo prazo, e tomar uma decisão que melhor proteja o interesse desses mesmos usuários.

Outra questão que se levanta é por que o Judiciário restringe a definição de interesse público aos interesses e benefícios dos usuários. Há uma série de outros interesses em jogo que poderiam ser considerados parte do que se chama "interesse público". Um exemplo é o interesse das outras empresas do setor. Outra empresa de transportes rodoviários especializada na região da Amazônia, por exemplo, ingressou com diversos recursos contra a decisão do TRF que concedeu tutela antecipada no agravo de instrumento discutido na seção anterior[43]. Primeiro, a empresa tentou obter liminar que atribuísse efeito suspensivo ao recurso especial. Argumentou que "as linhas autorizadas pela decisão judicial está [sic] a sobrepor os serviços legitimamente prestados, ocasionando-lhe sérios e irreparáveis prejuízos, porquanto lhe [sic] retira parte da demanda esperada a partir da contratação com o poder público"[44]. A medida cautelar foi indeferida em dezembro de 2009[45]. A empresa ingressou então com um pedido de reconsideração no mesmo mês, que também foi indeferido. Na sequência, na qualidade de terceiro prejudicado, a viação ingressou no agravo de instrumento discutido na seção anterior. A empresa argumentou com a existência de "dissídio jurisprudencial" e violação do art. 14 da Lei 8.987/1995, que exige licitação para concessão de serviço público[46]. O recurso foi admitido em julho de 2010. Ao menos uma outra empresa se opôs a tal recurso, trazendo argumentos processuais que supostamente impediriam a viação de ingressar com a ação[47]. Tal pedido foi indeferido.

Nos julgados analisados identifica-se, ademais, o problema de insegurança jurídica no que diz respeito aos critérios utilizados para a caracterização ou não da omissão do poder público. No TRF, os precedentes citados na decisão monocrática do relator do agravo de instrumento inferiam a omissão a partir do fato de que não havia qualquer plano de licitação. Já no caso em análise, havia o *ProPass* e essa particularidade não foi mencionada, concluindo-se de qualquer forma para a caracterização da omissão.

Diferentemente do TRF, o STF reconheceu o fato de que a agência tinha um plano para o setor de transportes. Ou seja, pela primeira vez na disputa se reconheceu que o litígio estava ocorrendo no contexto do *ProPass*. O Ministro Presidente esclareceu que, em casos anteriores, havia considerado a existência do *ProPass* suficiente para determinar a suspensão dos efeitos de decisões judiciais contrárias à agência, posto que estava prevista "licitação, em prazo razoável (dezembro de 2009) e de forma global e concatenada, de todos os trechos rodoviários explorados por empresas detentoras de concessões e permissões outorgadas anteriormente à Constituição de 1988". E justificou a sua decisão tendo em vista a aprovação pela agência de novo cronograma para a conclusão

---

43. Um outro exemplo é Medida Cautelar Inominada 0007700-29.2010.404.0000/PR. Decisão indeferindo medida cautelar de 09.12.2009.
44. TRF da 4.ª Região: Medida Cautelar Inominada 2009.04.00.041413-2/PR.
45. TRF da 4.ª Região: Medida Cautelar Inominada 2009.04.00.041413-2/PR.
46. TRF da 4.ª Região: Recurso Especial em Agravo de Instrumento 2008.04.00.046236-5/PR.
47. TRF da 4.ª Região: Petição em Agravo de Instrumento 2008.04.00.046236-5/PR.

das licitações. A nova prorrogação levaria à caracterização de omissão inaceitável pela Administração.

O problema da insegurança jurídica também aparece em virtude das mudanças de posicionamento do TRF: em um período de 5 meses, esse tribunal decidiu a favor (janeiro), contra (março) e a favor de novo (maio) da empresa que contestou a decisão da ANTT.

6.2.6. A importância do controle judicial

São ilustrativos dois exemplos de controle bem-sucedido analisados na parte qualitativa do estudo, um decorrente da ação (*Caso Backhaul*), e o outro da omissão (*Caso do VU-M*) da agência de telecomunicações, a ANATEL. Os casos evidenciam a importância do controle de fundamentação dos atos das agências reguladoras, sejam os atos normativos, sejam os atos de adjudicação. Em ambos é perceptível o controle de mérito sem que o Judiciário se imiscuísse em matéria discricionária da agência. São exemplos claros de controle de racionalidade e coerência da fundamentação apresentada pela própria agência, seja para determinada ação, seja para sua inação.

6.2.6.1. Caso do backhaul: a substituição das metas de universalização em telecomunicações

Foi questionada no Judiciário a alteração dos contratos de concessão do serviço de telefonia fixa (STFC) para substituir a meta de universalização prevista no Decreto 4.769/2003, de implantação de Postos de Serviços de Telecomunicações (PST), por aquela prevista no Decreto 6.424/2008, de implantação de rede de suporte para banda larga (*backhaul*) em todos os municípios brasileiros[48]. O ponto sensível às concessionárias, a quem se impunha o investimento em infraestrutura, estava na supressão de cláusula de reversibilidade do ativo de *backhaul* nos contratos de concessão[49]. De um lado, a requerente provou ter sido a cláusula sobre a reversibilidade suprimida, com referência a parecer da procuradoria da ANATEL recomendando sua exclusão sob a justificativa de a mesma ser desnecessária já que seria óbvia e inquestionável a reversibilidade dos ativos. Porém, no processo de consulta pública, a própria ANATEL fez referência a contribuições de diversas concessionárias que questionavam e negavam a reversibilidade dos ativos, o que mostrava ser a questão controversa e merecedora de regramento. O pedido de tutela judicial

---

48. Ação Civil Pública (Autos 2008.34.00.011445-3).
49. Pela regra de reversibilidade, os ativos resultantes do investimento passam a ser de propriedade do Estado após o término da concessão.

foi concedido em análise preliminar, suspendendo os efeitos dos aditamentos aos contratos de concessão sem a cláusula. Diante disso, a agência celebrou novo aditivo contratual estipulando que o *backhaul* é reversível.

De acordo com a Lei Geral de Telecomunicações (Lei 9.472/1997), serviço de telecomunicações prestado em regime de direito público, tal como é o Serviço Telefônico Fixo Comutado (STFC), tem sua exploração atrelada a obrigações de universalidade e de continuidade por parte da prestadora (arts. 63, parágrafo único, e 64, parágrafo único). As obrigações de universalização são objeto de metas periódicas, conforme plano específico elaborado pela agência e aprovado pelo Poder Executivo. O primeiro plano foi aprovado em 15 de maio de 1998 (Decreto 2.592), e estipulou metas às concessionárias de STFC até 31 de dezembro de 2005 para instalação de acessos individuais e de Telefones de Uso Público – TUPs (os "orelhões"). Para o período que se seguiu, foi editado novo Plano Geral de Metas de Universalização (Decreto 4.769, de 27 de junho de 2003), que estipulou metas até 1.º de janeiro de 2010, merecendo destaque aquelas relativas à instalação de Postos de Serviços de Telecomunicações – PST[50] nos Municípios brasileiros (art. 13 e ss.).

Sob a alegação de que os PSTs não tinham mais relevância social para o País, as metas de universalização foram alteradas para impor às concessionárias a obrigação de instalação de infraestrutura de *backhaul* para acesso à internet banda larga em todos os Municípios do Brasil, o que foi feito por meio do Decreto 6.424, de 7 de abril de 2008. Vale notar que a proposta de decreto encaminhada pela ANATEL ao Ministério das Comunicações foi precedida de Consulta Pública realizada pela agência (Consulta Pública 842/2007), que contou com a participação de diversos atores do setor. Para incorporar as novas metas de universalização aos contratos de concessão então vigentes, foram celebrados aditivos em 8 de abril de 2008. Como consequência da disputa judicial travada entre o agente regulador e a associação de proteção aos consumidores, novos aditivos foram firmados entre a ANATEL e as concessionárias de STFC, a fim de confirmar a reversibilidade do *backhaul*.

A associação de defesa dos consumidores argumenta que a substituição das metas não poderia ser feita pelo fato de o *backhaul* ser rede destinada especificamente à exploração de serviços de comunicação de dados em banda larga e, portanto, não poder ser incluído nos contratos de concessão de STFC como

---

50. Glossário ANATEL: "Posto de Serviço de telecomunicações – Acrônimo: PST: 1. Conjunto de instalações de uso coletivo, mantido pela concessionária, dispondo de, pelo menos, TUP e TAP, e possibilitando o atendimento pessoal ao consumidor [Anexo ao Decreto n. 4.769, de 27/06/2003]". Redação semelhante se encontra no Regulamento anexo à Resolução ANATEL 426, de 09.12.2005.

meta de universalização. Para impedir tal substituição, a associação propôs ação civil pública em face da União, da ANATEL e de empresas que atuam no setor. Na Ação, a Pro Teste pedia que fosse declarada a nulidade dos arts. 13 e ss. do Decreto 4.769/2003 e do Decreto 6.424/2008, com efeito *ex tunc*, assim como os aditamentos aos contratos de concessão decorrentes dos decretos.

O pedido de antecipação de tutela da associação foi indeferido, reconhecendo-se, assim, *prima facie*, a legalidade da alteração dos contratos de concessão e a inclusão da meta relativa à implementação de *backhaul* pelas concessionárias nesses contratos.

No entanto, posteriormente ao ajuizamento da ação, verificou-se que a cláusula sobre a reversibilidade do *backhaul* fora suprimida na versão final do aditivo contratual. Diante disso, a associação apresentou novo pedido de tutela antecipada, trazendo aos autos justificação apresentada pela ANATEL para a supressão dessa cláusula. Segundo a ANATEL, a referida cláusula era desnecessária, conforme se depreende do Parecer elaborado pela Procuradoria da Agência nos autos do processo administrativo que recomendava a proposta de Decreto a ser encaminhada pela ANATEL ao Ministério das Comunicações. Segue trecho do Parecer da Procuradoria da ANATEL recomendando a exclusão da cláusula terceira:

> 17. No que toca ao item 5.3.5 do reportado Informe [n. 106/2008-PBOA/SPB, mediante o qual a Superintendência de Serviço Públicos propôs modificações ao texto do modelo do Termo Aditivo ao Contrato de Concessão, fruto das discussões havidas na 842.ª Consulta Pública], força-se remarcar o fato de que a exclusão da Cláusula Terceira existente no texto anterior não prejudica o caráter de reversibilidade do qual se revestem os bens componentes da infra-estrutura de redes de suporte ao STFC, de que o *backhaul* é parte integrante, consoante o art. 30, XIV, da proposta de alteração do PGMU. Conforme justificativa à contribuição n. 30 da 842.ª Consulta Pública, a redação inicialmente elaborada visava "apenas individualizar, dentre as qualificações de bens já existentes, aqueles que, destinados à prestação do serviço, foram incorporados em razão da troca de metas de universalização". Deve-se destacar que a medida de semelhante detalhamento, vez que juridicamente irrelevante, restringe-se ao juízo de conveniência e oportunidade, necessariamente vinculado ao interesse público, de competência do Conselho Diretor da Anatel[51].

---

51. Passagem citada na Petição da associação de defesa dos consumidores, de 18 de setembro de 2008, que apresenta novo pedido de antecipação de tutela, este concedido pelo juízo.

Apesar desse posicionamento interno da Agência, as concessionárias haviam-se posicionado na consulta pública no sentido de que o *backhaul* não seria reversível, pois não era rede de suporte ao STFC. A ANATEL fez referência a três contribuições[52] apresentadas por empresas do setor que tinham esse conteúdo e foram utilizadas, posteriormente, como elemento argumentativo e probatório das peças da associação, uma vez que elas mesmas negavam a reversibilidade.

---

52. "Item: Cláusula Terceira – O anexo n. 1 do contrato de concessão fica acrescido do item 'g', que passa a ter a seguinte redação: "g) Infra-estrutura e equipamentos de suporte aos compromissos de universalização; [...]".

 "Contribuição n. 30 – (ID: 34266); Data de Contribuição: 19/11/2007; Contribuição: Exclusão da Cláusula.

 Justificativa: O fato de um determinado bem estar sendo utilizado na prestação do STFC não é determinante para que ele seja rotulado de bem reversível.

 As premissas regulatórias que tratam do ônus da reversibilidade de bens (de propriedade ou não da Concessionária) estão muito bem definidas no Contrato de Concessão e na regulamentação aplicável, em especial no Regulamento aprovado pela Resolução n. 447.

 Ademais, todos os equipamentos e infra-estrutura (da Oi ou de terceiros) que eventualmente sejam utilizados no cumprimento da meta alternativa já estão inseridos nas alíneas 'a' e 'b' do anexo n. 1 do Contrato de Concessão.

 Contribuição n. 31 – (ID: 34216); Data da Contribuição: 19/11/2007; Contribuição: Excluir a cláusula.

 Justificativa: O Anexo 1 do Contrato de Concessão já contempla os bens e equipamentos que são considerados como reversíveis, vez que relacionam todos aqueles indispensáveis para a prestação do Serviço Telefônico Fixo Comutado prestado no regime público. Propõe-se, aqui, a exclusão do item, pois, apesar da infra--estrutura de suporte ao STFC contemplada no texto da Consulta em comento, tal será dedicada a prover meios para conexão à internet em banda larga, serviço este de natureza diversa do prestado em regime público, e, portanto, não deve ser afetado pelo instituto da reversibilidade.

 Contribuição n. 32 – (ID: 34224); Data da Contribuição: 19/11/2007; Contribuição: Excluir a cláusula.

 Justificativa: O anexo 1 do Contrato de Concessão já contempla todos os bens e equipamentos que podem ser considerados reversíveis, independentemente se utilizados para atendimento dos compromissos de universalização ou não, vez que relacionam todos aqueles indispensáveis para a prestação do serviço. Incluir este novo item ao rol de bens reversíveis pode abrir um precedente para que no futuro outros bens que possam ser agregados a outros compromissos de universalização, mas não indispensáveis a prestação dos serviços sejam equivocadamente classificados como tal."

De duas uma, ou a agência incorreu em evidente erro formal na fundamentação das suas decisões (em vez de discriminar na sua fundamentação que teria rejeitado as contribuições 30, 31 e 32 do processo de consulta pública, escreveu que as acolhia), ou a agência apresentou fundamento contraditório, como apontou a associação nos autos da ação civil pública. Em qualquer uma das hipóteses, a fundamentação da decisão da agência ficou comprometida, acarretando maiores discussões no Judiciário. Em razão disso, os magistrados, chamados a falar sobre o tema da reversibilidade ou não do *backhaul*, enxergaram a confusão nos conceitos técnicos tratados nos autos, conforme fica claro na fundamentação das decisões judiciais de primeira e segunda instâncias.

Com a criação das agências reguladoras no Brasil, a expectativa foi que o processo de tomada de decisão ficaria exposto a maior transparência e publicidade em relação aos métodos anteriores. Agências como a ANATEL, antes de formalizarem suas decisões, devem submeter minuta do ato normativo ao escrutínio do público em geral (agentes regulados e possíveis afetados) por meio do processo de consulta pública.

As empresas, no exercício do seu direito de contribuir para a formação da convicção administrativa, formularam contribuições na consulta pública, as quais foram utilizadas como argumento pela associação para evidenciar a incerteza quanto à reversibilidade do *backhaul*. O novo pedido de antecipação de tutela foi concedido em 14 de novembro de 2008 e suspendeu os efeitos dos aditamentos aos contratos de concessão que autorizavam a troca de metas. A fim de responder às decisões judiciais, foi assinado novo termo aditivo ao contrato de concessão incluindo expressamente a cláusula de reversibilidade do *backhaul*.

Por fim, tendo em vista o novo aditivo contratual esclarecendo que o *backhaul* é reversível, a antecipação de tutela foi revogada (por perda do objeto), porém a ação civil pública prossegue seu curso normal aguardando a determinação de perícia judicial nos autos[53].

Duas leituras são possíveis do *Caso Backhaul*. A primeira delas é que a atuação do Poder Judiciário pode ter impedido que a agência cometesse arbitrariedade em razão de eventual captura pelos grupos econômicos regulados que se beneficiaram com a substituição das metas de universalização, pois tiveram redução de obrigações contratuais (a associação demonstrou nos autos,

---

53. A partir da produção do relatório da perícia será possível também testar a hipótese *H10*: A ausência de expertise técnica sobre matéria regulatória e concorrencial tem implicações sobre a qualidade das decisões judiciais, o que, por sua vez, pode amplificar a incerteza jurídica, quando há decisão de mérito, ou restringir a decisão judicial a questões processuais/procedimentais.

inclusive com Estudos elaborados pela área técnica da ANATEL, que algumas concessionárias se beneficiariam com a alteração, uma vez que já haviam disponibilizado essa infraestrutura na sua área de concessão, como era o caso da Telefônica no Estado de São Paulo, enquanto não haviam disponibilizado PSTs em todos os municípios da sua área de concessão) e aproveitariam a dúvida quanto à reversibilidade do *backhaul* para posterior questionamento administrativo e judicial. Note-se que, se essa questão não fosse solucionada naquele momento, quando do vencimento dos contratos de concessão, a discussão quanto à reversibilidade voltaria à tona com argumentos de ambos os lados.

A segunda leitura possível do caso é aquela em que atribui a ineficácia da decisão da ANATEL a falhas na fundamentação da própria agência na consolidação de proposta de PGMU a ser encaminhada ao Ministério das Comunicações. Caso tivesse ficado clara a rejeição da Contribuição 30 e inexistente a (evidente) contradição no Parecer da Procuradoria da ANATEL, não teria sido concedida a antecipação de tutela formulada pela associação com base unicamente na questão da reversibilidade do *backhaul* e ter-se-ia evitado a suspensão da eficácia dos contratos e dos decretos por decisão judicial. Vale destacar, no entanto, que apesar de revogada a antecipação de tutela, a ação civil pública seguirá seu curso normal, não tendo sido encerrada ainda.

Em qualquer das leituras o caso mostra um exemplo de intervenção bem-sucedida pelo Judiciário e a importância do controle de fundamentação dos atos das agências reguladoras, sejam os atos normativos, sejam os atos de adjudicação.

6.2.6.2. O caso do preço de interconexão às redes de telefonia móvel

O caso trata da inércia da diretoria da ANATEL em reduzir as tarifas de interconexão com a rede móvel para aproximá-las dos custos da operação de terminação de chamada, conforme previsto na Lei Geral de Telecomunicações. Provocado por empresa de telefonia fixa, prejudicada pelos altos custos, determinou o Judiciário em sede de tutela antecipada a redução preventiva do valor de VU-M devido pela pleiteante, pautando sua decisão em pareceres da área técnica da própria agência, que desde 2005 apontavam para os valores excessivos de interconexão com a rede móvel, não incorporada pela sua diretoria, que homologava elevações do VU-M. A decisão, após sucessivos recursos, foi confirmada pelo Superior Tribunal de Justiça, o que estimulou tanto a ANATEL a baixar resolução prevendo a redução gradativa do VU-M quanto as empresas a celebrarem acordos revendo seus contratos de interconexão.

Em 26 de julho de 2007, empresa autorizatária de telefonia fixa ingressou em juízo com ação em face da ANATEL e das diferentes operadoras de telefonia celular para impugnar os preços que lhe eram cobrados por estas últimas para terminar chamadas em suas redes, ou seja, para que fossem acessados os seus clientes. Esse serviço é remunerado pelo chamado Valor de Uso de Rede Móvel (VU-M), também chamado de preço de interconexão com a rede móvel. A autora requereu, além da declaração de nulidade dos valores cobrados, a definição judicial de um valor cautelar a valer até que a questão fosse definida em âmbito administrativo, bem como indenização relativa a valores pagos no passado (Processo 2007.34.00.027093-3, em curso na 4.ª Vara da Justiça Federal em Brasília).

A ligação entre redes de telefonia, necessária para que o usuário de uma rede possa se comunicar com o usuário de outra rede – denominada interconexão –, é disciplinada pela Lei Geral de Telecomunicações – LGT (Lei 9.472/1997). Esse diploma legal estabelece que a interconexão é obrigatória (arts. 146, I, e 147) e que deve ser provida sob "preços isonômicos e justos, atendendo ao estritamente necessário à prestação do serviço" (LGT, art. 152).

A autora alegou que, à vista desses dispositivos legais, em uma ligação entre redes diferentes de telefonia, a operadora que realiza a terminação da chamada destinada a seu cliente deve receber por esse serviço remuneração que se restrinja a cobrir os custos de sua operação. Aduziu, ainda, que o objetivo da regra que limita os preços de interconexão aos custos em que incorre a operadora que oferece o transporte do sinal para a terminação da chamada em sua rede é viabilizar a ampla competição entre as operadoras de telefonia, como pretende a LGT. Caso contrário, as empresas dominantes, que detêm as grandes redes, poderiam criar dificuldades às suas rivais, estabelecendo barreiras para o acesso a seus clientes. Argumentou que as operadoras de telefonia móvel estariam usando esse poder de monopólio da terminação de chamadas em suas próprias redes para impor preços excessivos de interconexão, utilizando como fonte principal de receita o que, pela lei, deveria apenas remunerar os custos. Com isso, infringiriam não somente o art. 152 da LGT, mas também art. 21, XXIV, c/c o art. 20, III, da Lei 8.884/1994 (Lei de Defesa da Concorrência).

No momento da interposição da petição inicial, a autora acreditava que a deliberação pela ANATEL sobre o preço de referência do VU-M ocorreria nos processos de arbitragem em curso perante a agência, porque na instrução daqueles, a ANATEL havia solicitado a contratação conjunta de estudo para a definição do valor adequado de VU-M com base em custos, como determina a LGT. Por esse motivo, esperando que a política geral da ANATEL para o setor de telecomunicações, no que se refere à adequação dos preços de interconexão cobrados pelas operadoras de celulares ao que impõe a LGT, se desse pelo conjunto das decisões no âmbito desses processos administrativos, a autora mencionou os processos de arbitragem em curso na agência em um de seus pedidos.

Após o ajuizamento da ação sobreveio a Resolução 480, de 11 de agosto de 2007 da ANATEL, na qual a Agência postergou para algum momento a partir de 2010 o início dos procedimentos para a implantação de modelo de custos para definição dos preços de referência para interconexão: "[...] a partir de 2010, a Anatel determinará, com base no modelo FAC, o valor de referência de VU-M (RVU-M) de Prestadora de SMP pertencente a Grupo detentor de PMS na oferta de interconexão em rede móvel" (art. 4.º). Com o advento dessa norma, ficou claro que decisão definitiva da ANATEL, a respeito da conformação do VU-M aos comandos legais, ocorreria somente a partir de 2010 e não antes disso, nos processos de arbitragem que tramitam perante a agência.

O MM. Juízo de primeira instância, diante das evidências apresentadas, verificou a presença dos requisitos necessários à antecipação de tutela. Quanto à verossimilhança da alegação, verificou que as operadoras rés, ao imporem preços excessivos de interconexão, contrariavam o art. 152 da LGT, conforme o qual o VU-M deveria corresponder ao estritamente necessário para a cobertura dos custos da operação de transporte da chamada na rede. Seria fato "incontroverso" e "reconhecido nos autos" que as empresas rés utilizariam o VU-M como fonte de receita, contrariando a LGT. Em decisão anterior, já havia verificado o Ilmo. Juiz de primeira instância que "existem nos autos elementos claros no sentido de que a relação atual da autora com as prestadoras de serviço móvel é deficitária e que as rés vêm utilizando o VU-M como forte instrumento de receita, em afronta ao disposto no art. 152 da LGT".

No que toca ao fundado receio de dano irreparável ou de difícil reparação, o MM. Juízo de primeira instância constatou que autora sofria prejuízos, porque o excessivo valor de VU-M tornava a chamada fixo-móvel deficitária, fato esse admitido pela própria ANATEL. Em suas palavras:

> [...] a própria ANATEL, em documento técnico juntado aos autos pela GVT, reconhece que as operadoras de telefonia fixa estão, no quadro atual, trabalhando com prejuízo no que tange às ligações realizadas por seus usuários para as operadoras de serviço móvel (especificamente as ligações tarifadas como VC-1), *que podem chegar a um prejuízo de até R$ 0,10 (dez centavos) por minuto de ligação*" (fls. 1342, grifos do original).

Assim, o juízo de primeiro grau concluiu que a gravidade dessa conjuntura magnifica-se pela falta de atuação da ANATEL:

> [...] aduzi [...] que a postergação da resolução dos inúmeros conflitos já instaurados perante a Agência Reguladora, somente a partir de 2010,

poderia colocar em risco a livre concorrência entre os diversos atores do sistema de telecomunicações, na medida em que *a perpetuação, do sistema de precificação atual, sem a direta e conclusiva intervenção da Agência Reguladora, poderá causar dano irreparável a um dos lados da relação, qual seja, o deficitário, até mesmo com a possibilidade de sua retirada do mercado.*

De outra parte, como bem asseverou a autora em seu pedido de reconsideração, *devido à complexidade da matéria, a realização da perícia judicial poderá até mesmo ultrapassar o ano de 2010, o que poderá agravar ainda mais a sua situação,* caso a solução a ser adotada pela ANATEL seja simplesmente esperar a solução final desta lide, pois a Resolução n. 480, de 11/08/2007, não definiu data certa para fixação do Valor de Referência de VU-M (RVU-M), nos termos do art. 14 da Resolução n. 438/2006, mas, tão-somente, fixou um marco temporal a partir do qual deverá ser fixado o RVU-M (art. 4.º – a partir de 2010)" (fls. 1342, grifos nossos).

Em face dessas circunstâncias, em 15 de outubro de 2007 foi concedida a tutela antecipatória (i) "fixando como valor cautelar de VU-M a ser cobrado da autora pelas rés, operadoras de SMP, a quantia de *R$ 0,2899*, por minuto de ligação VC-1 (líquido de impostos), valor esse apontado pela autora como o máximo a ser arcado para estancar a situação deficitária atual"; e (ii) determinando o depósito em juízo da "diferença entre o valor suprafixado e o valor atualmente cobrado pelas rés a título de VU-M".

Algumas das rés interpuseram agravos de instrumento em face dessa decisão (AI 2007.01.00.052820-0, AI 2007.01.00.055051-0, AI 2007.01.00.059459-0, AI 2008.01.00.000449-8 e AI 2007.01.00.058642-5), sendo os pedidos de efeito suspensivo negados pelo Desembargador relator, em decisão de 14 de janeiro de 2008.

Pouco depois das decisões denegando o pedido de efeito suspensivo aos agravos de instrumento, a Comissão de Arbitragem da ANATEL proferiu decisão nos autos do Processo de Arbitragem em Interconexão 53500.028193/2005 (j. 18.02.2008), instaurado pelo Grupo Vivo em face da GVT, determinando a majoração em 4,5% (quatro vírgula cinco por cento) do "Valor de Uso da Rede Móvel" (VU-M), homologado pela ANATEL em fevereiro de 2004 (Despacho 03/CAI, de 18.02.2008).

Em seguida, a ANATEL e outras rés naquela ação arguiram no processo judicial a ocorrência de perda superveniente de interesse processual da autora, o que restou afastado em primeira e segunda instância (AI 2008.01.00.038769-3, AI 2008.01.00.038816-0 e AI 2008.01.00.038602-0, julgados pelo TRF da 1.ª Região em 27.07.2009). Um dos motivos pelos quais se afastou a alegação da perda de objeto foi o de que a decisão da Comissão de Arbitragem não era definitiva.

A tutela antecipada também veio a ser confirmada pelo TRF da 1.ª Região nos AI 2007.01.00.052820-0 e AI 2007.01.00.058642-5, em 23 de março de 2009. Consta da ementa deste julgado que, "na realidade, o valor pago a título de VU-M é bem superior ao verdadeiro custo da operação de interconexão, o que refoge à intenção do legislador expressa no art. 152 da LGT". Na ementa, lê-se ainda:

> 5. Como se observa pelos documentos que instruem os autos, o lucro obtido com o VU-M constitui um dos principais fatores que permite o oferecimento de vantagens e promoções por parte da telefonia celular, reduzindo o número de consumidores interessados em adquirir telefones fixos, afetando, portanto, o equilíbrio concorrencial entre telefonia fixa e celular.
>
> 6. Justifica-se, pelos fundamentos expostos, a outorga da tutela cautelar que assegura à operadora de telefonia fixa, ora Agravada, o direito de pagar às operadoras de telefonia móvel um preço de VU-M inferior ao que lhe é cobrado, depositando, porém, em Juízo, a diferença.

O Desembargador Relator Fagundes de Deus afirmou em seu voto condutor que, "[...] constatadas as distorções que se nos apresentam e que defluem do quadro fático reinante nos autos, considero representar, no mínimo, pleito revestido de razoabilidade o quanto deduzido pela Agravada", no que diz respeito à necessidade de preservação da tutela antecipada.

Posteriormente, em 25 de junho de 2009, veio a ocorrer em primeira instância audiência de conciliação. Poucos dias antes da data fixada para a continuação da audiência de conciliação, que viria a realizar-se em 30 de setembro de 2009, foi divulgada em 24 de setembro de 2009 nota na imprensa no sentido de que o Conselho Diretor da ANATEL no Processo de Arbitragem em Interconexão envolvendo Vivo e GVT teria concordado, por maioria, com o despacho da Comissão de Arbitragem, por uma nova elevação do VU-M praticado entre essas duas empresas, em 4,5%.

O conteúdo dessa decisão do Conselho Diretor foi apenas conhecido oficialmente quando a ANATEL a protocolou no Judiciário, conforme determinado pelo juiz da Ação Ordinária. Essa determinação judicial foi feita na audiência de conciliação do dia 30 de setembro de 2009, após a ANATEL e as operadoras móveis terem invocado novamente a perda de objeto em virtude da superveniência da decisão administrativa.

Foram interpostos recursos especiais e extraordinários pelas operadoras móveis em face das decisões do TRF da 1.ª Região sobre tutela antecipada e sobre perda de objeto.

Um desses recursos foi levado a julgamento em 1.º de junho de 2010 pelo STJ. O STJ verificou que o acórdão do TRF, impugnado pelo recurso da TIM, observa os arts. 535 e 267, § 3.º, do CPC. Ademais, afirmou que reverter o entendimento das instâncias ordinárias sobre o *periculum in mora* "esbarraria no óbice da Súmula n. 7" e que, quanto ao *fumus boni iuris*, "a própria superveniência do Despacho n. 3/2007, da CAI, reitera que os valores cobrados precisam ser revistos", e o parecer da Secretaria de Direito Econômico no Processo Administrativo 08012.008501/2007-91, que afirma que "existem indícios razoáveis de abuso de poder de mercado por parte da TIM, embora em conjunto com as demais 'tradicionais' operadoras" é "mais um argumento de peso a fim de caracterizar o *fumus boni iuris* alegado pela parte recorrida na inicial". Desse modo, manteve a tutela antecipada, não acolhendo integralmente o pleito da TIM, como exposto na ementa do acórdão.

O acórdão do STJ admitia, no entanto, que teria ocorrido fato superveniente (Despacho 3/2007, da CAI), razão pela qual resolveu "adequar o VU-M pago pela GVT à TIM àquele estipulado pela Anatel no Despacho n. 3/2007, da CAI – revendo, pois, a liminar apenas nesta extensão". Ambas as empresas interpuseram embargos de declaração.

Após a decisão do STJ, a ANATEL aprovou a contratação de consultoria especializada para dotar a ANATEL dos conhecimentos e tecnologias necessárias ao desenvolvimento do modelo de custos (reunião de 26 de agosto de 2009 do Conselho Diretor). Além disso, editou a Resolução 576, de 31 de outubro de 2012, que determinou redução sensível do VU-M, atrelada a um modelo transitório de ajuste, até a implantação do modelo de custos para a remuneração da interconexão de chamadas entre redes.

Em 27 de novembro de 2012, o STJ levou a julgamento os embargos de declaração da GVT e da TIM no REsp 1171688, bem como os demais recursos especiais que ainda subsistiam. Entendeu o Ministro Relator, em seu voto condutor, que a análise dos demais recursos especiais trouxe a necessidade de nova avaliação a respeito da questão *sub judice*. Destacou que, tendo em vista a estrutura da indústria de telecomunicações, a interconexão interfere no preço e na qualidade dos serviços para o consumidor final. Observou que a tendência mundial é a de reduzir o preço do VU-M e que no Brasil ocorre o oposto – o aumento desses valores, com a chancela da própria ANATEL, com prejuízo para a concorrência e para o consumidor –, sendo conhecido que as tarifas brasileiras estão entre as mais caras do mundo. No que diz respeito à possibilidade de interferência judicial nessa seara, o STJ decidiu, nos termos da ementa do REsp 1171688, que:

> 13. A atuação da ANATEL é de extrema relevância para o bom desenvolvimento deste setor econômico, sendo o órgão estatal dotado de competência expressa para tanto. Essa competência – já é bom frisar desde já – é privativa, mas não exclusiva, razão pela qual seus regulamentos não são imunes a eventual análise, quanto a aspectos de legalidade, por este Poder Judiciário. Neste ponto, é bom que se deixe claro: em nenhuma hipótese, se pretende afastar a regulação que vem sendo promovida pela ANATEL no mercado de interconexão entre telefonia móvel e fixa. Muito pelo contrário, reconhece-se que esta regulação não engloba somente os valores cobrados, os quais estão submetidos à relativa liberdade de iniciativa, mas também aspectos técnicos que têm por vistas melhorar a qualidade do serviço oferecido ao consumidor pelas concessionárias de telefonia.
>
> 14. Assim, o fato de haver discussão quanto ao preço não afasta a incidência de regulação da ANATEL, reiterando-se que os valores cobrados pelas empresas podem ser discutidos no Poder Judiciário, justamente porque às concessionárias de telefonia foi conferida liberdade para fixar estes valores, desde que não firam, com isso, os interesses difusos e coletivos envolvidos.

Capítulo 7

Diagnóstico

7.1. O papel do Judiciário no Estado regulador da economia

Ao julgar recursos provenientes das decisões tomadas pelas agências reguladoras, o Judiciário defronta-se com novos desafios, desconhecidos no passado mais recente. Um desses desafios radica na mitigação da antiga dicotomia entre o direito público e o direito privado. A pesquisa aqui desenvolvida sobre a revisão judicial das decisões das agências reguladoras, além de identificar problemas enfrentados pelo Judiciário no País já apontados na literatura, inclusive decorrentes da maior complexidade das demandas após o advento da atual Constituição, revelou um aspecto novo que se sobressai[1] em diversos casos analisados na pesquisa[2]. Trata-se da dificuldade em compreender, na prática, o papel do Estado e do próprio Judiciário diante do Estado Regulador da economia, uma novidade da Constituição Federal de 1988 e que ganhou corpo e feição institucional justamente com as agências reguladoras na década de 1990 e na década que agora se encerra. A experiência é bastante recente, já que os recursos ao Judiciário em grande parte foram ajuizados nesta última década, e poucos foram definitivamente julgados. Diante de uma forte tendência ainda arraigada na cultura jurídica do País, o que se observa é o tratamento da relação entre agência reguladora e o agente regulado nos quadros tradicionais de um Direito Administrativo que, ao lidar com a intervenção do Estado no domínio privado, ora oscila entre o uso instrumental de atos vinculados e discricionariedade técnica, ora dá preferência a soluções privatistas mesmo se tratando de bens e ativos consistentes em infraestrutura essencial, de interesse coletivo, como se fossem ativos privados, em detrimento de julgamento capaz

---

1. Sobre as mudanças sofridas na dicotomia público/privado com a inserção de mecanismos de mercado nas atividades tradicionalmente consideradas como *serviços públicos*, cf. Pastor, 2000, v. 2, p. 272 e ss.
2. Como, *e.g.*, nos casos do ProPass (ANTT), Intervenção na Operadora de Plano de Saúde (ANS), *slots* de companhia Aérea em Processo de Recuperação Judicial (ANAC).

de sopesar as questões à luz de uma ordem jurídica que lida com *políticas regulatórias* setoriais, cujas diretrizes estão em resoluções setorialmente técnicas, mas se encontram em leis e decretos, estando aí a necessidade de conciliar a tradicional supremacia dos interesses públicos do Estado sobre interesses privados com os *interesses difusos* da coletividade.

A novidade que surge, na segunda metade do século XX, é o aparecimento de direitos difusos, cujos titulares não são individualmente determinados. As agências reguladoras, que só recentemente foram instituídas no direito brasileiro, ao buscarem a realização de direitos difusos, distanciam-se do aparato estatal clássico. Uma agência que cuide, por exemplo, da concorrência em geral ou, setorialmente, das telecomunicações, afeta os interesses de consumidores que não são previamente definidos. Haveria, nesse sentido, um conflito. A visão tradicional percebe as agências reguladoras como expressão do interesse público, que por sua vez é visto como o interesse do Estado na condução de suas próprias atividades. Por causa dessa visão, as ações levadas ao Judiciário não tomam efetivamente contato com a finalidade e os fundamentos das políticas tecnicamente regulatórias. Em vez disso, o Judiciário observa as consequências de uma intervenção só na esfera privada do direito subjetivo em questão no caso concreto, ignorando as consequências de uma decisão judicial para a política regulatória e para a sinalização proporcionada para o comportamento do mercado e dos agentes daquele setor. Modificar esse comportamento, obviamente, não significa abandonar o instrumental conceitual tradicional nem agir fora dos contornos da lei, mas entender que as atividades privadas de interesse público ou de interesses difusos afetam os consumidores em um mercado livre e por isso exige-se que este seja regulado por regras técnicas restritivas e diretrizes econômicas impositivas.

Em termos de direitos difusos e coletivos, quando efetivamente tratados em questões envolvendo consumidores e concessionárias, novamente se observa uma tendência do Judiciário a privilegiar a dimensão do direito subjetivo pleiteado naquele caso individual pelo consumidor. Ignoram-se, muitas vezes, as consequências da decisão para a política regulatória, para a massa de consumidores e até para os demais concorrentes, que, embora não sejam partes no caso diante do juiz, serão afetados pela decisão. Em outras palavras, o Judiciário parece ignorar que sua intervenção pode provocar ajustes na regulação e impactar um grupo de atores que se encontra fora daquele litígio (sem que institutos como o do litisconsórcio consigam dar conta do problema). É o caso típico das demandas relativas a inadimplemento no pagamento de tarifas das concessionárias pelo consumidor, cuja correta proteção pelo Judiciário, em nome da dignidade do consumidor, acaba por provocar aumento no nível geral das tarifas. Isso ilustra como o Judiciário pode dificultar a gestão empresarial do serviço público, grande alvo do modelo de privatização aliado à regulação setorial.

A essa análise pode-se acrescentar uma leitura da produção doutrinária e uma observação de cunho político. Do prisma doutrinário, houve profunda revisão da literatura e da cultura jurídica brasileiras nos últimos 15 anos, em particular no que concerne à consolidação do Estado regulador da economia, mas parte da magistratura não se adequou a essa transformação. O problema não atinge apenas magistrados. Advogados e doutrinadores, em alguns casos, tratam do direito regulatório e do direito da concorrência como categorias de um direito público em boa medida incompatível com as transformações e instituições criadas e promovidas pela nova ordem. Noutros casos, em virtude de posições políticas, as novidades são simplesmente rechaçadas: seriam medidas "neoliberais". Constata-se, assim, um abismo entre a formação tradicional de boa parcela de juristas teóricos e práticos, de um lado, e as inovações do direito, de outro.

Embora os conflitos entre agentes regulados e outros atores não tenha sido objeto da pesquisa, fazemos abaixo uma pequena análise do tema, dado o excessivo volume de demandas que têm inflado demasiadamente o Judiciário. Em seguida, procedemos a um diagnóstico dos problemas identificados no corpo de decisões, que são analisados quantitativa e qualitativamente, e propomos remédios.

A pesquisa mostrou que o Judiciário, para poder exercer de forma adequada seu papel ativo nos mercados, mantendo o dever de controle de atos administrativos, precisa se aparelhar com o instrumental das técnicas de inserção das agências nas atividades econômicas e serviços públicos. Assim, poderá interferir em questões envolvendo políticas setoriais e interesses de consumidores e concorrência no mercado, de forma a ponderar e arbitrar os interesses em jogo dentro de uma visão macro, que pode exigir a proteção da pretensão de um direito subjetivo em um grau de complexidade que não pode ser ignorada nem abandonada à discricionariedade dos técnicos administrativos em particular.

7.2. Inadequação do Judiciário como árbitro das relações entre concessionárias e consumidores

A literatura internacional aponta que o Judiciário, ao rever decisões administrativas e normas regulatórias, pode servir de árbitro do e para o Estado regulador. Em países sem tradição regulatória, o diálogo entre órgãos do governo pode ainda não estar suficientemente amoldado. Isso ocorre, sobretudo, em relação ao Poder Executivo central. Nesses casos, as Cortes tentam assegurar a autonomia conferida por lei a esses novos entes da Administração. Em países da América Latina, por exemplo, observa-se a um só tempo o Poder Executivo com forte presença e importância nas decisões econômicas do país[3], e reformas regulatórias realizadas sem que uma mudança cultural da burocracia estatal tenha ocorrido[4]. Isso pode gerar dois tipos de problemas: (i) demandas judiciais que, propostas para a defesa de direitos subjetivos, podem ser trazidas para desafiar as novas competências desses órgãos, e (ii) o Judiciário pode ser chamado para resolver demandas que não estariam sendo apreciadas pelas agências, apesar de serem elas os entes diretamente mais aptos para administrar conflitos regulatórios.

Um exemplo do primeiro tipo de problema é o caso de demandas que argumentam que uma determinada regra estabelecida pela agência reguladora viola preceitos constitucionais ou direitos estabelecidos em legislação. Esse é o caso, por exemplo, da obrigação de prestação ininterrupta de serviços essenciais, tais como água e energia elétrica. Segundo uma interpretação de forte repercussão, "o corte ou suspensão do serviço essencial, face pessoa física, tendo em vista a sua 'dignidade' como pessoa humana (art. 5.º, XXXII, c/c art. 1.º, III, da CF/1988 c/c art. 2.º do CDC), só pode ser possível excepcionalmente e quando não é forma de cobrança ou constrangimento, mas sim reflexo de uma decisão judicial ou do fim não abusivo do vínculo"[5]. Esse tipo de interpretação, correta em sua índole, tem, porém, levado consumidores ao Judiciário para disputar a validade de cláusulas do contrato de concessão que permitem à operadora interromper o fornecimento de serviços em casos de inadimplência. Fica o Judiciário obrigado, nesses casos, a agir como árbitro de cada uma dessas disputas e como tradutor da aplicabilidade de disposições legais que foram formuladas antes das reformas do Estado (serviços públicos como necessária prestação do Estado), para o novo contexto do Estado regulador (serviços públicos inseridos no mercado).

As ações baseiam-se em uma interpretação do Código de Defesa do Consumidor e da legislação das agências que é incapaz de perceber a compatibilização de interesses difusos ou coletivos presentes em uma política regulatória. Atualmente, o Judiciário interpreta a relação como uma questão de opressão do concessionário (leia-se "empresário") em face de um particular,

---

3. Na América Latina cientistas políticas identificam o fenômeno do hiperpresidencialismo. Cf. Philip, 2003.
4. A precariedade como foram realizadas as reformas regulatórias em alguns países justificou a adoção das medidas voltadas à institucionalização das reformas com a segunda geração do Consenso de Washington (cf. Pastor e Wise, 1999, p. 34).
5. Marques, 2004.

no caso um consumidor "hipossuficiente", que deveria ter tido sua dignidade amparada pelo Estado/gestor executivo do interesse público. Ocorre que a atuação de uma concessionária é parte relevante de uma política regulatória de inserção dos serviços no mercado. A agência está preocupada com uma gestão econômica capaz de atender também à universalização dos serviços, com qualidade e tarifas módicas. A proteção isolada à inadimplência conferida pelo Judiciário em nome "da dignidade do consumidor", sem a devida apreciação dos interesses difusos com todas as suas tecnicalidades próprias, acaba por prejudicar os interesses coletivos e, dessa forma, os próprios consumidores. Isso ocorre porque a inadimplência cria um problema de gestão que precisa ser provisionado com recursos, que, de outra forma, deixam de ser aplicados ou são postergados na aplicação em investimentos em universalização ou redução de tarifas. Ou seja, ainda que o Judiciário não considere esse aspecto, alguém tem que pagar a conta desses consumidores.

O trecho abaixo, retirado de uma decisão no Rio Grande do Sul, ilustra como o Judiciário pode desempenhar nesse caso um papel importante, ao reafirmar a função da agência reguladora e do Estado regulador, assegurando assim a legitimidade do mesmo e uma gestão eficiente do serviço público.

> Permitir-se o consumo sem o respectivo pagamento importa onerar os demais usuários que cumprem rigorosamente com sua contraprestação, cujo ônus pelo inadimplemento certamente será repassado aos demais no preço do serviço, em razão da manutenção do fornecimento ao mau pagador.
>
> A interrupção do fornecimento de água não viola as previsões dos artigos 22, 42, ambos do Código de Defesa do Consumidor, bem como a garantia da continuidade na prestação do serviço, pois o art. 6.º, § 3.º, II, da Lei 8.987/95, que trata do regime de concessão e permissão de prestação de serviços públicos, dispõe que não caracteriza descontinuidade no serviço a interrupção do abastecimento, após aviso prévio, em razão do inadimplemento do usuário, tendo em vista o interesse da coletividade.
>
> A continuidade no serviço público não é princípio absoluto, mas garantia limitada pelo previsto na Lei 8.987/95, que, exatamente, para preservar a continuidade e a qualidade do serviço, possibilitou sua interrupção em caso de inadimplemento, pois assim se está resguardando o interesse da coletividade[6].

---

6. Acórdão 70027712561 do TJRS, 1.a Câmara Cível, de 10.06.2009. Disponível em: <http://br.vlex.com/vid/61314238#ixzz0jFOX4iU5>.

Um exemplo do segundo problema – Judiciário chamado para resolver demandas que não estariam sendo apreciadas pelas agências – é a quantidade de disputas entre consumidores e empresas de serviços públicos que chega ao Judiciário todos os meses. Atualmente, as concessionárias de telecomunicações e eletricidade são as mais processadas judicialmente no Brasil. Tal fenômeno é especialmente relevante nos juizados especiais[7]. Por exemplo, no Rio de Janeiro, tais concessionárias figuram como rés em 40% do número total de ações ajuizadas entre janeiro de 2005 e novembro de 2008 (217.416 no total)[8]. A situação é bastante similar em outros estados do País.

A quantidade de ações contra empresas nos juizados especiais acaba sendo uma fonte de problemas para o Judiciário, dado que sobrecarrega esses órgãos, desvirtua suas funções e impede o funcionamento da Justiça. Segundo Leslie Ferraz, os juizados especiais foram vítimas do próprio sucesso[9]. Marcelo Lennertz, por outro lado, questiona até que ponto o número excessivo de demandas judiciais de consumidores contra concessionárias de serviços público não seria resultado de uma atuação falha das agências reguladoras na resolução desses conflitos[10]. Caso a hipótese de Marcelo Lennertz esteja correta, é possível argumentar que, como sugerimos anteriormente, o Judiciário está desempenhando o papel de árbitro nesse novo mercado regulado, sem que para os agentes e para o Judiciário ainda haja muita clareza sobre o papel dos atores no Estado regulador.

Uma forma de reduzir esse problema seria acentuar a tendência observada internacionalmente nas funções exercidas pelas agências, de equipá-las e alterar a legislação para que possam arbitrar relações de disputa entre concessionárias e consumidores, não apenas individualmente mas para classes de casos homogêneos. O Judiciário, assim, poderia ser chamado a revisar decisões dessa natureza em um número reduzido ou concentrado de conflitos, por iniciativa, se fosse o caso, do Ministério Público ou de associações de empresas, de uma forma concentrada e contra uma decisão da agência reguladora.

---

7. Agradecemos a Marcelo Lennertz e Leslie Ferraz, professores de Direito da FGV/RJ, por terem chamado nossa atenção para esse problema.
8. As estatísticas estão disponíveis no site do Poder Judiciário do Estado do Rio de Janeiro (<http://portaltj.tjrj.jus.br/documents/10136/18661/apresentacao-top30.pdf>).
9. O diagnóstico de Leslie (ainda não publicado) venceu recentemente o Prêmio Nacional de Estatísticas Judiciárias, em concurso organizado pelo Conselho Nacional de Justiça.
10. O autor está atualmente desenvolvendo essa pesquisa enquanto cursa o Mestrado na Universidade de Yale, EUA.

7.3. A revisão judicial das decisões das agências e do CADE

A revisão judicial das decisões de agências reguladoras constitui uma tarefa de fundamental importância atribuída ao Judiciário. Agências desprovidas de controle externo correm o risco de se tornarem politizadas, capturadas pelos interesses dos grandes agentes regulados, dado que estes podem ser fontes empregadoras ou clientes potenciais quando o servidor passa para o setor privado, e atuarem de forma arbitrária, sem a devida motivação técnica que justifique a própria criação desses órgãos no Estado regulador. Há exemplos de intervenções bem-sucedidas do Judiciário para corrigir falhas de fundamentação e proteger os interesses coletivos, como no caso da substituição das metas de universalização dos contratos de telecomunicações, ilustrado na seção 6.2.6.

Essa correção é extremamente relevante, dado que as agências e o CADE decidem questões de alto relevo para a economia nacional e para a política de industrialização setorial. Vale dizer: o impacto de erros nas intervenções é elevado, o que aumenta a responsabilidade das decisões e a necessidade de controle.

Como vimos, a partir do exame da experiência internacional, a simples existência da revisão judicial já provoca um efeito positivo nas agências reguladoras no sentido de se estruturarem melhor e explicitarem os motivos técnicos de suas decisões com clareza e buscando pacificar os interesses afetados, tal como ocorreu na União Europeia[11].

Entretanto, para que se mostre eficaz, o controle judicial deve ser ao mesmo tempo de qualidade e capaz de oferecer respostas em tempo concorrencial, ou seja, em um prazo compatível com a celeridade das transformações de mercado. Conforme examinamos na experiência internacional em países desenvolvidos, excetuando-se o recurso a tribunais superiores, a resposta incluindo primeira e segunda instância não deve ser superior a 1 ano.

A pesquisa realizada, em seus aspectos quantitativo, qualitativo e também a partir das entrevistas realizadas com os procuradores das agências, permite traçar, em resumo, um diagnóstico para a revisão judicial de decisões das agências reguladoras e do CADE.

Como visto, o Judiciário (a) consome tempo excessivo para responder em definitivo às demandas de revisão, (b) com frequência concede liminares suspensivas dos efeitos da decisão administrativa e da atividade instrutória, (c) os provimentos liminares "mudam de sinal" excessivamente (são revogados e novamente concedidos no curso do sistema recursal), (d) o tempo excessivo e o conteúdo das decisões expõem o despreparo institucional para apreciar

---

11. V. Capítulo 3.

políticas regulatórias, questões técnicas econômicas ou setoriais e ponderar os interesses individuais e coletivos em jogo (os juízes, em geral, não contam com assessoria preparada para instruí-los sobre questões técnicas setoriais ou sobre matéria econômica), e (e) os tribunais superiores mostram uma tendência a confirmar as decisões das agências.

Ao combinar a intervenção suspensiva dos atos das agências com a confirmação da decisão após longo tempo de oscilações por parte de seus juízes, o Poder Judiciário não poderia dar uma sinalização pior às agências e ao mercado.

Primeiro, as agências ficam temerosas em adotar intervenções, dado o risco de que a revisão judicial, independentemente de seu resultado, mine a eficácia de sua decisão, em função da concessão de liminares e do tempo excessivo de revisão. Isso pode desestimular intervenções necessárias ou estimular a realização de acordos desvantajosos aos interesses coletivos, pois a agência nesse cenário de risco de judicialização perde poder de barganha na negociação.

Segundo, o Judiciário, ao simplesmente confirmar, nos tribunais superiores, a decisão das agências, com base em uma deferência genérica ao "caráter técnico e à complexidade das questões regulatórias", torna a intervenção judicial extremamente ineficaz e desnecessariamente custosa, desestimula o esforço de revisões por vezes bem-sucedidas dos juízes e tribunais e dá uma sinalização perigosa para as agências ("no final a decisão é sempre confirmada"), que já começa a ser percebida pelos procuradores das agências, como mostraram as entrevistas (seção 3.3), pois, a longo prazo, pode dar ensejo à politização, à captura e ao arbítrio.

Terceiro, estimula o recurso com fins meramente protelatórios e o uso do Judiciário como instrumento de administração de dívidas[12], ao mesmo tempo em que desestimula o desejável recurso por aqueles que acreditam no erro de mérito da decisão administrativa ou do abuso por falha de fundamentação técnica.

Em termos de tempo de decisão, não há incentivos para que os juízes se aprofundem e ofereçam respostas céleres a casos complexos de revisão de decisões de agências, que chegam ao seu gabinete usualmente com dezenas de volumes contendo pareceres técnicos. O tempo consumido para resolver um caso desse tipo é o mesmo consumido, talvez, para a resolução de dezenas de casos simples, daí a tendência natural a não serem priorizados, apesar de sua

---

12. Sobre a geração de uma seleção adversa pelo sistema processual brasileiro, v. Capítulo 2.

importância econômica. O pior é que essa falta de priorização ocorre dentro de uma tendência de, na dúvida, "tratando-se de intervenção de Estado sobre o domínio privado", suspender os efeitos da decisão, com a concessão de liminares. Por outro lado, como observa a literatura, o sistema processual acaba por permitir que uma mesma questão seja proposta perante diferentes juízes, não raro resultando em decisões conflitantes, o que eleva a insegurança jurídica e o tempo para solução da questão. O excesso de recursos possíveis agrava o quadro de ineficácia e traz ainda mais insegurança.

Em termos de qualidade das decisões, há, de certa forma, uma mistificação da complexidade da matéria regulatória. Vale lembrar que os órgãos deliberativos das agências não são ocupados por funcionários públicos concursados, e muitas vezes são preenchidos por indicações políticas com pessoas que não são "experts" no setor, o que não os impede de realizar boas deliberações. Isso ocorre, principalmente, porque as agências estão equipadas com assessoria técnica, capaz de desenvolver estudos e explicitar ao órgão deliberativo, de forma didática, os argumentos a favor e contra uma ação e as consequências prováveis de uma intervenção, o que permite uma apreciação dos interesses em conflito e, assim, um juízo adequado. Há, porém, como visto, situações em que interesses políticos do órgão deliberativo prevalecem sobre os pareceres técnicos, com decisões incoerentes ou apenas pseudofundamentadas. Daí a importância do controle judicial (Geradin e Petit, 2010).

É compreensível, porém, que os tribunais superiores ao se defrontarem, de um lado, com decisões administrativas com extensa fundamentação técnica e, de outro, com um conjunto de decisões conflitantes e de sintética fundamentação por parte dos diferentes atores do Judiciário que intervêm no caso em sede de liminares ou decisões principais, tendam a ignorar o trabalho inseguro e oscilante do Judiciário e a confirmar as decisões das agências, com base na "complexidade da questão".

Apesar de complexas, técnicas e de envolverem políticas setoriais, as questões regulatórias podem (e devem) ser enfrentadas pelos juízes, desde que estes sejam acompanhados de assessoria técnica para explicitar as questões e interesses em jogo.

Para enfrentar essas limitações, uma alternativa seria a criação de Varas especializadas para a matéria regulatória e concorrencial. A especialização diz respeito não só aos juízes, que devem receber treinamento próprio, como ao corpo de assessores, que deverá conter economistas e técnicos setoriais. Isso não significa duplicar a estrutura de agências reguladoras no Judiciário, dado que esses técnicos estariam encarregados apenas de explicitar e apresentar aos juízes de modo didático as questões técnicas em jogo. Ademais, o foco na assessoria técnica permite superar argumentos usualmente levantados contra a especialização, como por exemplo o fato de que os concursos para magistrados são genéricos e a ocorrência constante de realocações ou substituições na carreira e ao longo da atividade dos juízes.

Acredita-se que essa especialização reduzirá o problema da qualidade técnica das decisões e permitirá que os tribunais superiores, quando instados, efetivamente valorem, em igualdade de condições, as soluções administrativas e judiciais. Esse entendimento se coaduna com a percepção de diversos dos procuradores de agências e do CADE, revelada nas entrevistas (seção 3.3). Também o tempo decisório deve ser reduzido em função de dois fatores: a) os juízes não darão prioridade a outros casos mais simples; b) os problemas relativos à multiplicação de demandas sobre um mesmo tema ou decisão administrativa serão reduzidos dada a concentração dos casos a um grupo especializado de juízes, que poderão otimizar a resposta, além de naturalmente ficar sinalizada aos agentes a frustração de estratégias de multiplicação.

Ao redor dessa proposta, há iniciativas mais simples e organizacionais, como, por exemplo, especializar e equipar também a representação das agências perante o Judiciário, o que pode reduzir os problemas apontados e aproximar a revisão judicial de decisões das agências do ideal de resposta em tempo concorrencial e com boa qualidade.

Bibliografia

ALAIRE, Benjamin; GREEN, Andrew; IACOBUCCI, Edward. Is bigger always better? On optimal panel size, with evidence from Supreme Court of Canada. *Legal Studies Research Series*, n. 08-15, 2008.

ALBA, Javier Aguilar Álvarez de. Los Tribunales Federales y la Ley Federal de Competencia Económica a partir del inicio de funciones de la Comisión Federal de Competencia. In: COMISIÓN FEDERAL DE COMPETENCIA. *La libre competencia*. México, s/d.

ALMEIDA, Fabricio Antonio Cardim de (coord.). *Revisão judicial das decisões do Conselho Administrativo de Defesa Econômica (CADE): pesquisa empírica e aplicada sobre os casos julgados pelos Tribunais Regionais Federais (TRFs), Superior Tribunal de Justiça (STJ) e Supremo Tribunal Federal (STF).* Pesquisa fruto de cooperação entre SBDP – CADE – FIESP, São Paulo, 2009-2010. Belo Horizonte: Fórum, 2011.

ARAGÃO, Alexandre Santos de Aragão. O princípio da eficiência. *Boletim de Direito Administrativo*, São Paulo, n. 3, mar. 2005.

AZEVEDO, Paulo Furquim de; HENRIKSEN, Alexandre Lauri. Cartel deterrence and settlements: the Brazilian experience. In: HEINEMANN, Andreas; KELLERHALS, Andreas; ZACH, Roger. *The development of competition law since 1990 and perspectives*. London: Edgard Elgar, 2010. v. 1, p. 209-234.

BALLARD, Megan J. The clash between local Courts and global economics: the politics of judicial reform in Brazil. *Berkeley Journal of International Law*, 17, p. 230-276, 1999.

BANCO MUNDIAL. *Fazendo com que a Justiça conte – medindo e aprimorando o desempenho do Judiciário no Brasil*. Relatório n. 32789-BR. Unidade de Redução de Pobreza e Gestão Econômica, América Latina e Caribe, 30 de dezembro de 2004.

BEENSTOCK, Michael; HAITOVSKY, Yoel. Does the appointment of judges increase the output of the Judiciary?. *International Review of Law and Economics*, 24, p. 351-369, 2004.

BENETI, Sidnei Agostinho. Falam os juízes na pesquisa da AMB. In: SADEK, Maria Tereza. *Magistrados: uma imagem em movimento*. Rio de Janeiro: FGV, 2006. p. 99-115.

BERMUDES, Sergio. *A reforma do Judiciário pela Emenda Constitucional n. 45*. Rio de Janeiro: Forense, 2005.

BODONI, Stephanie. EU judge calls for a new merger tribunal. *New York Times*, 24 out. 2006.

BRASIL. AGÊNCIA NACIONAL DE VIGILÂNCIA SANITÁRIA. *Manual de boas práticas regulatórias*: guia para o programa de melhoria do processo de regulamentação da ANVISA. Brasília, set. 2008.

BRITO MACHADO, H. O processualismo e o desempenho do Poder Judiciário. In: MARTINS, I. G. *Desafios do século XXI*. São Paulo: Pioneira, 1997.

BURLEY, Anne-Marie; MATTLI, Walter. Europe before the Court: a political theory of legal integration. *International Organization*, v. 47, n. 1, 1993.

BUSCAGLIA, Edgardo; ULEN, Thomas. A quantitative assessment of the efficiency of the judicial sector in Latin America. *International Review of Law and Economic*, 17, p. 275-291, 1997.

BUSSAB, Wilton Oliveira; BOLFARINE, Heleno. *Elementos de amostragem*. São Paulo: Edgar Blucher, 2005.

CARVALHO, José Murilo de. *A construção da ordem: a elite política imperial; Teatro de sombras: a política imperial*. Rio de Janeiro: Civilização Brasileira, 2003.

CINTRA, Antônio Carlos de Araújo; GRINOVER, Ada Pellegrini; DINAMARCO, Cândido Rangel. *Teoria geral do processo*. 25. ed. São Paulo: Malheiros, 2009.

COATE, Malcom B.; ULRICK, Shean W. Do Court decisions drive the Federal Trade Commission's enforcement policy on merger settlements? *Review of Industrial Organization*, v. 34, n. 2, p. 99-114, 2009.

COLE, Daniel H. Political institutions, judicial review, and private property: a comparative institutional analysis. *Supreme Court Economic Review*, v. 15, n. 1, p. 141-182, 2007.

CORREA, Paulo; PEREIRA, Carlos; MELO, Marcus; MUELLER, Marcus. *Regulatory governance in Brazilian infrastructure industries: assessment and measurement of Brazilian regulators*. Washington: The World Bank Press, 2006.

CROSS, Frank B. Shattering the fragile case for judicial review of rulemaking. *Virginia Law Review*, v. 85, n. 7, p. 1243-1334, 1999.

CROWLEY, Donald W. Judicial review of administrative agencies: does the type of agency matter? *The Western Political Quarterly*, v. 40, n. 2, p. 265-283, 1987.

DAKOLIAS, Maria. Court performance around the world: a comparative perspective. *World Bank Technical Paper*, n. 430, 1999.

DALTON, Terry; SINGER, Jordan M. *A matter of size: an analysis of Court efficiency using hierarchical linear modeling*. 2009. Disponível em: <http://ssrn.com/abstract=1133242> Acesso em: maio 2012.

DELONG, James V. New wine for a new bottle: judicial review in the regulatory state. *Virginia Law Review*, v. 72, n. 399, 1986.

DINAMARCO, Cândido Rangel. *Nova era do processo civil*. 2 ed. São Paulo: Malheiros, 2007.

ELHAUGE, Einer. Does interest group theory justify more intrusive judicial review? *Yale Law Journal*, v. 101, n. 1, 1991.

ELMAN, Philip. Note on administrative adjudication. *The Yale Law Journal*, v. 74, n. 4, p. 652-656, 1965.

EPSTEIN, Lee; KING, Gary. The rules of inference. *The University of Chicago Law Review*, v. 69, n. 1, 2002.

EVANS, David S., Economics and the design of competition law. *Issues in Competition Law and Policy 99* (ABA Section of Antitrust Law 2008). 2008. Disponível em: <http://papers.ssrn.com/sol3/papers.cfm?abstract_id=827465>. Acesso em: maio 2012.

FERRAZ JUNIOR, Tercio Sampaio. *Introdução ao estudo do direito*: técnica, decisão, dominação. 4. ed. São Paulo: Atlas, 2003.

FRANKEL, Lawrence M. The flawed institutional design of U.S. Merger Review: stacking the deck against enforcement. *Utah Law Review*, n. 1, p. 159-219, 2008. Disponível em: <http://ssrn.com/abstract=1127853>. Acesso em: maio 2012.

GERADIN, Damien; PETIT, Nicolas. Judicial review in European Union Competition Law: a quantitative and qualitative assessment. GCLC's Annual conference "The Role of the Court of Justice of the European Union in Competition Cases". Brussels, 7 e 8 de outubro de 2010.

GLOBAL LEGAL GROUP. *The international comparative legal guide to competition litigation: a practical insight to cross-border competition litigation 2010*, cap. 21. México. Disponível em: <http://www.iclg.co.uk/ khadmin/Publications/pdf/3141.pdf>. Acesso em: mar. 2011.

GLORIA, Martín Moguel. Criterios del poder judicial de la federación sobre competencia económica. In: COMISIÓN FEDERAL DE COMPETENCIA. *La primera década de la Comisión Federal de Competencia*. México, 2003. cap. VI, p. 242-310.

GÓMEZ, Maria José Garcia. La libre competencia y el monopolio de la Suprema Corte de Justicia de la Nación. *Cuadernos de Jurisprudencia* (Suprema Corte de Justicia de la Nación, Dirección General de la Coordinación de Compilación y Sistematización de tesis), México, 3, 2008.

GOVERNMENT LEGAL SERVICE – UK: LAW AT THE HEART OF GOVERNMENT. *The judge over your shoulder*. 4. ed. London, 2006. Disponível em: <http://www.planningportal.gov.uk/uploads/pins/judge_over_your_shoulder.pdf>. Acesso em: maio 2012.

GROSSMAN, Gene M.; KATZ, Michael L. Plea bargaining and social welfare. *The American Economic Review*, v. 73, n. 4, p. 749-757, 1983.

HAMMERGREN, Linn. *Envisioning reform*: improving judicial performance in Latin America. University Park: The Pennsylvania State University Press, 2007.

_____. *Uses of empirical research in refocusing judicial reforms*: lessons from five countries. World Bank, Washington, DC, USA, 2002. Disponível em: <http://www.argenjus.org.ar/argenjus/articulos/leen.pdf>. Acesso em: maio 2012.

HORWITZ, Robert B. Judicial review of regulatory decisions: the changing criteria. *Political Science Quarterly*, v. 109, n. 1, 1994.

HOVENKAMP, Herbert. *The antitrust enterprise: principle and execution*. Cambridge: Harvard University Press, 2005.

_____. *Federal antitrust policy: the law of competition and its practice*. 2. ed. St. Paul: West Group, 2001.

INTERNATIONAL COMPETITION NETWORK (ICN). Competition and the Judiciary: a report on a survey on the relationship between competition authorities and the Judiciary. *ICN Report on Competition Policy Implementation*, 2006. Disponível em: <http://www.internationalcompetitionnetwork.org/uploads/library/doc594.pdf>. Acesso em: maio 2012.

JACOBZONE, Stéphane; CHOI, Chang-Won; MIGUET, Claire. Indicators of Regulatory Management Systems. *OECD Working Papers on Public Governance*, Paris, Working Paper 4, 2007. Disponível em: <http://www.oecd.org/dataoecd/38/10/39954493.pdf>. Acesso em: maio 2012.

JONES, Alison; SUFRIN, Brenda. *EC competition law: text, cases and materials*. 3. ed. Oxford: Oxford University Press, 2007.

JOSKOW, Paul L. Transaction cost economics, antitrust rules and remedies. *Journal of Law, Economics and Organization*, v. 18, n. 1, p. 95-116, 2002.

KOVACIC, William E. Achieving better practices in the design of competition policy institutions. *The Antitrust Bulletin*, v. 50, n. 3, 2005.

_____. Institutional foundations for economics legal reform in transition economies: the case of competition policy and antitrust enforcement. *Chicago-Kent Law Review*, 265, 2001-2002.

LEHMKUHL, Dirk. On government, governance and judicial review: the case of European Competition Policy. *Journal of Public Policy*, v. 28, n. 1, 2008.

MACHADO, Agapito. A nova reforma do Poder Judiciário: Pec n. 45/04. *Poder Judiciário*, 28, 2005. Disponível em: <http://www.cjf.jus.br/revista/numero28/artigo06.pdf>. Acesso em: maio 2012.

MACHADO, Hugo de Brito. O processualismo e o desempenho do Poder Judiciário. In: MARTINS, Ives Gandra (coord.). *Desafios do século XXI*. São Paulo: Pioneira, 1997.

MADDALA, Gangadharrao Soundalyarao. *Limited-dependent and qualitative variables in econometrics*. Cambridge: Cambridge University Press, 1983.

MARISCAL, Judith; RIVERA, Eugenio. Regulación y competencia en las telecomunicaciones mexicanas. *Serie Estudos e Perspectivas*, n. 83. Nações Unidas, CEPAL, 2007.

MARQUES, Cláudia Lima et al. *Comentários ao Código de Defesa do Consumidor*. São Paulo: Ed. RT, 2004.

MARQUES NETO, Floriano Peixoto de Azevedo. *Agências reguladoras: instrumentos do fortalecimento do Estado*. Porto Alegre: Abar, 2003. Disponível em: <http://www.abar.org.br/dados/bancoDeMidia/arquivos/agenciasreguladoras.pdf>. Acesso em: mar. 2011.

MARTÍNEZ, Ernesto Bonafé. Introductory note. *Legal forum on utilities regulation – judicial review*. Firenze, Italia, 2008. Disponível em: <http://www.energyregulators.eu/portal/page/portal/FSR_HOME/ENERGY/Policy_Events/Workshops/2008/Judicial_review/200804-FSR-ProgJud-Linked.pdf> Acesso em: dez. 2010.

_____. *Report on workshop proceedings. Legal forum on utilities regulation – judicial review*. Firenze, Italia, 2008. Disponível em: <http://cadmus.eui.eu/dspace/bitstream/1814/8948/1/FSR_UtilitiesRegulation_report08.pdf>. Acesso em: maio 2012.

MASHAW, Jerry Greed. *Chaos & governance: using public choice to improve public law*. New Haven, London: Yale Press University, 1997.

McGARITY, Thomas. Science. Policy, and politics in judicial review of regulations. *Accountability in Research*. v. 33, issues 2 & 3, p. 127-132, 1993.

MEIRELLES, Fernanda; OLIVA, Rafael. Delegação e controle político das agências reguladoras no Brasil. *Revista de Administração Pública*, v. 40, n. 4, 2006.

MENDES, Gilmar. *Discurso de posse da Presidência do Supremo Tribunal Federal*. Brasília, 23 de abril de 2008. Disponível em: <http://www.stf.jus.br/arquivo/cms/noticiaNoticiaStf/anexo/posseGM.pdf>. Acesso em: maio 2012.

MÉXICO. COMISIÓN FEDERAL DE COMPETENCIA. Juicios de Amparo. *Informe de Competencia Económica*, cap. 4. 2000. Disponível em: <http://www.cfc.gob.mx/images/stories/Publicaciones/Informesanuales/capitulo42000.pdf>. Acesso em: maio 2012.

_____. SUPREMA CORTE DE JUSTICIA DE LA NACIÓN, Los tribunales federales y la Ley federal de Competencia Económica a partir del inicio de funciones de la Comisión Federal de Competencia. In: COMISIÓN FEDERAL DE COMPETENCIA. *La libre competencia*, s/d.

MINISTÉRIO DA JUSTIÇA, SECRETARIA DE REFORMA DO JUDICIÁRIO, Programa das Nações Unidas para o Desenvolvimento – PNUD. *Análise da gestão e funcionamento dos cartórios judiciais*. Brasília, 2007.

MORAVCSIK, Andrew. In defense of the "democratic deficit": reassessing the legitimacy of the European Union. *Journal of Common Market Studies*, v. 40, n. 4, p. 603-624, 2002.

MOREIRA, Helena Delgado Ramos Fialho. *Poder Judiciário no Brasil*: crise de eficiência. Curitiba: Juruá, 2004.

NESTER, Alexandre Wagner. O Pro-Reg e a autonomia das agências reguladoras. *Informativo Justen, Pereira, Oliveira e Talamini*, Curitiba, 3, 2007. Disponível em: <http://www.justen.com.br//informativo.php?&informativo=3&artigo=291&l=pt>. Acesso em: maio 2012.

NEWBERG, Joshua A. Mexico's new economic competition law: toward the development of a Mexican law of antitrust. *Colum. J. Transnat'l L.*, 31, p. 606 e ss., 1993-1994.

OECD. Government capacity to assure high quality regulation in Switzerland. *Reviews of Regulatory Reform*. Paris, mar. 2006.

_____. Government capacity to assure high quality regulation in Turkey, *Reviews of Regulatory Reform*. Paris, nov. 2002.

_____. *Regulatory policies in OECD countries: from interventionism to regulatory governance – reviews of regulatory reform*. Paris: OECD Publishing, 2002.

OSTER, Jan S. The scope of judicial review in the German and U.S. administrative legal system. *German Law Journal*, v. 9, n. 10, 2008. Disponível em: <http://www.germanlawjournal.com/pdfs/Vol09No10/PDF_Vol_09_No_10_1267-1296_Articles_Oster.pdf>. Acesso em: maio 2012.

PASTOR, Juan Alfonso Santamaría. *Principios de derecho administrativo*. Madrid: CEURA, 2000. v. 2.

PASTOR, Manuel; WISE, Carol. The politics of second-generation reform. *Journal of Democracy*, v. 10, n. 3, 1999.

PETIT, Nicolas; RABEUX, Louise. Judicial review in French competition law and economic regulation – A Post-Commission v. Tetra Laval Assessment. National Courts and Standard of Review in Competition Law and Economic Regulation, 2009.

PHILIP, George. Authoritarian legacies and the politics of appointment. In: PHILIP, George. *Democracy in Latin America*. Cambridge: Polity Press, 2003.

POSNER, Richard. *Antitrust law*. 2. ed. Chicago/London: University of Chicago Press, 2001.

RODRIGUES, Francisco César Pinheiro. Sucumbência recursal: uma proposta de fundo econômico para a morosidade do Judiciário. *Revista de Economia & Relações Internacionais – Fundação Armando Álvares Penteado*, v. 3, n. 6, p. 104-123, 2005.

ROELLER, Lars-Hendrik; STEHMANN, Oliver. The year 2005 at DG competition: the trend towards a more effects-based approach. *Review of Industrial Organization*, v. 29, n. 4, 2006.

ROSENN, K. S. Judicial reform in Brazil. *NAFTA: Law and Business Review of the Americas*, Miami, v. 4, n. 2, p. 19-37, 1998.

RU, Hendrik J. de. Judicial review of regulatory decisions: the situation in The Netherlands. *Legal Forum on Utilities Regulation*. Fireen, Italia, 2008. Disponível em: <http://www.florence-school.eu/portal/page/portal/FSR_HOME/ENERGY/Policy_Events/Workshops/2008/Judicial_Review_08/080411_DeRU.pdf>. Acesso em: mar. 2010.

SADEK, Maria Tereza Aina. Poder Judiciário: perspectivas de reforma. *Opinião Pública*, v. 10, n. 1, p. 1-62, 2004.

SANTOS, Luiz Alberto dos. Desafios da governança regulatória no Brasil. In: RAMALHO, Pedro Ivo Sebba (coord.). *Regulação e agências reguladoras: governança e análise de impacto regulatório*. Brasília: Anvisa, 2009. p. 177-188.

SCHWARZE, Jürgen. Judicial review of european administrative procedure. *Law and Contemporary Problems*, v. 68, n. 1, 2004. Disponível em: <http://www.law.duke.edu/shell/cite.pl?68+Law+&+Contemp.+Probs.+85+(winter+2004)>. Acesso em: maio 2012.

SCLAFANI, Francesco. *Judicial review of energy regulation:* the experience of the Italian regulatory agency (*Apresentação*). Disponível em: <http://www.florence-school.eu/portal/page/portal/FSR_HOME/ENERGY/Policy_Events/Workshops/2008/Judicial_Review_08/080411_Sclafani_JR%20short.pdf>. Acesso em: maio 2012.

SCOTT, Robert; STUNTZ, William. Plea bargaining as contract. *The Yale Law Journal*, Yale, v. 101, n. 8, p. 1909-1968, 1992.

SEIDENFELD, Mark. Why Agencies act: a reassessment of the ossification critique of judicial review. *Ohio State Law Journal*, 70, 2009, p. 251-321.

SHERWOOD, Robert M. The unseen elephant: what blocks judicial system improvement? *Berkeley Program in Law & Economics, Latin American and Caribbean Law and Economics Association (ALACDE) Annual Papers*. Berkeley, Paper 050207'11, 2007.

SIRAGUSA, Mario. *Judicial review of competition decisions under EC law*. Competition Commission, 2004. Disponível em: <http://www.competition-commission.org.uk/our_role/cc_lectures/judicial_control_210904_siragusa.pdf.>. Acesso em: maio 2012.

TREBILCOCK, Michael; IACOBUCCI, Edward. Designing competition law institutions. *25 World Law and Economics Review*, 361, 2002.

UNITED KINGDOM. Supreme Court Act, 1981. Disponível em: <http://www.statutelaw.gov.uk/legResults.aspx?LegType=All+Legislation&title=Supreme+Court+Act&Year=1981&searchEnacted=0&extentMatchOnly=0&confersPower=0&blanketAmendment=0&TYPE=QS&NavFrom=0&activeTextDocId=2033370&PageNumber=1&SortAlpha=0>. Acesso em: maio 2012.

ZHOU, Jun. Determinants of delay in litigation: evidence and theory. *American Law & Economics Association Annual Meetings*. Columbia, paper 21, 2008.

Anexo

Metodologia de Coleta da Base de Dados:

    A.1. Delimitação do objeto

    A.2. Metodologia e procedimentos de amostragem

    A.3. Descrição das variáveis coletadas

Este anexo apresenta os procedimentos metodológicos utilizados para a realização do estudo empírico quantitativo. Uma vez que se trata de um esforço pioneiro na compilação e análise dos dados sobre a revisão judicial das decisões das agências reguladoras e do CADE, é fundamental explicitar todos os passos e escolhas feitas durante esse processo, o que permite replicação por terceiros do mesmo estudo ou de estudos análogos. Para tanto, detalha-se a seguir o processo de delimitação do objeto, em que são explicitados os procedimentos para a estimação da população alvo da pesquisa, bem como os procedimentos de amostragem, de coleta da base de dados e de construção das variáveis de interesse.

A.1. Delimitação do objeto

Como parte do estudo preparatório, fez-se um mapeamento das informações processuais disponíveis nas agências reguladoras e no CADE. Constatou-se que, no caso dessa autarquia, seus procuradores internos possuíam registro rigoroso do subconjunto de decisões administrativas causadoras de restrição a direito de particular desde 1994 (ano em que é reformulada pela entrada em vigor da Lei 8.884), então divididas em julgados de atos de concentração (AC) que (i) impõem multa por intempestividade de apresentação ao SBDC ou (ii) condicionam sua aprovação a determinada obrigação, e julgados de processos administrativos (PA), que condenam condutas anticompetitivas.

Esse registro das decisões do CADE contava ainda com a indicação fidedigna de sua judicialização, quando existente, acompanhada do rol dos processos judiciais correspondentes. A facilidade de acesso a tais dados possibilitou sua abertura em duas bases complementares, cada qual voltada a um tipo de estudo distinto: um primeiro de (a) *Determinantes da Probabilidade de Judicialização*, abrangendo o conjunto de todas as decisões administrativas, judicializadas ou não, contidas na planilha da autarquia, e um segundo sobre (b) *Custos da Revisão Judicial e Incerteza Jurídica*, formado apenas pelas decisões administrativas que foram judicializadas.

Diferentemente do observado no CADE, as agências reguladoras não possuíam um banco de dados suficientemente abrangente das decisões constritoras de direitos de particulares e/ou impugnadas judicialmente. Optou-se então por aquele que já havia sido pensado como manancial complementar de informações: a busca por processos nos sítios dos órgãos do Poder Judiciário, a fim de mapear todos os que continham as agências federais como parte[1-2].

Mapeamento processual na Justiça Federal

Uma vez que as agências reguladoras sempre estarão ligadas, como *partes processuais*, à União – o que conduz à competência da Justiça Federal para julgar processos que tenham por objeto o questionamento da legalidade de seus atos (art. 109, I, da CF) –, pesquisou-se a totalidade de registros processuais no sítio da Justiça Federal. Para evitar ocorrências repetidas, que distorceriam o universo buscado, a pesquisa cingiu-se àquelas de primeira instância somente, na seção "processual", com vistas a obter o número de casos correspondentes a cada agência reguladora[3] – mediante inserção de seu nome por extenso e sigla, devidamente discriminados – e em cada Seção Judiciária[4], resultando em 84.706 ocorrências distribuídas nada equitativamente em 13 autarquias[5]. Nesse levantamento preliminar, o CADE foi também incluído.

1. Aqui tomada no sentido amplo, envolvendo papéis outros que não autor-réu.
2. Foram incluídas inicialmente as seguintes agências: ANA, ANAC, ANATEL, ANCINE, ANEEL, ANP, ANS, ANTAQ, ANTT e ANVISA. Após conversa com o Procurador-Geral Federal, aceitou-se a sugestão de inclusão da CVM e PREVIC.
3. A pesquisa compreende também as ações ajuizadas no Juizado Especial Federal (JEF), que em geral integram o mesmo banco das Varas Federais. Há duas exceções: na 5.ª Região, os processos "eletrônicos" são armazenados em seção própria; num mapeamento preliminar de complexidade, foram encontrados 150 processos, todos na SJPB, que teriam ficado de fora da busca original. A 3.ª Região apresenta problema maior: o bancos de dados do JEF é isolado e não há como buscar, nele, processos pelo nome das partes – somente pelos números do processo, CPF/CNPJ, benefício ou processo originário –, o que impede a incorporação à base de dados de processos ali localizados.
4. As Seções Judiciárias foram divididas por região – o que explicita a representatividade de cada uma no total de processos –, e dentro delas, foram classificadas em ordem alfabética, como feito também com as agências, para possibilitar estratificação.
5. Em todas as buscas, a opção para "mostrar os casos baixados" foi habilitada.

Tabela A.1. Total de Processos Judiciais em Levantamento Preliminar

	1.ª Região	2.ª Região	3.ª Região	4.ª Região	5.ª Região	Total
ANA	135	6	11	5	9	166
ANAC	336	30	102	0	24	492
ANATEL	21543	143	3549	1171	4827	31233
ANCINE	35	31	3	1	0	70
ANEEL	4690	44	1160	345	319	6558
ANP	5534	112	3072	51	2253	11022
ANS	1237	52	1537	180	446	3452
ANTAQ	247	35	10	9	8	309
ANTT	2671	62	518	54	196	3501
ANVISA	2848	48	769	31	424	4120
CADE	1293	45	263	6	33	1640
CVM	8729	900	4463	150	7894	22136
PREVIC	1	6	0	0	0	7
Total	49299	1514	15457	2003	16433	84706

Fonte: Pesquisa de campo.

A discriminação dos processos judiciais identificados em suas respectivas Seções Judiciárias federais é apresentada a seguir:

I. 1.ª Região (1-49301)

	ANA	ANAC	ANATEL	ANCINE	ANEEL	ANP[1]	ANS[2]	ANTAQ	ANTT	ANVISA	CADE	CVM	PREVIC
1. SJAC (1-289)	0	(1-4) Nome: 1-2 Sigla: 3-4	(5-47) N: 5-35 S: 36-47	0	(48) N: 48 S: 0	(49-69) N: 49-69 S: 0[3]	(70-73) N: 70-73 S: 0[3]	0	(74-76) N: 74-76 S: 0	(77-125) N: 77-110 S: 111-125	0	(126-289) N: 126-289 S: 0[3]	0
2. SJAP (290-606)	0	(290-296) N: 290-296 S: 0	(297-434) N: 297-427 S: 428-434	0	0	(435-473) N: 435-473 S: 0[3]	(474-477) N: 474-477 S: 0[3]	0	0	(478-501) N: 478-501 S: 0	(502-503) N: 502-503 S: 0	(504-606) N: 504-606 S: 0[3]	0
3. SJAM (607-1578)	(607) N: 607 S: 0[3]	(608-622) N: 608-622 S: 0	(623-855) N: 623-843 S: 844-855	0	(856-872) N: 856-872 S: 0	(873-1028) N: 873-1028 S: 0[3]	(1029-1055) N: 1029-1055 S: 0[3]	(1056-1067) N: 1056-1066 S: 1067	(1068-1075) N: 1068-1075 S: 0	(1076-1251) N: 1076-1250 S: 1251	(1252-1260) N: 1252-1260 S: 0	(1261-1578) N: 1261-1578 S: 0[3]	0
4. SJBA (1579-4536)	(1579-1580) N: 1579-1580 S: 0[3]	(1581-1592) N: 1581-1591 S: 1592	(1593-2525) N: 1593-2222 S: 2223-2525	0	(2526-2670) N: 2526-2611 S: 261-2670	(2671-2960) N: 2671-2960 S: 0[3]	(2961-3120) N: 2961-3120 S: 0[3]	(3121-3132) N: 3121-3125 S: 3126-3132	(3133-3198) N: 3133-3186 S: 3187-3198	(3199-3267) N: 3199-3259 S: 3260-3267	(3268-3274) N: 3268-3273 S: 3274	(3275-4536) N: 3275-4536 S: 0[3]	0
5. SJDF (4537-20271)	(4537-4653) N: 4537-4653 S: 0[3]	(4654-4824) N: 4654-4821 S: 4822-4824	(4825-8204) N: 4825-8118 S: 8119-8204	(8205-8239) N: 8205-8239 S: 0	(8239-11851) N: 8239-11749 S: 11750-11851	(11852-14554) N: 11852-14554 S: 0[3]	(14555-14727) N: 14555-14727 S: 0[3]	(14728-14941) N: 14728-14939 S: 14940-14941	(14942-16729) N: 14942-16719 S: 16720-16729	(16730-18730) N: 16730-18711 S: 18712-18730	(18731-19982) N: 18731-19861 S: 19862-19982	(19983-20270) N: 19983-20270 S: 0[3]	(20271) N: 0 S: 20271

Anexo

	ANA	ANAC	ANATEL	ANCINE	ANEEL	ANP[1]	ANS[2]	ANTAQ	ANTT	ANVISA	CADE	CVM	PREVIC
6. SJGO (20272-21607)	0	(20272-20279) N: 20272-20277 S: 20278-20279	(20280-20561) N: 20280-20444 S: 20445-20561	0	(20562-20694) N: 20562-20626 S: 20627-20694	(20695-20898) N: 20695-20898 S: 0[3]	(20899-21005) N: 20899-21005 S: 0[3]	0	(21006-21320) N: 21006-21236 S: 21237-21320	(21321-21400) N: 21321-21368 S: 21367-21400	(21401-21423) S: 21401-21411 S: 21412-21423	(21424-21607) N: 21424-21607 S: 0[3]	0
7. SJMA (21608-24037)	(21608) N: 21608 S: 0	(21609-21616) N: 21609-21616 S: 0	(21617-22763) N: 21617-22291 S: 22292-22763	0	(22764-22812) N: 22764-22811 S: 22812	(22813-22900) N: 22813-22900 S: 0[3]	(22901-22941) N: 22901-22941 S: 0[3]	(22942-22943) N: 22942-22943 S: 0	(22944-23007) N: 22944-23004 S: 23007	(23008-23029) N: 23008-23024 S: 23025-23029	0	(23030-24037) N: 23030-24037 S: 0[3]	0
8. SJMT (24038-29304)	0	(24038-24045) N: 24038-24045 S: 0	(24046-27079) N: 24046-27969 S: 27970-27078	0	(27079-28286) N: 27079-28286 S: 0	(28287-28623) N: 28287-28623 S: 0[3]	(28624-28679) N: 28624-28679 S: 0[3]	0	(28680)	(28681-28709) N: 28681-28702 S: 28703-28709	(28710-28720) N: 28710-28720 S: 0	(28721-29304) N: 28721-29304 S: 0[3]	0
9. SJMG (29305-)	(29305-29313) N: 29305-29313 S: 0[3]	(29314-29352) N: 29314-29352 S: 29353-29357	(29358-) N: 29358-35205 S: 35206-35394	0	(35395-) N: 35395-35676 S: 35677-35701	(35702-36876) N: 35702-36876 S: 0[3]	(36877-37301) N: 36877-37301 S: 0[3]	0	(37302-37601) N: 37302-37562 S: 37563-37601	(37602-37720) N: 37602-37666 S: 37667-37720	(37721-37796) N: 37721-37791 S: 37792-37796	(37797-39244) N: 37797-39244 S: 0[3]	
10. SJPA (39245-43107)	(39245-39247) N: 39245-39247 S: 0[3]	(39248-39277) N: 39248-39276 S: 39277	(39278-39978) N: 39278-39979-40024	(40025-40055) N: 40025-40055 S: 40056-40059	(40060-40100) N: 40060-40094 S: 40095-40100	(40101-40287) N: 40101-40287 S: 0[3]	(40288-40404) N: 40288-40404 S: 0[3]	(40405) N: 40405 S: 0[3]	(40406-40425) N: 40406-40420 S: 40421-40425	(40426-40565) N: 40426-40555 S: 40556-40565	(40566-40568) N: 40566-40568 S: 0	(40569-43107) N: 40569-43107 S: 0[3]	0

	ANA	ANAC	ANATEL	ANCINE	ANEEL	ANP	ANS²	ANTAQ	ANTT	ANVISA	CADE	CVM	PREVIC
11. SJPI (43108-44480)	0	(43108-43110) N: 43108-43110 S: 0	(43111-43788) N: 43111-43752 S: 43753-43788	0	(43789-43823) N:43789-43819 S: 43820-43823	(43824-43925) N: 43824-43925 S: 0³	(43926-43971) N: 43926-43971 S: 0³	0	(43972-44014) N: 43972-44013 S: 44014	(44015-44047) N: 44015-44047 S: 0	0	(44048-44480) N: 44048-44480 S: 0³	0
12. SJRO (44481-48738)	(44481-44482) N: 44481-44482 S: 0³	(44483-44485) N: 44483-44485 S: 0³	(44486-48315) N: 44486-44607 S: 44608-48315	0	(48315-48336) N: 48315-48336 S: 0	(48337-48451) N: 48337-48451 S: 0³	(48452-48509) N: 48452-48509 S: 0³	(48510-48512) N: 48510-48512 S: 0	(48513-48552) N: 48513-48550 S: 49551-48552	(48553-48635) N: 48553-48635 S: 0	0	(48636-48738) N: 48636-48738 S: 0³	0
13. SJRR (48739-48951)	0	(48739-48761) N: 48739-48761 S: 0	(48762-48789) N: 48762-48789 S: 0	0	(48790-48791) N: 0 S: 48790-48791	(48792-48818) N: 48792-48818 S: 0³	(48819-48828) N: 48819-48828 S: 0³	0	(48829-48830) N: 48829-48830 S: 0	(48831-48846) N: 48831-48846 S: 0	0	(48847-48951) N: 48847-48951 S: 0³	0
14. SJTO (48952-49301)	0	0	(48952-49054) N: 48952-49045 S: 49046-49054	0	(49055-49073) N: 49055-49073 S: 0	(49074-49163) N: 49074-49163 S: 0³	(49164-49172) N: 49164-49172 S: 0³	0	(49173-49193) N: 49173-49192 S: 49193	(49194-49201) N: 49194-49201 S: 0	0	(49202-49301) N: 49202-49301 S: 0³	0

II. 2.ª Região (49302-50815)

	ANA	ANAC	ANATEL	ANCINE	ANEEL	ANP	ANS	ANTAQ	ANTT	ANVISA	CADE	CVM	PREVIC
1. SJES⁴ (49302-50571)	0	(49302-49305)	(49306-49448)	0	(49449-49492)	(49493-49552)⁵	(494553-49604)	(49605-49608)	(49609-49618)	(49619-49666)	(49667-49671)	(49672-50571)	0

Anexo 265

	ANA	ANAC	ANATEL	ANCINE	ANEEL	ANP	ANS	ANTAQ	ANTT	ANVISA	CADE	CVM	PREVIC
2. SJRJ[4] (50572-50815)	(50572-50577)	(50578-50603)	0[6]	(50604-50634)		(50635-50686)[7]	0[6]	(50687-50717)	(50718-50769)	0[6]	(50770-50809)	0[6]	(50810-50815)

III. 3.ª Região (50816-66272)

	ANA	ANAC	ANATEL	ANCINE	ANEEL	ANP[13]	ANS[14]	ANTAQ	ANTT	ANVISA	CADE	CVM	PREVIC
1. SJMS[10-11] (50816-51592)	0	(50816-50820)	(50821-51118)	0	(51119-51324)	(51325-51460)	(51461-51525)	0	(51525-51584)	(51485-51515)	(51516-51536)	(51537-51592)	0
2. SJSP[10-11] (51593-66272)	(51593-51603)	(51604-51700)	(51701-55051)	(55052-55054)[12]	(55055-56008)	(56009-58944)	(58945-60416)	(60417-60426)	(60427-60885)	(60886-61623)	(61624-61865)	(61866-66272)	0

IV. 4.ª Região (66273-68274)

	ANA	ANAC	ANATEL	ANCINE	ANEEL	ANP[13]	ANS[14]	ANTAQ	ANTT	ANVISA	CADE	CVM	PREVIC
1. SJSC[15-16-17] (66273-68261)	(66273-66277)	0	(66278-67448)	(67449)	(67450-67793)	(67794-67840)	(67841-68018)	(68019-68027)	(68028-68076)	(68077-68107)	(68108-68113)	(68114-68261)	0
2. SJPR[15-16-17] (68261-68266)	0	0	0	0	0	(68261-68262)	(68263)	0	(68264)	0	0	(68265-68266)	0
3. SJRS[15-16-17] (68267-68274)	0	0	0	0	(68267)	(68268-68269)	(68270)	0	(68271-68274)	0	0	0	0

V. 5.ª Região (68275-84706)

	ANA	ANAC	ANATEL	ANCINE	ANEEL	ANP[18]	ANS[19]	ANTAQ	ANTT	ANVISA	CADE	CVM	PREVIC
1. SJAL[20] (68275-69170)	0	(68275-68277)	(68278-68645)	0	(68646-68651)	(68652-68902)	(68903-68926)	0	(68927-68938)	(68939-68967)	(68968)	(68969-69170)	0
2. SJCE[20] (69171-74936)	(69171)	(69172-68178)	(69179-71583)	0	(71584-71710)	(71711-72264)	(72265-72489)	0	(72490-72547)	(72548-72640)	(72641-72655)	(72656-74936)	0
3. SJPB[20] (74937-77487)	0	(74937-74940)	(74941-75684)	0	(75685-75739)	(75740-75975)	(75976-76040)	0	(76041-76091)	(76092-76136)	(76137-76139)	(76140-77487)	0
4. SJPE[20] (77488-82698)	0	(77488-77495)	(77496-78307)	0	(78308-78377)	(78378-79229)	(79230-70287)	(79288-79293)	(79294-79338)	(79339-79490)	(79491-79493)	(79494-82698)	0
5. SJRN[20] (82699-84080)	(82699)	(82700-82701)	(82703-82993)	0	(82994-83034)	(83035-83271)	(83272-83318)	(83319-83320)	(83321-83340)	(83341-83430)	(83432-83434)	(83434-84080)	0
6. SJSE[20] (84081-84706)	(84081-84087)	0	(84088-84293)	0	(84294-84313)	(84314-84436)	(84437-84463)	0	(84464-84473)	(84774-84488)	(84489-84495)	(84496-84706)	0

TOTAL: 84.706

Notas:

1. O argumento utilizado foi "Agência Nacional do Petróleo", pois ele abrange os resultados do nome completo, além de outros.
2. O argumento utilizado foi "Agência Nacional da Saúde", pois ele abrange os resultados do nome completo, além de outros.
3. No sítio da 1.ª Região, o nome da parte deve conter ao menos quatro caracteres.
4. Dos sítios das Seções Judiciárias do RJ e do ES: "É obrigatório preencher 2 partes válidas de nomes para fazer consulta por Nome".
5. O argumento utilizado foi "Agência Nacional do Petróleo", pois ele abrange os resultados do nome completo, além de outros.

Anexo

6. Do sítio da SJRJ: "A consulta não está disponível para este nome porque traz uma quantidade muito grande de processos. Informe um nome mais completo ou consulte por Número do Processo ou CPF/CNPJ".
7. Pelo nome completo, foram encontrados 52 processos. Utilizando "Agência Nacional do Petróleo", o número de processos foi muito grande.
8. O argumento utilizado foi "Agência Nacional do Petróleo", pois ele abrange os resultados do nome completo, além de outros.
9. O argumento utilizado foi "Agência Nacional da Saúde", pois ele abrange os resultados do nome completo, além de outros.
10. A pesquisa foi feita somente pelo nome, pois o sítio da primeira instância da 3.ª Região não aceita siglas.
11. A pesquisa foi feita sem acentos, cedilha ou til, pois houve uma diferença significativa entre os resultados com ou sem a utilização deles em algumas agências (ANA, ANTAQ, ANP, ANVISA e CVM), e o resultado da pesquisa com acentos foi abrangido pela pesquisa sem a utilização deles, sendo que o resultado foi indiferente para as demais agências.
12. Os três resultados foram encontrados utilizando o argumento "Agência Nacional de Cinema".
13. O argumento utilizado foi "Agência Nacional do Petróleo", pois ele abrange os resultados do nome completo, além de outros.
14. O argumento utilizado foi "Agência Nacional da Saúde", pois ele abrange os resultados do nome completo, além de outros.
15. A pesquisa foi feita somente pelo nome, vez que o site da 4.ª Região não aceita siglas.
16. Do sítio da 4.ª Região: "Esta consulta ainda não considera os processos ajuizados de modo eletrônico a partir de 21 de outubro de 2009 nas três Seções Judiciárias (Justiça Federal de 1.º grau). Atualmente só é possível consultar estes processos pelo número. Esta consulta ainda não considera os processos ajuizados de modo eletrônico a partir de 5 de abril de 2010 no TRF4 (Justiça Federal de 2.º grau). Atualmente só é possível consultar esses processos por meio da consulta pública do Processo Eletrônico".
17. No sítio da 4.ª Região, há várias partes registradas com os argumentos utilizados. No entanto, na maioria das vezes – sobretudo na SJPR e na SJRS – não foram encontrados processos com movimentação ao acessar os processos ligados às partes.
18. O argumento utilizado foi "Agência Nacional do Petróleo", pois ele abrange os resultados do nome completo, além de outros.
19. O argumento utilizado foi "Agência Nacional da Saúde", pois ele abrange os resultados do nome completo, além de outros.
20. A pesquisa foi feita somente pelo nome, pois os sítios das Seções Judiciárias da 5.ª Região não aceitam siglas.

Obstáculos identificados para a estimação da população alvo

Uma dificuldade encontrada nessa etapa foi a avaliação do grau de confiabilidade dos dados numéricos extraídos dos sítios da Justiça Federal. Submetida a método rigoroso de busca e consequente ordenação de ocorrências processuais, obteve-se nesta pesquisa resultado discrepante de número apresentado em relatório da AGU[6]: 84.706 ocorrências no primeiro contra 98.193 no segundo. Tal diferença pode decorrer do fato de o escopo da base da AGU ser mais largo que o adotado pelo presente projeto, incluindo agências como ABIN, ADA, ADENE, FINAME etc. Há, entretanto, também discrepância substancial nos números referentes a ANVISA, ANP e ANATEL, que possivelmente decorrem de diferença metodológica entre o procedimento empregado nesta pesquisa e aquele da AGU – hipótese que não pôde ser confirmada, já que a metodologia nele empregada não estava explícita em sua base de dados, e tampouco foi possível averiguar, nos contatos tentados com a AGU, os procedimentos de seleção dos processos judiciais que o compunham. Outra possibilidade é a existência de falhas no sistema de busca processual eletrônica dos tribunais. De qualquer forma, a coordenação da pesquisa optou por preservar o método já exposto neste relatório, porque transparente e replicável, duas importantes propriedades da pesquisa científica.

Deve-se notar, entretanto, que o conjunto dos casos listados na Tabela A.1 não coincide plenamente com a população objeto da pesquisa. Esta é definida pela questão de pesquisa, qual seja a revisão judicial de decisões de agências regulatórias e do CADE. Trata-se, portanto, da revisão judicial de decisões regulatórias, realizadas pelo conselho das autarquias citadas. Ocorre que há diversos casos em que tais autarquias são parte em processos judiciais sem que decorram da contestação de decisão regulatória. São inúmeros os exemplos, tais como a contestação de contratos de terceirização de serviços, de compras de suprimentos, de aluguel, entre outros. Casos assim foram denominados "não pertinentes", e excluídos da população alvo da pesquisa. Também observou-se que há processos judiciais vinculados a um caso principal, que discutiam questões acessórias, os quais foram denominados "não essenciais", não tendo integrado também a população alvo da pesquisa. O detalhamento de todos os procedimentos utilizados para a classificação dos processos segundo essas categorias é apresentado oportunamente neste capítulo.

---

6. Cf. Relatório – "Complemento (2)", da 2.ª fase do projeto. O relatório fornecido pela AGU apresenta apenas o número consolidado, e não a lista de processos com os respectivos números e dados sobre foro. Embora solicitada aos procuradores, tal lista completa não foi disponibilizada.

Em decorrência dessas características da delimitação inicial da população constante na Tabela A.1, foi necessário um procedimento de amostragem em duas etapas. Em um primeiro momento, foi necessário estimar a população alvo, a qual consiste em um subconjunto daquela constante na Tabela A.1, excluindo-se os casos não pertinentes e não essenciais. Em seguida, foi feita uma amostragem na população alvo, a partir da qual foram extraídos os dados empíricos para posterior tratamento estatístico e econométrico. Segue o detalhamento da metodologia e do procedimentos de amostragem.

A.2. Metodologia e procedimentos de amostragem

Conforme já foi destacado, o universo de interesse desta pesquisa corresponde ao total de processos judiciais em que o CADE ou uma agência reguladora constam como réus, sendo, ao todo, 13 autarquias: ANA, ANAC, ANATEL, ANEEL, ANCINE, ANP, ANS, ANTAQ, ANTT, ANVISA, CADE, CVM e PREVIC.

A Tabela A.1, já apresentada, mostra o total de processos judiciais arquivados ou em tramitação envolvendo as autarquias referidas, conforme levantamento feito em agosto de 2010. ANA, ANCINE, ANTAQ e PREVIC, por apresentarem, cada uma, um número significativamente menor de processos, foram agrupadas na categoria "outras".

O único modo de obter as informações desejadas a respeito de um determinado processo é sua leitura cuidadosa. Assim sendo, a simples observação da tabela acima permite concluir que a investigação da totalidade dos processos seria extremamente custosa. Nesses casos, o procedimento indicado é a seleção de uma amostra aleatória que seja *representativa* da totalidade dos casos – ou, usando o termo empregado em estatística, que seja representativa da *população*. Em outras palavras, o propósito da amostra é fornecer informações que permitam descrever de modo adequado a totalidade dos processos (ou *população*) de onde a amostra foi extraída.

Logo de início decidiu-se que seria mais adequado tratar os processos de cada agência reguladora como um universo de análise separado, uma vez que não se pode dizer *a priori* se as características dos processos das diferentes agências são semelhantes ou homogêneas. Assim sendo, tomou-se a decisão de fazer uma amostragem estratificada por agência, ou seja, selecionar separadamente uma amostra aleatória representativa da totalidade dos processos de cada agência. O objetivo é poder descrever com segurança as características específicas dos processos de cada uma.

Já em relação ao CADE, que também contava com uma base específica sobre as características de cada decisão administrativa, tomou-se a decisão de investigar a totalidade dos processos. Desse modo, algumas hipóteses que relacionam tais variáveis com a decisão de judicialização somente podem ser testadas por meio dessa base de dados. A fim de assegurar número suficiente de observações que permita esse tipo de análise, foi conveniente coletar o universo das decisões do CADE que restringiam direito de particular (decisões constritoras).

Além disso, ANA, ANCINE, ANTAQ e PREVIC foram agrupadas em uma só amostra, selecionada para representá-las em conjunto. Assim sendo, nove amostras foram selecionadas, além da *população* completa de processos judiciais em que o CADE constava como réu. Como se verá adiante, no decorrer da pesquisa, optou-se por coletar o universo dos processos referentes a essas quatro autarquias agrupadas, o que decorreu de seu número relativamente pequeno e, por consequência, das limitações em extrapolar estimativas a partir de uma amostra.

A determinação do tamanho adequado de cada amostra, de modo a garantir que a descrição das características de cada *população* seja confiável, não é trivial. Um primeiro passo, muito importante, é estabelecer com o máximo de precisão possível quais são as informações que se deseja obter sobre essa *população* e como medir essas informações.

Conforme exposto anteriormente, a principal questão que norteia este projeto de pesquisa é a identificação dos fatores que levam à judicialização de um processo e a mensuração dos custos decorrentes dessa decisão, uma vez que a excessiva judicialização de processos implica custos para a sociedade que, a princípio, se desejam evitar. Em outras palavras, a excessiva judicialização de processos é vista como um sinal de ineficiência do sistema e, por isso, deve ser compreendida para que possa futuramente ser evitada a partir da melhoria do sistema.

Uma importante variável que mede o custo de judicialização de um processo para a sociedade é o *tempo de tramitação da revisão judicial*, em que a aplicação da norma regulatória permanece pendente. O tempo de tramitação é uma variável de suma relevância, dado que o tempo de mercado, ou tempo concorrencial, exige agilidade na aplicação de resoluções e medidas por parte das agências reguladoras.

Assim sendo, essa variável foi selecionada para fins de definição do tamanho das amostras aleatórias. Isto é, o tamanho das amostras aleatórias para cada agência foi definido de modo que o custo médio dos processos judicializados referentes a cada uma fosse medido com segurança – ou seja, com margem de erro muito pequena.

Wilton Bussab (2005, p. 69) discute o processo de definição do tamanho de uma amostra de tal forma que a média de uma determinada variável *y* seja estimada com um erro máximo de estimação igual a *B*, com determinado grau de confiança (probabilidade). De maneira mais específica, o problema consiste em determinarmos o tamanho *n* da amostra, de modo que:

$$P(|\bar{y} - \mu| \leq B) \cong 1 - \alpha \qquad (1)$$

em que $\bar{y}$ corresponde à média amostral (para a amostra de tamanho *n*) da variável de interesse *y* (que no nosso caso corresponde ao *tempo de tramitação da revisão judicial*) e μ corresponde à verdadeira média dessa variável para a população. Assim sendo, $|\bar{y} - \mu|$ corresponde ao erro de estimação incorrido a partir da amostra de tamanho *n*, uma vez que corresponde ao módulo da diferença entre a estimativa $\bar{y}$ e a verdadeira média μ. Como *P* corresponde ao símbolo de probabilidade, temos que $P(|\bar{y} - \mu| \leq B)$ corresponde à probabilidade do erro da estimativa ser menor ou igual a um determinado erro *B*.

O pesquisador deve escolher um erro *B* suficientemente pequeno e a probabilidade de a estimativa ser menor ou igual a *B* deve ser consideravelmente grande. Isto é, (1-α) deve ser grande, conferindo confiabilidade aos resultados estimados. Em geral escolhe-se (1-α) igual a 95% (ou 0,95) e, portanto, α igual a 5% (ou 0,05). Uma vez que o pesquisador determina *B* e α, o tamanho *n* da amostra deve ser grande o suficiente para garantir que $P(|\bar{y} - \mu| \leq B) \cong 1 - \alpha$.

A teoria estatística permite demonstrar que o tamanho mínimo da amostra necessário para garantir que a média amostral de *y* ($\bar{y}$) esteja bem próxima de μ, com alta probabilidade, é função de *B*, de α, do tamanho da população (*N*) e da variância da variável *y*, denotada por S^2. Essa função é definida pela expressão a seguir:

$$n = \frac{1}{D/S^2 + 1/N}, \qquad (2)$$

onde $D = B^2 / z_\alpha^2$ e z_α^2 corresponde ao valor da estatística *t* (distribuição *t* de student) para α igual a 0,05, que é igual a aproximadamente 2.

A expressão (2) foi usada para determinar o tamanho adequado da amostra para cada agência, uma vez que a totalidade dos processos, que corresponde ao tamanho da *população* (denotado por *N*), muda bastante de uma agência para outra. Enquanto a ANATEL tinha um total de 31.233 processos (arquivados ou em tramitação) em agosto de 2010, a ANAC tinha um total de apenas 492 processos.

Conforme foi destacado anteriormente, B e α são parâmetros determinados pelo pesquisador, que escolhe o nível de precisão mínimo que considera adequado para as suas estimativas. Neste trabalho, adotou-se a conduta mais usual ao escolher α igual a 0,05 e, portanto, z_α^2 igual a 2. A escolha de B, por sua vez, deve ser feita com base na variação e escala da variável de interesse, que é o *tempo de tramitação da revisão judicial*, medido em anos. A partir da observação dos processos do CADE (agência na qual todos os processos foram pesquisados), observou-se que essa variável tem valor mínimo de 0 e valor máximo de 13 anos, com exceção de um caso atípico, denominado em estatística como *outlier*, cuja judicialização havia se iniciado em 1989, anteriormente a Lei 8.884/1994. Assim sendo, um erro igual a 1 ($B = 1$) corresponde a um erro pequeno, de um treze avos (1/13) do intervalo total de variação dessa variável nessa população. Nesta pesquisa escolhemos B igual a aproximadamente 0,22. Dado que o *tempo de tramitação da revisão judicial* varia num intervalo de 0 a 13, ao menos para o CADE, um erro de 0,22 corresponde a um erro mínimo de 1,7% do intervalo total.

De modo a possibilitar a aplicação da expressão (2) para o cálculo do tamanho das amostras, é necessário ainda conhecer a variância da variável de interesse (*tempo de tramitação da revisão judicial*). Segundo Wilton Bussab (2005, p. 70), pesquisas passadas, "adivinhações" estatísticas e amostras piloto são os métodos mais usados para obter o valor de S^2. Nesta pesquisa, o total de processos relativos ao CADE foi usado como amostra piloto para essa finalidade. Para o total de processos do CADE, observa-se que a variância da variável *tempo incorrido após a decisão administrativa final* é igual a 5,48. Assim sendo, nesta pesquisa usamos $S^2 = 5,48$ para calcular o tamanho adequado da amostra para cada agência.

A Tabela A.2, a seguir, apresenta passo a passo o cálculo da expressão (2) para cada uma das agências (ou grupo de agências) pesquisadas, obtendo ao final o valor de n. Uma vez que o resultado corresponde a um número não inteiro, usou-se a aproximação para cima para obter um número inteiro.

É interessante observar que o tamanho adequado da amostra não cresce de modo linear em função do tamanho da população. Exemplo: no caso da ANAC, cujo tamanho da *população* ou total de processos é igual a 492, o tamanho adequado da amostra é de 232 processos, enquanto no caso da ANATEL, cujo tamanho da *população* é de 31.233 processos, o tamanho adequado da amostra não é muito maior que para a ANAC (considerando a diferença de tamanho da população), sendo igual a 433.

Tabela A.2. Cálculo de *n* a Partir da *População* de Processos (*N*) de cada Agência

Agência	N	B²/4	(B²/4)/5,48	1/N	(B²/4)/5,48 + (1/N)	N	n (inteiro)
ANAC	492	0.0125	0.002281022	0.00203	0.004313542	231.828	232
ANATEL	31233	0.0125	0.002281022	0.00003	0.002311667	432.5883	433
ANEEL	6558	0.0125	0.002281022	0.00015	0.002433507	410.9295	411
ANP	11022	0.0125	0.002281022	0.00009	0.002371972	421.5901	422
ANS	3452	0.0125	0.002281022	0.00029	0.002570709	388.9977	389
ANTT	3501	0.0125	0.002281022	0.00029	0.002566655	389.6122	381
ANVISA	4120	0.0125	0.002281022	0.00024	0.00252374	396.2373	397
CVM	22136	0.0125	0.002281022	0.00005	0.002326193	429.8869	430
ANA+ ANCINE+ ANTAQ+ PREVIC	552	0.0125	0.002281022	0.00181	0.004092616	244.3425	245
Total							3340

Com isso, um total de 232 processos foi inicialmente selecionado aleatoriamente dentre os 492 processos relativos à ANAC, 433 processos foram selecionados aleatoriamente do total de 31.233 processos correspondentes à ANATEL, e assim por diante. Um pacote estatístico chamado Stata foi usado para selecionar aleatoriamente os processos de cada agência, dado o tamanho adequado da amostra. Como apresentado mais adiante neste capítulo, observou-se que em algumas autarquias a proporção de casos "não pertinentes" e "não essenciais" era superior ao inicialmente estimado, o que tornou necessário ampliar a amostra inicial. Especificamente no caso da ANA, da ANCINE, da ANTAQ, da PREVIC e da ANAC, em decorrência da menor incidência de processos em cada uma dessas autarquias, optou-se por não realizar uma amostragem, mas sim observar todos os processos acessíveis.

Procedimento para correspondência entre a amostragem aleatória e os processos judiciais

A seleção aleatória direta dos processos exigiria a compilação de toda a população, o que demandaria tempo e recursos desproporcionais ao esforço de pesquisa. Dessa forma, optou-se por selecionar, por meio da amostragem aleatória, posições em ordenação previamente estabelecida dos processos judiciais que constituem o universo da pesquisa. Para tanto, foi necessário estabelecer procedimento de correspondência entre os números sorteados e os processos judiciais, conforme eles se distribuem no sistema de consulta em seus respectivos sítios. Essa tradução é fundamental para a objetividade do método empregado, porque, ao final, *o número sorteado na amostra deve corresponder a um único processo judicial no sítio eletrônico da Justiça Federal.*

Para isso, foi necessário reordenar as ocorrências de cada agência de modo a permitir sua compatibilização com a respectiva lista amostral. O procedimento para isso é simples: cada segmento de processos (de x a y) encontrado por Seção Judiciária deve ser transformado em uma ordenação, segundo a fórmula $y - x + 1 = z$, em que x é o primeiro número do segmento e z é a quantidade de processos por Seção Judiciária daquela agência; o mesmo cálculo deve ser feito com o segmento de processos localizados pela sigla da agência (S) e pelo nome (N). Por fim, os resultados z, N e S deverão ser somados às mesmas parciais das Seções judiciárias anteriores. Tome-se o exemplo da ANATEL, apresentado na Tabela A.3:

Tabela A.3. Ilustração de Procedimento para Ordenação de Processos

TRF1	ANA	ANAC	ANATEL
1. SJAC	0	(1-4)	(5-47)	(43)
		N: 1-2	N: 5-35	N: 1-31
		S: 3-4	S: 36-47	S: 32-43
2. SJAP	0	(331-337)	(297-434)	(44-181)
		N: 331-337	N: 297-427	N: 44-174
		S: 0	S: 428-434	S: 175-181
3. SJAM	-	-	-	-

N: nome. S: sigla.

Sabendo que a ANATEL possui 31.233 casos ao todo, o eventual algarismo "1" na lista amostral deve corresponder à primeira ocorrência registrada no mapeamento, que é estruturado pelos vetores "agência reguladora" e "Seção Judiciária", este sempre integrando um TRF em sequência numérica crescente, e ambos sempre elencados em ordem alfabética. Essa estratificação, quando levada a cabo, permite correspondência objetiva e permanente entre números da amostra aleatória e processos judiciais no sítio da Justiça Federal. Desse modo, como ilustração, sabe-se com segurança que o número 150, eventualmente sorteado para a amostra, corresponde a um processo da Seção Judiciária do Amapá (porque se encontra entre 44-181), e neste sítio deve ser procurado mediante a inserção do nome por extenso da agência (porque se encontra entre 44-174).

A última dificuldade de tradução fica por conta da necessária conversão do número sorteado na amostra em um número que identifique o processo judicial correspondente na lista das ocorrências da busca efetuada no sítio da Seção Judiciária. Em outras palavras, deve-se poder discernir, com exatidão, um dentre todos os processos judiciais que retornam da busca feita (a partir do nome ou sigla da agência) no sítio. Novamente, o raciocínio é simples: se o número da amostra é, *e.g.*, 1345, e seu segmento correspondente é 1200-1560, na página de busca a lista de ocorrências começará do número 1. Deve-se, então, subtrair o número da amostra (1345) pelo primeiro número do segmento correspondente (1200), acrescendo "1" em seguida; com isso se chega, no exemplo, a 146, que corresponde ao 1345. Tal expediente é especialmente útil quando nos deparamos com números amostrais mais altos.

Obstáculos da pesquisa e procedimentos para solucioná-los

O universo de processos na Justiça Federal é evidentemente instável, sujeito que está a aumentos diários por conta do ajuizamento de novas ações ou ocorrência de incidentes (ex.: "carta precatória"). O momento "fotografado" pelo levantamento rapidamente torna-se desatualizado, o que *prima facie* poderia comprometer o procedimento de correspondência entre a amostragem aleatória e a ordenação dos processos judiciais. Esse problema, contudo, não traz prejuízos relevantes à amostragem. De um lado, o tempo entre o levantamento, a amostragem e o retorno para coleta dos processos selecionados é relativamente pequeno, ensejando apenas alterações pontuais no conjunto de processos. De outro, de duas uma: ou a entrada de novas ocorrências obedece a uma determinada ordem, ou é aleatória. No primeiro caso, as novas ocorrências são facilmente identificáveis (*e.g.*, na SJAC recebem um número maior do que os anteriores), e, no segundo, a reordenação randômica dos casos preserva o princípio de aleatoriedade da amostragem, fundamento principal para que se possa fazer inferências sobre o universo de pesquisa a partir da observação de uma amostra reduzida.

Outro problema encontrado foi a acessibilidade claudicante de conteúdo das decisões no processo: em alguns sítios das Seções judiciárias, a página de andamento processual traz um *link* direto para as decisões disponíveis *on-line*, as quais, contudo, ou são restritas às partes, ou não funcionam (ex.: SJDF/TRF1). Nesses casos, por vezes foi possível encontrar a informação procurada na página do sítio reservada ao "inteiro teor".

Por fim, segue uma lista das deficiências observadas nos sistemas de informação da Justiça Federal, que tornam consideravelmente mais onerosa a busca jurisprudencial de caráter científico, como a que se pretende na presente pesquisa:

1.ª Região: [SJ]:
- erros de denominação entre processos principais e dependentes;
- nos casos em que o processo de origem é de outra SJ não pertencente à área do TRF1, frequentemente o número de origem está incompleto ou errado;
- eventualmente, apesar de o número de origem estar correto, há indicação incompleta da SJ de origem; falta de informações acerca da data de publicação;
- falta de acessibilidade por não digitalização/disposição de sentenças e decisões (cf. sobretudo SJBA, SJMT, SJMG);
- muitas vezes, há digitalização do processo, mas não acessibilidade, já que esta é condicionada pelo cadastro de login e senha, mesmo para dados não sigilosos. Quando o conteúdo está disponível, há apenas pequenos trechos que nem sempre são suficientes para a compreensão do processo;
- **[TRF]:** o relatório do andamento processual é confuso e incompleto. Há digitalização de acórdão e decisões, mas é necessário buscá-los em outra página (seção de "inteiro teor"). Nela, fatores formais como a disposição do número processual são determinantes do sucesso da busca (o número 2010.38.00.007354-2, por exemplo, só é reconhecido se retirados seus pontos e traço: 201038000073542).

2.ª Região: [SJ]:
- o código de verificação é excessivamente complexo e apresenta falhas frequentes; mesmo estando a resposta correta, a confiabilidade no resultado exige que a verificação seja feita outras vezes;
- os sítios são, ademais, instáveis, e é necessário clicar no mesmo *link* várias vezes para que se consiga visualizar o conteúdo;
- a acessibilidade é muito restrita, sendo exigidos *login* e senha para visualização de tudo o que não for disponibilizado nas informações gerais e andamento processual (especialmente na SJES). Em outras palavras, o acompanhamento processual não é transparente como seria, por princípio, desejável;

- na pesquisa por nome da agência (por extenso), o sistema encontra muitas variáveis para a mesma referência, inexistindo padronização;
- [TRF]: o sítio frequentemente está "fora do ar".

3.ª Região: [SJ]:
- a divisão da SJ na capital é feita por cidades e por matéria, num banco de dados não unificado, dificultando a busca por processos;
- a separação de consulta dos processos do JEF em sítio próprio dificulta a busca;
- o relatório do andamento processual é incompleto;
- a quantidade de processos digitalizados e de conteúdo disponibilizado é muito pequena (especialmente na SJMS);
- não há referência à origem e ligação processual nos casos de carta precatória, obstando o rastreamento do processo principal;
- o sistema sai do ar com grande frequência;
- [TRF]: há pouco conteúdo digitalizado de acórdãos e praticamente inexiste disponibilização de decisões monocráticas.

4.ª Região: [SJ]:
- ocasionalmente há falta de referência a processos relacionados; nos casos de carta precatória, nem sempre é possível localizar os dados do processo de origem.

5.ª Região: [SJ]:
- não faz referências nem possui *link* para processos na segunda instância. Os sítios da SJCE e SJPE, por exemplo, não apresentam os processos relacionados em julgamento no tribunal, de modo que é necessário consultá-los diretamente na segunda instância.

Problemas gerais identificados:
- inacessibilidade de teor decisório, sobretudo na primeira instância;
- falta de integração entre os tribunais e Seções judiciárias dentro de uma mesma região;
- instabilidade dos sítios, que estão muitas vezes "fora do ar";
- os relatórios dos julgadores são carentes de informação acerca da causa, e as descrições processuais registradas no tipo do processo são muitas vezes precárias (ex.: administrativo-multa).

Estimação da população alvo

Obtidos os processos judiciais, por meio de primeira amostragem, realizada conforme os parâmetros já expostos, foi possível estimar a população alvo do estudo. Conforme mencionado, é necessário excluir do universo de processos judiciais, em que as autarquias aqui investigadas são parte, aqueles casos que são "não pertinentes" e "não essenciais".

Por *essencialidade* entende-se o grau de afinidade entre o tipo de ação judicial encontrada e a decisão administrativa impugnada. Em uma constelação de processos e incidentes processuais, é discernível aquele que, dentre todos, representa a real demanda em face da Administração (judicialização contra a agência, como *e.g.* no caso de mandados de segurança) ou pretensão da Administração em si (judicialização pela agência, como *e.g.* nas execuções fiscais). São exemplos de incidentes – aqui tomados no sentido não técnico – ou processos não essenciais: carta precatória, ação cautelar preparatória[7], agravo de instrumento, impugnação ao valor da causa, conflito de competência etc. Estes não devem ser excluídos de partida, mas tomados como suporte para rastreamento dos processos essenciais, os quais efetivamente figurarão na base de dados.

Por *pertinência* entende-se a aproximação temática entre o processo judicial e o escopo desta pesquisa, qual seja a análise da revisão judicial de decisões regulatórias – largamente definidas, aqui, como aquelas atinentes à *função institucional* da agência. Pretendeu-se com tal requisito excluir discussões como litigância entre servidores públicos e autarquia, concurso público para ingresso no quadro de pessoal, licitação para compra de bens de consumo ou contratação de serviços de base à atuação da agência (material de escritório, alimentação, segurança) etc. – que em nada disputam a atividade regulatória no Judiciário. Tais casos são consequência da mera existência de qualquer autarquia, independentemente de suas funções regulatórias, não fazendo, portanto, parte do objeto de pesquisa.

O curso da pesquisa levou a um refinamento desse critério de seleção quando se identificou certa "zona cinzenta" entre os casos pertinentes e não

---

7. A ação cautelar é, por definição, *instrumental* ao processo dito "principal", em que se discutirá a relação Administrador-Administrado, porque visa à prevenção de acontecimentos que possam impedi-lo ou danificá-lo. Daí ser "preparatória" e, portanto, ação *não essencial*, segundo a definição acima. Não obstante, casos houve nesta pesquisa em que ações cautelares não serviam à mera preparação, mas sozinhas simbolizavam a pretensão do particular contra a Administração – não sendo daí seguidas por ações principais. Nesses casos, foram sempre consideradas essenciais e, seguindo a regra, inseridas.

pertinentes. Por vezes, a matéria regulatória apenas contextualizava uma litigância privada, travada entre empresas concessionárias/autorizatárias/permissionárias e consumidores, como, por exemplo, no caso de corte de luz, pagamento de pedágio, emissão de bilhete aéreo etc. Nesses casos, a agência figura num dos polos processuais, mas nunca como autora ou ré propriamente[8]. Em outras, o objeto do processo era atípico: uma omissão administrativa, sindicada no Judiciário por particulares interessados ou pelo Ministério Público (mediante ação civil pública). Essas duas categorias guardam em comum o fato de que, embora aí se arroste matéria regulatória, as respostas possíveis ao Judiciário não analisarão uma decisão ou uma política regulatória da agência em si – descabendo indicar se a "confirmam" ou a "reformam" –, mas poderão apenas tomá-la como diretiva.

Por fim, como requisito de ordem prática e de importância central à base de dados, foram incluídos somente os processos *acessíveis*, isto é, aqueles que na primeira ou segunda instância forneciam *a contento* as informações necessárias à constituição da base de dados, o que significa, sobretudo, disponibilizar, por acesso eletrônico, partes ou o inteiro teor das decisões interlocutórias e finais[9]. Restringir a base de dados aos casos acessíveis pode acarretar algum viés à análise se houver correlação entre as características que distinguem esses casos e as variáveis que se procura mensurar. Por exemplo, se os casos inacessíveis são justamente os casos em que há maior incidência de medidas cautelares com efeito suspensivo, as estimativas resultantes da base de dados coletada carregariam esse viés, subestimando a ocorrência desse tipo de evento.

Problema dessa espécie poderia ser solucionado por meio do alargamento do conceito de acessibilidade, incluindo a disponibilidade em via impressa do inteiro teor das decisões interlocutórias e finais. Entretanto, esse caminho tornaria excessivamente custosa a pesquisa, não factível para o número de observações presentes na amostra. Em outras palavras, recorrer a processos disponíveis exclusivamente na via impressa implicaria reduzir o tamanho da amostra e, portanto, aumentar o nível de erro das estimativas, conforme procedimento já descrito na seção sobre metodologia de amostragem.

8. E por tal motivo não raro termina excluída por ilegitimidade *ad causam*. Sempre que isso aconteceu, optou-se por excluir sistematicamente o processo judicial da amostra válida. Se a agência permaneceu no processo, considerou-se o processo *prima facie* pertinente.
9. A exclusão por inacessibilidade dá-se apenas nos casos em que, existindo uma decisão, tal não está suficientemente disponível por acesso eletrônico. Quando ainda se prolatou uma decisão – *e.g.*, sentença –, o processo é mantido, e a inexistência do provimento judicial é apontada na base de dados.

Ademais, não há indícios relevantes de possível viés nos dados acessíveis que comprometam as estimativas resultantes da base de dados coletada. Mesmo considerando que processos mais antigos tendam a ser menos acessíveis que os mais atuais, não haveria prejuízo à estimação econométrica, visto que o ano de ingresso do processo no Judiciário é conhecido e pode ser utilizado como variável de controle. Entretanto, algumas medidas de estatísticas descritivas podem ser influenciadas por essa possível particularidade dos casos acessíveis. Nas ocasiões em que os resultados mereçam esse tipo de qualificação, este trabalho fará o devido alerta.

A Tabela A.4 apresenta as informações referentes à proporção de casos acessíveis, por agência reguladora e, entre estes, a proporção de casos não pertinentes (i.e., que não se referem à revisão judicial de decisões administrativas regulatórias) e de casos pertinentes, porém não essenciais (i.e., não diretamente relacionados à decisão administrativa impugnada). Não é demais relembrar que a população inicial, conforme levantamento nos sítios de cada Seção Judiciária da Justiça Federal, é maior do que o universo objeto da presente pesquisa (*população alvo*), visto que este deve excluir os processos não pertinentes e não essenciais, conforme detalhamento já apresentado. Por meio da análise da amostra inicial, é possível estimar a proporção desses tipos de casos a serem excluídos e, portanto, o tamanho da população de interesse, como consta na última coluna da Tabela A.4.

Tabela A.4. Estimativa da População Alvo da Pesquisa

Agência	População inicial[1]	Amostrado[2]	Acessíveis[3]	Não pertinentes[4]	Não essenciais[5]	Total estimado da população[6]
ANA	166	166	78,3%	61,5%	25,4%	22
ANAC	492	492	61,6%	39,9%	39,6%	101
ANATEL	31233	472	90,3%	66,4%	7,5%	8.138
ANCINE	70	70	85,7%	61,7%	8,3%	21
ANEEL	6558	955	67,9%	11,6%	71%	1.144
ANP	11022	422	48,6%	3,9%	33,2%	6.936
ANS	3452	389	70,4%	2,2%	39,4%	2.016
ANTAQ	309	309	84,1%	71,2%	14,6%	44
ANTT	3501	381	79%	16,3%	32,2%	1.803
ANVISA	4120	569	63,4%	27,1%	38,2%	1.427

Agência	População inicial[1]	Amostrado[2]	Acessíveis[3]	Não pertinentes[4]	Não essenciais[5]	Total estimado da população[6]
CVM	22136	831	59%	8,4%	14,9%	16.986
PREVIC	7	7	57,1%	0%	25%	5
Total Amostrado	83066	5063	68,4%	28,4%	33,9%	38.641
CADE*	334	334	na	na	na	334

Legendas: * No caso do CADE, por meio da base de dados do ProCADE, foi possível obter, de início, a população alvo. 1) *População inicial* equivale ao total de casos judiciais em que a agência em questão é parte; 2) *Amostrado*: total de casos em que foram avaliados os critérios de acessibilidade, pertinência e essencialidade; 3) *Acessíveis*: proporção dos casos amostrados que é acessível nos respectivos sítios eletrônicos; 4) *Não pertinentes*: proporção dos casos acessíveis que não são pertinente; 5) *Não essenciais*: proporção dos casos acessíveis e pertinentes, mas que não são essenciais; 6)*Total estimado da população*: tamanho estimado da população que é objeto de interesse da pesquisa.

Fonte: Pesquisa de campo.

Uma vez estimado o tamanho da população alvo, foi possível definir uma amostra válida contendo exclusivamente casos pertinentes e essenciais[10]. A partir dos processos judiciais constantes nesta amostra foram extraídos os dados para subsequente tratamento empírico. Por conta de particularidades desta pesquisa de campo, a amostra válida não foi definida segundo o modelo padrão, que orientou a seleção da primeira amostra, utilizada para a estimação da população. Naquela oportunidade, foi definido um nível de erro padrão, o qual, combinado com o tamanho da população e com o desvio padrão da variável de interesse, possibilitava o cálculo do tamanho da amostra. Nesta segunda etapa do trabalho empírico, a pesquisa já havia gerado, aleatoriamente, um conjunto de processos que atendiam aos critérios desejados da pesquisa, mesmo antes de se estimar o tamanho da população.

10. A definição do que é um processo "pertinente" à pesquisa ou "essencial" não é absolutamente objetiva como se desejaria. Por vezes, o pesquisador se depara com situações concretas em que não é possível assegurar com precisão em qual categoria os processos se enquadram. Em situações que suscitavam dúvidas, a coordenação da pesquisa optou por ser mais inclusiva, incorporando tais casos à amostra. O impacto dessa decisão sobre as estimativas econométricas é desprezível, dado o tamanho da amostra, e de pequena relevância no caso de estatísticas descritivas, mesmo nas situações em que as informações são estratificadas por autarquias.

Em decorrência dessa característica, o nível de erro passa a ser uma variável endógena, dependendo da população estimada e do tamanho da amostra válida. Nos casos em que foi possível coletar amostra no mínimo equivalente ao inicialmente definido, a margem de erro efetiva foi inferior àquela estabelecida por ocasião da primeira amostragem, o que é uma decorrência lógica da redução do tamanho da população a que ela se refere. Entretanto, nos casos em que foi necessário observar todos os casos acessíveis e ainda assim o tamanho da amostra foi inferior ao inicialmente estipulado, a margem de erro é maior. Um exemplo limite que ilustra essa ocorrência é o caso da PREVIC, em que foram observados apenas três casos de um total estimado de cinco. Embora a representatividade da amostra seja muito elevada (60%), os três casos observados informam pouco sobre a média de tempo da população total, o que se traduz em um intervalo de confiança (dado pela margem de erro, em termos absolutos) maior do que o observado nas demais agências. É importante ressaltar que, nesses casos, foram coletados todos os processos acessíveis, não sendo possível maior nível de precisão dada a abrangência da pesquisa e os recursos disponíveis. A Tabela A.5 apresenta a amostra efetivamente utilizada, estratificada por agência, e o respectivo erro estatístico associado às estimativas dela derivadas.

Tabela A.5 Amostra Válida Estratificada por Agência

Agência	Total estimado da população	Amostra válida	Representatividade da amostra	Margem de erro (em anos)
ANA	22	17	77,3%	0,5
ANAC	101	62	61,4%	0,4
ANATEL	8138	111	1,4%	0,4
ANCINE	21	18	85,7%	0,4
ANEEL	1144	108	9,4%	0,4
ANP	6936	129	1,9%	0,4
ANS	2016	160	7,9%	0,4
ANTAQ	44	37	84,1%	0,3
ANTT	1803	108	6%	0,4
ANVISA	1427	107	7,5%	0,4
CVM	16986	177	1%	0,4
PREVIC	5	3	60%	1,7
CADE	334	334	100%	0,0
Total	38977	1371	3,5%	0,1

Fonte: Pesquisa de campo.

A.3. Descrição das variáveis coletadas

A seguir, apresenta-se a lista das variáveis coletadas e informações que detalham seu conteúdo, separadas em dois grupos: características da decisão administrativa e características do processo judicial.

Características das decisões administrativas (determinantes da judicialização: CADE)

– **Tipo (judicação repressiva, atos judicantes residuais, papel normativo):** Judicação repressiva refere-se ao controle de conduta dos agentes econômicos no mercado (AP, PA), enquanto a judicação residual, ao controle da estrutura do mercado em si (AC). Há casos que, de início, suscitaram dúvidas: um ato de concentração com multa por intempestividade gera judicação preventiva (análise de estrutura do mercado em que se dá a concentração apresentada) ou repressiva (multa por descumprimento de comando legal)? Optou-se pelo critério mais objetivo: a judicação se determina pelo ato que primeiro atrai a atuação do sistema de defesa antitruste. Nesse exemplo, portanto, a multa por intempestividade tem por contexto processo administrativo instaurado a partir de notificação (extemporânea) de uma dada concentração no mercado, logo, caso de judicação residual (preventiva).

– **Data de entrada:** Corresponde à data de apresentação do ato de concentração ao SBDC ou da instauração de averiguação preliminar (AP) ou processo administrativo (PA). No caso de ato de concentração (AC), tomou-se a data de apresentação porque já nesse procedimento é possível a judicialização.

– **Variável binária indicando existência de prova direta (no processo administrativo):** Prova direta é aquela que se refere imediatamente ao *thema probandum*, aquilo que se comprova sem derivações/deduções a partir de outra fonte.

– **Número de processos judiciais ligados a PA em curso, número de recursos:** Tendo em vista o objetivo de verificar hipóteses específicas, *processos* e *recursos* são aqui tomados como categorias autônomas e exclusivas[11] – sem correspondência necessária com normas processuais. Considera-se que um processo inaugura-se com determinado ato e segue na instância em que foi instaurado em busca de provimento, sendo apenas levado a instância superior após o seu termo, por meio de recurso. Por esse motivo o agravo de instru-

---

11. Não se enquadrando em nenhuma dessas hipóteses, foram descartados a exceção de incompetência (embora o conflito de competência, que daí pode ser suscitado, tenha sido considerado como processo), a carta precatória e os embargos de declaração, por suas peculiaridades.

mento (AI) é nesta análise considerado processo – e não recurso, como no Código de Processo Civil (CPC) –, já que é dirigido diretamente ao tribunal competente e tramita concomitantemente com o processo de primeira instância. São exemplos de *processos*: mandados de segurança, ações cautelares, ações ordinárias, agravos de instrumento (incluído o referente à decisão denegatória de recursos extraordinários), suspensões de liminar, segurança e tutela antecipada, conflitos de competência, execuções fiscais, embargos à execução fiscal[12], entre outros. São exemplos de recursos: apelações, agravos regimentais, recursos especiais e recursos extraordinários.

– **Tempo de interrupção judicial (se houver):** Tempo de intervenção judiciária com processo administrativo ainda em curso, sem decisão que lhe põe termo.

– **Data da decisão administrativa:** Há várias datas que se poderiam usar. Optou-se pela data do julgamento, constante no acórdão porque, embora não produza os efeitos jurídicos mais relevantes (como o faz a data de publicação do acórdão, que marca o início da eficácia/exigibilidade da decisão do CADE), é a mais acessível das informações. A referência é a data de conclusão do *primeiro* julgamento na autarquia; na falta dela se empregou excepcionalmente a data de julgamento de eventuais recursos interpostos contra o acórdão.

– **Valor da operação (AC) / faturamento no ano anterior (PA):** Trata-se de dado raro na versão pública dos processos administrativos, quer porque confidencial algumas vezes, quer porque menos relevante em tantas outras (ex.: cooperativas sem finalidade de lucro).

– **Variável binária indicando cláusula acessória:** Elemento *ancilar* com impacto na concorrência. Com essa definição pretendeu-se abranger dispositivos como a cláusula de não concorrência, que, em uma dada concentração econômica, não é o problema central examinado, mas pode acabar sofrendo, incidentalmente, intervenção administrativa.

– **Variável binária indicando multa condicional incidente:** Multa condicional é aquela prevista na decisão administrativa para o caso de não cessação de prática anticompetitiva julgada. Trata-se de dado raro no repertório dos sítios do Poder Judiciário, mas facilmente identificável nos autos dos processos administrativos (especificado na lavra de um auto de infração) – quase sempre disponibilizados no sítio do CADE.

---

12. A execução fiscal não se somará a embargos contra ela opostos para cálculo de processos. Isso porque, a despeito de possuírem numeração processual diversa, os embargos visam a impedir a execução, e são julgados pelo mesmo juiz. Portanto, embora não exista defesa no processo de execução, os embargos serão tomados como oposição à execução, contando-se ambos como "1" processo.

– **Variável *string* indicando tipo de sanção (PA, AC) ou restrição (AC):** O termo "multa" substitui, por maior simplicidade, o gênero *obrigação de dar*. Os casos em que a sanção imposta prescreve a cessação de prática anticompetitiva foram enquadrados como *obrigação de não fazer*. Todos os demais comandos configuram *obrigação de fazer*, contados os primários ("publicar decisão do CADE em jornal"), excluídos os secundários ("comprovar ao CADE cumprimento das obrigações impostas na decisão").

– **Número de recursos em esfera administrativa:** Por exemplo, pedido de reconsideração, impugnação a auto de infração etc. Quanto às impugnações a auto de infração, somente serão considerados recursos administrativos aquelas que atacarem auto de infração cujo objeto seja o mesmo do processo administrativo em que constam, isto é, em AC, multa por intempestividade ou restrição à concentração, e em PA, conduta anticompetitiva. Nos casos em que o auto de infração versar sobre objeto diverso (ex.: pagamento parcial da taxa processual), havendo impugnação, ela não servirá de recurso à questão concorrencial administrativamente avaliada.

– **Variável indicando efeitos infringentes em esfera administrativa:** Infringência é aqui entendida como a alteração *que não aquela de mera correção de erro material*. Com essa ressalva se quer excluir, por exemplo, casos em que o voto do CADE fixa o *quantum* de multa (ex.: R$ 100.000,00), que é mal transposto ao acórdão (ex.: R$ 10.000,00) – buscando aqueles em que, de fato, há modificação do entendimento meritório por parte do CADE de algum dos capítulos decisórios.

– **Variável binária indicando judicialização:** informação retirada diretamente da planilha enviada pela Procuradoria do CADE.

Características dos processos judiciais (custos da revisão judicial e incerteza jurídica: CADE/agências)

– **Data de entrada (judicialização – primeira instância):** Data da primeira manifestação do juízo quanto à petição inicial, tomando-a como válida, daí excluídos os atos de mero expediente. Trata-se de método de exclusão daquela eventual recalcitrância que não chega a gerar efetivamente um processo (ex.: indeferimento de plano), quando não há efetiva judicialização.

– **Número de processos judiciais (agências reguladoras):** Uma mesma decisão administrativa pode suscitar uma multiplicidade de processos judiciais, devendo os custos da revisão judicial e a avaliação da incerteza jurídica considerar esse conjunto de processos. Com exceção dos processos referentes ao CADE, em que havia informações para todas as decisões judicializadas, a estimativa do número de processos judiciais relacionados a uma mesma decisão administrativa dependia do registro nos sítios da Justiça Federal. Assim, em regra, os sítios do Judiciário conseguem rastrear o processo *principal* a partir de uma ação chamada *dependente* – como na cautelar preparatória –, e vice-versa, mas não identificar um processo principal paralelo (*e.g.*, um mandado de segurança da mesma parte contra a decisão administrativa constritiva). Dessa forma, pode haver subestimação dessa variável quando houver processos principais paralelos.

– **Data de início e fim da suspensão cautelar (se houver):** Suspensão cautelar, aqui, *não distingue provimentos acautelatórios de antecipados*. Trata-se de informação de extração desafiadora: a página de andamento processual dos juízos e tribunais raramente detalha as informações sobre as tutelas cautelares deferidas no processo, não havendo garantia de que se trata de suspensão da decisão administrativa impugnada. Quando tal dado está disponível, não raro há lacunas sobre seu início e término. Com vistas a mitigar esses problemas, a pesquisa se valeu excepcionalmente de presunções construídas após leitura extensiva e sistematizada de numerosos autos físicos e formalizadas em duas generalizações: (i) o provimento cautelar decidido já nos primeiros atos processuais (das ações aqui designadas "essenciais", em primeira instância) sempre versa sobre a *suspensão* de ato da Administração; (ii) se ausentes os dados sobre o término da suspensão cautelar, este será determinado pela decisão final, i.e., pelo Juízo de cognição exauriente (sentença, acórdão).

A suspensão cautelar terá, em sua forma típica, uma decisão administrativa (da autarquia) como objeto, com, por exemplo, uma liminar em mandado de segurança que se suspende multa aplicada pela ANEEL. Contudo, também foram consideradas aqui aquelas suspensões que possuem como objeto uma decisão judicial, mas cujos efeitos atingem, ainda que mediatamente, o ato administrativo, tornando-o com isso ineficaz. Esse é o caso, por exemplo, de agravo de instrumento recebido no efeito "ativo" para antecipar tutela recursal ao particular que teve liminar em mandado de segurança indeferida em primeira instância.

– **Natureza da suspensão cautelar:** São exemplos de tipos de suspensão cautelar liminares em AC ou MS, tutela antecipada em AO, efeito suspensivo/ativo em recurso, recebimento de embargos à execução fiscal etc. Até dezembro de 2006, o recebimento de embargos de execução fiscal (EEF) suspendia *ex lege* o processo executório. Por esse motivo, os EEF presumiram-se até aí geradores de suspensão cautelar, a contar da data de sua admissão pelo juiz. Já sob a vigência da Lei 11.382/2006 os embargos terão efeito suspensivo quando à determinação do juiz estiverem presentes os requisitos do art. 739-A CPC, tirando qualquer margem segura para novas presunções.

- **Data de decisão final em primeira/segunda instância:** Data da publicação da decisão da ação que, dentre todas, tem por objeto a decisão administrativa. Isso a separa de incidentes ou ações autônomas que, por quaisquer motivos, encavalam novas questões paralelamente àquela central, que visa a rediscutir no Judiciário um ato da Administração.

- **Decisão em primeira/segunda instância:** Enquadramento da decisão judicial nas seguintes categorias abstratas: "confirma", "reforma", "reforma parcialmente" e "anula" (referindo-se à decisão administrativa). Tal procedimento é complexo e exige algum grau de arbitrariedade por parte do pesquisador na análise de cada caso concreto. Quanto às sentenças terminativas, casos de extinção sem julgamento de mérito, optou-se por não utilizar as categorias abstratas mencionadas, mas registrá-las de acordo com o exato provimento judicial: desistência de ação, abandono, perda de objeto etc.

Fato que importa de perto o preenchimento da base de dados, as decisões são capturadas num contexto por vezes contraditório, quando se têm num mesmo caso, *e.g.*, um mandado de segurança julgado improcedente, "confirmando" a decisão administrativa, e uma ação ordinária julgada procedente, que a anula em sequência. Nos casos em que a contradição se verificou para o mesmo agente econômico, em processos judiciais distintos, mas com *igualdade de objetos*, somente foi anotado o provimento judicial *mais recente* – o que, no exemplo, registraria "anula" como decisão de primeira instância. Esse expediente, contudo, não pôde ser usado nos casos em que a multiplicidade de agentes econômicos impugnando uma mesma decisão administrativa gerou resultados incongruentes entre si, optando-se aí pelo registro de "reforma parcial".

- **REsp (STJ) / RE (STF):** Aqui se verifica a existência de recurso especial e recurso extraordinário, independentemente de sua admissibilidade. O acesso a eles não é simples: não há qualquer referência, nos juízos *a quo*, ao número dos recursos especiais e recursos extraordinários que deles partem – embora sempre exista registro de sua interposição/subida –, exigindo busca direta nos sítios do STF e STJ por meio do número processual de origem.

- **Variável comparando *decisão final* com decisão administrativa:** O termo "decisão final", bem como "revisão", pressupõe decisão judicial transitada em julgado (ou, inexistindo certidão que a ateste, se ela então já for irrecorrível). Como se verá na análise descritiva dos dados, dado que a maior parte das agências reguladoras foi constituída no final da década de 1990, há ainda uma proporção pequena de casos finalizados.

- **Motivo da revisão:** O baixo número de revisões anotadas explica-se por seu vínculo necessário com o *final definitivo* do processo, que é rigorosamente o momento a partir do qual se poderá conhecer a "opinião" do Judiciário acerca do ato da Administração examinado. Como já mencionado, são poucos os casos finalizados. Uma questão interessante surgiu no enquadramento das decisões que declaravam prescrição ou decadência: fariam elas revisão processual ou de mérito? De um lado, tal declaração extingue o processo com análise considerada *meritória* (art. 269, IV, do CPC) e faz coisa julgada *material*; todavia, tal variável, conforme coletada, não supõe mérito processual mas *regulatório*, focando no tipo de decisão pronunciada pelo Judiciário em relação ao ato administrativo impugnado. Assim, *revisão de mérito há somente quando se nota a sobreposição judicial em uma matéria administrativa*. Com isso em vista, prescrição e decadência de direito integram uma revisão dita *processual*, porque nela o Judiciário avalia o respeito a um procedimento, a um ritual – no caso, cumprimento de certo prazo – formalizado em lei.

– **Interpretação das decisões terminativas** (i.e., **sem julgamento de mérito**)**:** dentre as decisões judiciais finais, foram isoladas em categoria própria aquelas que não resolviam o mérito da questão levada ao Judiciário, chamadas "terminativas". Isso se deu porque, nesses casos, o processo judicial chega ao fim sem que o julgador se manifeste sobre o ato administrativo impugnado – quer sobre sua forma, quer sobre seu conteúdo –, o que impede, num primeiro momento, uma real avaliação da resposta judicial. Esta se torna possível a partir da interpretação do contexto da ação, contrastando o histórico processual com o conteúdo da decisão (perda de objeto, desistência de ação etc.), a fim de enxergar a judicialização como "bem" ou "mal-sucedida": "confirma"-se ou "anula"-se a decisão administrativa. Sendo impossível a avaliação, considerou-se o caso "inclassificável"[13].

– **Número de mudanças de** *status* **da decisão:** A regra para mensuração de mudança de *status* é mais bem explicada nos seguintes exemplos: (Ex1) decisão final da autarquia > decisão liminar em mandado de segurança suspende a decisão administrativa >> sentença em primeira instância anula a decisão administrativa >>> acórdão de segunda instância reforma completamente a decisão *a quo*. Ao final, houve três mudanças de *status* (decisão da autarquia é eficaz (1.ª) ato é suspenso (2.ª) ato é anulado (3.ª) ato é confirmado). (Ex2) decisão final da autarquia > pedido liminar do particular em mandado de segurança **é indeferido >> sentença confirma legalidade da decisão administrativa. Ao final, não houve mudança de** *status*: a decisão da autarquia

---

13. Casos são inclassificáveis quando têm constelação fática intrincada, equidistante a ambas vitória e derrota no Judiciário, como (e sobretudo) quando não têm dados importantes acessíveis. Daí serem mais numerosos nos casos da 1.ª Região, que, ao contrário das demais, não publiciza excertos das decisões terminativas.

manteve-se eficaz todo o tempo. *Mesmo se houvesse apelação recebida em efeito suspensivo, por se tratar de suspensão* ex lege, *ainda assim não se deveria contar como mudança de* status. Optou-se por desvincular esta variável daquela informada por "decisão judicial final" (acima), por entender que, mesmo incompleto (tanto porque não raro falta o dado da suspensão cautelar, como porque fica em aberto com o processo judicial ainda em curso), o número de variâncias já registradas é em si um dado importante e aproveitável.

– **Variável binária indicando ocorrência de acordo judicial / Variável *string* – teor do acordo judicial:** Tal qual o dado sobre incidência de multa administrativa condicional, esta informação é rara no repertório dos sítios do Poder Judiciário, embora identificável nos autos dos processos administrativos, quando disponíveis nos sítios das agências e do CADE.

Este livro com composto na fonte Minion Pro
e impresso em Offset 75gr